대한민국 51만 교사의 외침

교사
정치기본권 보장

———————— 가시덤불, 숲 그리고 나침반 ————————

대한민국 51만 교사의 외침
교사 정치기본권 보장
가시덤불, 숲 그리고 나침반

초판 1쇄 발행 2025년 8월 29일

지은이	서용선
삽 화	서원
발행인	최윤서
편 집	정지현
디자인	최수정
펴낸 곳	(주)교육과실천
저자 강의·도서 구입	02-2264-7775
인쇄	031-945-6554 두성 P&L
일원화 구입처	031-407-6368 (주)태양서적
등록	2020년 2월 3일 제2020-000024호
주소	서울특별시 중구 창경궁로 18-1 동림비즈센터 505호
ISBN	979-11-91724-91-2(13370)

정가   20,000원

저작권법에 따라 한국 내에서 보호를 받는 저작물이므로 무단 전재 및 복제를 금합니다.
저자 강의 및 도서 구입 문의는 교육과실천 02-2264-7775로 연락 주십시오.

대한민국 51만 교사의 외침

교사 정치기본권 보장

— 가시덤불, 숲 그리고 나침반 —

서용선 지음

교육과실천

추천사

교사의 정치기본권 보장이 가져올
유익이 훨씬 크다

삶의 중심 공간을 바꾼 사람

이 책은 저자의 학습과 경험, 삶의 경로가 녹아 있는 용광로입니다. 서용선 선생님은 일반사회를 가르친 교사로서 민주시민교육을 오랫동안 고민했습니다. 혁신학교와 마을교육공동체, 민주시민교육을 학교 현장과 교육청에서 실천하였으며, 교육부를 거쳐 국회로 삶의 중심 공간을 바꾸었습니다. 이 책이 빛나는 이유는 법률의 관점에서 교사가 정치기본권을 보장받지 못하는 이유가 무엇이며, 어디를 건드려야 해법을 찾을 수 있는가를 제시하고 있다는 점 때문입니다. 풍부한 연구 자료, 해외 사례, 법률과 헌법재판소 판례 등을 활용하여 '당위'를 넘어선 '팩트 체크'를 시도하면서 무엇이 문제이고, 어떻게 문제를 풀어 가야 하는가에 관한 방안을 정책 전문가로서 차분하게 풀고 있습니다. 흥분할 만한 주제를 냉정하게 다룹니다.

'교육의 정치 중립성'이라는 신화

우리는 오랫동안 '교육의 정치 중립성'이라는 신화에 갇혀 있었습니다. 그런데 전 세계적으로 보아도 우리나라처럼 아무것도 하지 못하도록 막는 사례도 드물다고 할 수 있습니다. 종교를 예로 들면, 직무를 수행하는 과정에서 학생들에게 종교를 강요하지 않습니다. 하지만 공무원이든 교원이든 종교의 자유를 갖습니다.

    정치 중립성의 가치를 완전히 버리지 못한다고 해도, 그것은 공간과 상황, 직무 등과 연결해서 발휘할 수 있는 부분과 그렇지 않은 부분으로 가르마를 잘 탈 수는 없을까요? 하지만 무엇을 할 수 있고, 무엇을 해서는 안 되는지를 고민하기도 전에 일단 교육의 정치 중립성이라는 주제 아래 아무것도 하지 말라고 강요하고 있습니다.

억압은 민주시민교육의 축소로 이어진다

    이런 상황은 교육 전문가들이 국회나 시도 의회에 진입하지 못하게 만들었고, 그 과정에서 현장의 필요와 괴리된 법률과 각종 규제를 잔뜩 생산했습니다. 학교자치와 교육 공간의 수축 현상을 만들어 낸 것입니다. 무엇보다 민주시민교육의 축소로 이어졌습니다. 토의토론교육, 민주시민교육, 선거교육, 정치교육은 이론서에서나 볼 수 있을 뿐, 교육의 실제로는 작용하지 못합니다. 교육의 공백 상태인 지금, 유튜브의 알고리즘이 적지 않은 아이들의 생각을 지배합니다.

지금은 단계적으로 가능성을 높일 때

    한 번에 모든 걸 바꿀 수는 없겠지만, 차분히 단계적으로 할 수 있는 것부터, 바꿀 수 있는 것부터 바꾸어야 합니다. 이재명 대통령의 공약에도 관련 내용이 포함된 만큼 그 가능성은 매우 높아졌습니다.

그런 흐름에서 이 책이 갖는 의미가 큽니다. 민주주의의 역사를 보면 하방과 확장의 역사였습니다. 문화와 제도, 의식의 굴레를 깨면서 수혜자를 늘리는 과정이 곧 민주주의의 역사였습니다. 교원과 공무원에게 수십 년간 족쇄로 작용했던 법률의 굴레에서 이제는 벗어날 때가 되었습니다. 이 책은 앞으로 우리에게 중요한 참고 자료이자, 금기에 도전해 보려는 용기를 얻게 하는 원천이 될 것입니다.

김성천(한국교원대 교수, 국가교육위원회 비상임위원)

가시덤불, 숲, 나침반, 낱말 하나하나에 깊고 넓은 상징성이 있습니다. 저자의 상징적인 낱말로 교사의 정치기본권을 말하는 것은 그것에 담긴 함의가 많기 때문입니다. 저자는 교육 현장을 풍부하게 경험했기 때문에 교사가 시민의 권리를 가져야 할 필요성을 절감하고 있습니다. 책을 쓰는 데 상당한 공을 들였다는 것은 페이지를 넘길 때마다 확인할 수 있습니다. 결국은 나침반입니다. 이 책은 교사의 정치참여를 말할 때 빠지지 않고 인용되는 필독서가 될 것이라고 생각합니다.

최교진(세종특별자치시교육청 교육감)

저자는 이 책에서 '민주사회 구성원으로서의 교사가 왜 정치기본권을 보장받아야 하는가' 라는 뜨거운 화두를 던지고 있습니다. 얽히고설킨 '가시덤불'을 헤치고 나와서 교사의 정치기본권에 대한 세계적인 추세란 '숲'을 보며 '나침반'을 가지고 새로운 길을 만들고자 하는 저자의 열정과 고민을 읽을 수 있었습니다. 이 책의 출간을 계기로 교사의 정치참여를 금기시할 것이 아니라, 정치적 자유 보장과 교육의 중립성 유지라는 두 가치 사이에서 균형 있는 해법을 찾아나가기를 기대합니다.

김석준(부산광역시교육청 교육감)

'가시덤불'을 뚫고 '숲'을 바라보며 '나침반'을 꺼내든 교사의 고뇌와 실천이 이 책에 담겼습니다. 교사의 정치기본권은 교육의 품격과 민주주의의 깊이를 가늠하는 기준입니다. 학생을 위해 교사는 어떤 자리에 서야 하는가에 대한 치열한 고민은 우리 모두의 물음이기도 합니다.

저자가 삶과 현장, 정치의 경계에서 길어 올린 이 메시지는 교육자 모두의 성찰을 요구합니다. 이 책에는 교사가 시민으로서 숨 쉬는 사회, 아이들이 건강한 민주시민으로 자라는 학교를 위한 제언이 담겨 있습니다. 교사를 '정치적 금치산자'로 둔 채 교육의 미래를 논할 수는 없습니다. 이 책은 교사도, 학생도, 학부모도 함께 읽어야 할 시대의 나침반이 될 것입니다. 교육이 민주주의의 뿌리임을 믿기 때문에, 저는 이 책을 기꺼이 추천합니다.

도성훈(인천광역시교육청 교육감)

『대한민국 51만 교사의 외침, 교사 정치기본권 보장』 다소 도전적인 이 책의 제목은 시민교육의 중요성에 관한 물음을 통해 공동체의 성장을 꿈꾸고 있습니다. 오늘날 민주주의는 제도적인 틀을 넘어서서, 우리의 삶 속에서 드러나는 문화로 그 가치를 보여 줍니다. 이와 같은 민주주의 문화가 시작되고 굳건히 설 수 있는 중요한 기반은 바로 교육입니다. 학생들은 교실에서 자유롭게 토론하고, 끊임없이 질문하며 당면한 문제를 스스로 해결하는 과정을 통해 민주시민으로 자라납니다.

교사의 정치기본권은 개인의 권리 보장일 뿐만 아니라, 교육 현장의 자율성과 전문성을 강화하는 필수적인 요소입니다. 교사가 정치적 의사 표현의 자유를 누리고 정책 결정 과정에 참여할 때, 교육은 현장을 중심으로 발전할 수 있습니다. 이는 학생들이 살아 있는 민주주의를 배우고 실천하는 데 중요한 모범이 되며, 궁극적으로는 공동체의 발전에 이바지할 것입니다.

이 책에서 저자는 학교에서, 교육청에서, 국회에서 쌓은 다양한 경험과 폭넓은 사례를 바탕으로 교사의 정치기본권을 둘러싼 역사와 논리, 교사의 권리를 다루고 있습니다. 특히, 선진국의 사례를 통해 교사의 정치적 자유가 학생들의 민주 의식 함양과 교육의 질 향상에 긍정적인 영향을 미친다는 점을 설득력 있게 제시합니다. 과거의 유산에 묶여 있는 교사의 정치기본권이 시대의 변화에 발맞춰 어떻게 재정립되어야 하는지에 대한 깊이 있는 성찰은 우리 교육을 한 단계 더 발전시킬 것입니다.

이 책은 교사가 시민으로서 마땅히 누려야 할 권리를 성찰하는 일이고, 우리가 어떤 사회를 우리 아이들에게 물려줄 것인가에 대한 질문이기도 합니다. 이 책이 많은 시민과 교육자에게 읽혀 대한민국의 교육이 올바른 방향으로 나아가기 위한 논의와 성찰의 출발점이 되길 바랍니다.

박종훈(경상남도교육청 교육감)

민주주의 사회는 정치로 수렴되고 정치로 해결됩니다. 그런 의미에서 "국회는 마치 숨을 쉬듯 정치를 하고 있었다."고 숨과 정치를 대비시킨 저자의 표현은 너무 적절합니다. 민주주의 사회에서 '정치'는 마치 숨을 쉬는 것과 같습니다. 숨이 멈추면 죽는 일만 남습니다.

교사의 정치적 숨통을 틀어막은 것은 1963년 박정희 군사정부였습니다. 그 후 63년 동안 대한민국 교육은 매년 수백 명의 학생이 죽고, 교사도 죽어 나가고 있는 실정입니다. 대한민국 교육은 질식 상태입니다. 저자는 교사에게 정치적 숨을 쉬게 해야 한다고 힘주어 말합니다. 그리고 교사에게 정치적 숨을 되돌려주기 위해 우리 모두가 어떤 행동에 나서야 하는지 명쾌하게 제시합니다. 민주주의를 사랑하는 사람, 교육 혁신을 바라는 시민이 꼭 읽어 보면 좋겠습니다.

강신만(교사정치기본권찾기연대 상임대표)

대한민국 교육의 역사는 교사 정치기본권이 있기 전과 후로 나뉠 것입니다. 물과 공기가 그렇듯, 정치는 언제나 우리 곁에 있지만 교사들에게는 보이지만 잡히지 않는 구름과도 같았습니다. 하지만 2023년 서이초 사태과 연이은 교사들의 죽음, 그리고 2024년 12·3 비상계엄의 긴 터널을 지나며 교사 정치기본권 회복에 대한 요구는 점점 커졌습니다. 이재명 대통령의 주요 공약에 '교사 정치기본권 회복'이 들어간 것은 누군가의 선의로 이루어진 것이 아니라 전국 교사들의 눈물 어린 투쟁의 결과물입니다. 지금이야말로 교사 정치기본권 회복의 골든타임인 것입니다.

그래서 이 책이 더 반갑습니다. 현장 교사로, 교육청과 교육부에서 그리고 국회에서 애써 온 저자의 '사람과 교육에 대한 사랑'이 담겨 있습니다. 이 책이 교사 정치기본권 회복과 교육이 가능한 학교를 만드는 마중물이 될 것을 기대합니다.

박영환(전국교직원노동조합 위원장)

나는 올해 안에 이 책의 수정본이 나오기를 기도합니다. 교사 정치기본권 투쟁의 역사와 이유를 다룬 이 책에, '우리는 어떻게 스스로 권리를 되찾을 수 있었는가'가 추가될 그날을 꿈꿉니다. 교사의 입을 막는 사회는 결국 아이들의 미래도 막을 수밖에 없습니다. 정치기본권이 없다는 이유로, 더더욱 정치적일 수밖에 없었던 모든 순간들을 떠올리며 이 책을 추천합니다.

이보미 (교사노동조합연맹 위원장)

알지 못하는 걸 가르칠 수는 없습니다. 알기만 하고 살아 본 바 없는 걸 가르칠 때는 가르침에 힘이 실리지 않습니다. 교사에게 요구하는 정치적 중립성이 이와 같습니다. 정치기본권이 없는 교사가 가르치는 민주주의 교육에 무슨 힘이 실릴 수 있을까 싶습니다. 교사의 정치 중립성이 어느 순간 강요가 되고, 우리 사회의 민주주의는 뒷걸음질을 치고, 학교는 숨이 막혀 죽을 지경입니다.

학교가 새 숨을 쉴 수 있도록 가시덤불을 걷어 내야 합니다. 교사의 정치기본권 논의는 가시덤불 너머의 숲을 보게 하는 일입니다. 학교에 새 숨을 불어넣는 일입니다. 책을 읽다 보니 질식해 버린 학교에 새 숨을 불어넣고자 애쓰는 저자의 거친 숨결이 느껴졌습니다. 우리 교육을 오래 보고, 넓게 보고, 깊게 보아 온 그의 삶이 그대로 녹아 있기 때문입니다. 우리 교육을 위해 넓게, 깊게 살아온 서용선 선생님의 삶이 담긴 이 책이 교사 정치기본권 보장의 새 지평을 열고, 우리 교육의 미래를 위한 나침반이 되길 기대합니다.

한성준·현승호 (좋은교사운동 공동대표)

대한민국은 법치국가입니다. 공무원은 법령에 따라 교육합니다. 법은 사회의 변화에 따라 생성, 변천, 소멸합니다. 우리나라 교육의 변화는 대부분 학교 현장의 필요가 아니라 사회의 요구에 의해 이뤄져 왔습니다. 기초학력의 책임이 있는 교사에게 기초학력 보충 지도를 강제할 권한은 없습니다. 아동학대 신고의 의무는 있지만, 아동학대 신고자로서 교사를 보호하는 제도는 없습니다. 업무 경감을 한다면서 출결 관련 서류를 수기로 작성하여 수년간 보관하도록 정하고 있습니다. 각종 법과 제도 그리고 정책이 주는 혼란과 고통에 시달리는 학교 현장의 목소리에 그 누구도 귀 기울이지 않았고, 그 결과 2023년 7월 18일 서이초 사태가 일어났습니다.

학교 현장의 필요에 의한 교육의 변화가 일어나야 합니다. 그에 따른 법과 제도의 변화가 일어나야 합니다. 학교 현장의 필요에 의한 법과 제도에 따라 교원은 교육할 수 있어야 합니다. 그 필요를 사회적으로 충분히 설득할 역량을 기르는 것이 바로 교원의 전문성입니다. 교원의 전문성 신장을 위해서, 우리 아이들을 더 잘 가르치기 위해서, 우리 사회가 더 나은 사회로 나아가기 위해서 교사의 정치기본권은 꼭 필요합니다. 오랫동안 교사의 정치기본권에 대해 고민해 온 저자의 이 책은 그래서 모두가 함께 읽어 보아야 할 책이 아닌가 저는 생각합니다. 이 책이 세상을 변화시키는 교육의 출발점이 되기를 진심으로 기원합니다.

천경호(실천교육교사모임 회장)

현재 사회 교과서에 나오는 당연한 내용이 과거에는 금지 사항이었습니다. 민주주의와 관련된 여러 내용이 그렇습니다. 현재 교사의 정치기본권 또한 거의 모든 선진국에서 인정되는데, 유독 한국에서는 아직 인정되지 않습니다. 시간이 지나면 결국 한국에서도 교사의 정치기본권이 당연해질 텐데 그 과정에서 누군가의 노력이 필요합니다. 이 책도 그 노력 중 하나입니다. 민주주의의 발전에 관심이 있는 시민, 그리고 학교 선생님들의 독서 모임에서 이 책을 읽으면 우리나라의 민주주의가 한 단계 더 수준이 높아지는 그런 미래가 더 빠르게 찾아올 것입니다. 사회학, 법학, 행정학, 정치와 관련된 분야로 진로를 잡은 학생에게도 사회 변화에 대한 통찰력을 얻게 되는 이 책을 추천합니다.

송승훈(의정부광동고등학교 교사, 전국국어교사모임 독서교육분과 물꼬방 회원)

교사의 정치기본권은 교육 현장의 민주성과 직결된 중요한 과제입니다. 이 책은 그 필요성과 방향을 차분하고 설득력 있게 담아내어 교육 현장에서 반드시 논의해야 할 지점을 짚어 줍니다. 교사 정치기본권은 교육의 민주성과 전문성을 지키기 위해 반드시 다뤄야 할 주제이고, 이 책은 정책적 논의로 이어질 소중한 기초를 제공할 것입니다. 이 논의가 사회적으로 확산되고, 교육정책과 제도 개선으로 이어지길 기대합니다.

고아라(경기 포천 왕방초등학교 교사)

"선생님은 파란색이 좋아요, 빨간색이 좋아요? 아니면 노란색이 좋아요?"

많은 교사들이 학교에서 들어 봤을 이 질문은 마치 주문처럼 교사를 옴짝달싹 못 하게 합니다. 교사들은 이 질문에 뭐라고 대답해야 하나 머리를 굴리다가 뭐라도 대답할 수 없는 현실에 당황합니다. 때로는 정치기본권이 없는 교사의 상황을 알고 의도적으로 질문하는 아이들이 밉기도 합니다. 계엄과 탄핵 그리고 대통령 선거로 이어진 긴 과정 속에서 아이들은 정치에 많은 관심을 갖게 되었습니다. 교실에서 여러 정치 쟁점으로 대화의 장이 열리기도 합니다. 삶과 연계된 민주시민교육을 나누기에 최적의 시기지만 교사는 이 상황을 함께할 수 없습니다. 정치기본권이 없기 때문입니다. 교실과 교사들의 일상에 깊은 존재감을 드러내는 정치기본권은 도대체 무엇일까요? 과거부터 현재까지 어떤 맥락 위에 존재하고, 앞으로는 어떻게 나아가야 할까요? 이 책이 정치기본권을 이해하는 나침반이 되어 주리라 확신합니다.

김기수(강릉 운양초등학교 교사, 『정치하는 아이들』 저자)

"교사가 이런 일도 할 수 있어?"라는 질문을 하게 만들었던 그였습니다. 학생 한 명의 온전한 삶을 고민했던 그가, 이제는 교사 정치기본권을 가리키고 섰습니다. 다른 주제가 아닙니다. 대한민국 교육에 왜 절망하는가? 교사에게 좋은 교육을 만들 책임을 부여하라. 바로 그것이 교사 정치기본권입니다.

정효진(율곡중학교 교사, 전 국가교육회의 청년위원)

머리말

'가시덤불'을 나와 '숲'을 보고
'나침반'을 들고 길을 열어 가는 여정

2023년 뜨거웠던 여름

이 책을 쓰기로 결심한 것은 2023년 서이초등학교에서 젊은 교사가 세상을 떠났던 충격적인 사건 이후였다. 그해 7월부터 수개월 간 이어진 교사들의 집회는 연인원 100만 명을 넘기며 교육계에 전례 없는 파장을 일으켰다. 필자는 교사 출신으로서 국회에서 일하며 현장 상황을 실시간으로 확인했고, 의원실을 통해 관련 법 개정도 추진하고 있었다.

이 과정은 필자에게 깊은 충격을 주었고, 동시에 결단의 계기가 되었다. 우리나라 학교교육의 문제는 이미 임계점을 넘었고, 과거 필자가 경험하고 알고 있는 교육활동과는 사뭇 다른 풍경을 마주해야 했다.

당시 집회에 참여했던 이들이라면 기억할 것이다. 이 집회는 위로부터의 수직적인 구호와 동원이 아닌, 점과 점이 연결되는 수평적이고 자발적인 역동이었다. 시민에게 피해를 주지 않기 위해, 또는 어떤 오해도 남기지 않기 위해 모인 이들은 칼같이 줄을 맞추며 질서 정연한 모습을 보여 주었다. 이 과정에서 6개 교원단체는 그동안 교육사, 교육운동사에서 찾아볼 수 없는 연대와 협력을 보여 주었다.

정치권도 신속히 반응했다. 국회는 순식간에 32개의 교권 보호 법안을 쏟아 내고, 본회의에 올라온 98개 법안 중 가장 먼저 여야 만장일치로 이를 통과시켰다. 당시 대통령은 교사들을 직접 초청해 긴 시간 대화를 나누며 교권 보호를 약속했다. 이는 과거 노무현 대통령이 TV에 나와 한 교사와 짧은 토론을 한 이래 정치 권력과 교육 현장이 공식적으로 대등하게 마주한 최초의 장면이었다.

'교사 정치기본권'은 누가 주는 것인가

그러나 필자는 곧 깊은 의문에 닿았다. 이렇게 누군가에게 '부여받은' 교권으로 충분한가? 교사의 죽음 이후에야 비로소 주어지는 권한, 이렇게 사후적이고 소극적이고 수동적인 방식이 과연 온당한가? 만일 또다시 이런 일이 벌어지면 어떻게 할 것인가? 왜 교사의 목소리는, 아이들과 함께 살고 싶다는 외침은 죽음이라는 비극과 맞바꾼 후에야 겨우 들리는 것일까? 교권이 보호되면 모든 일이 해결되는 것일까? 이 당연한 권리를 '누가 누구에게' 부여하는 걸까?

2023년 7월 서이초 사태 이전인, 5월 스승의날을 기념하여 '가르칠 수 있는 용기'라는 제목으로 교원노조와의 국회 토론회가 있었다. 이미 서이초 사태와 같은 기미는 몇 년 전부터 학교 현장에서 나오던 터였다. 많은 교사들이 설레는 마음으로 교직을 선택했지만, 교실에서 살아남기 위한 요령이나 기술이 아닌 '인간 내면에서 나오는 가르치는 행위에 대한 존중과 자긍심'을 고민하고 성찰하는 자리였다. 파머(Paker J. Palmer)의 다음 말처럼, '새로운 전문인으로서의 교사'를 고민하게 되었다.

> "제도권 삶이 가장 강력한 힘을 발휘하는 세상에서 내가 서 있을 수 있는 확고한 지반을, 나의 정체성과 영혼을 신뢰하는 바탕을, 나 자신과 동료 그리고 직장을 우리들의 진정한 사명으로 삼을 수 있는 지반을 발견했다."
> (Parker, 이종인·이은정 역, 2005: 359-360)

'교사 정치기본권', 이 말은 이미 오래전부터 마음속을 무겁게, 그러나 끈질기게 맴돌았던 인생의 주제였다. 27년 전인 1999년 신규교사 시절, 희망의 새벽처럼 전교조는 합법화되었고, 2003년 교육행정정보시스템 '나이스(National Education Information System)' 대투쟁이 있었다. 2009년 진보 교육감이 처음 등장했고, 2010년 혁신학교에서 학교를 변화시켰으며, 2015년 교사노조연맹이 탄생했다. 2022년 이후부터는 학교 현장에서 고통스럽게 마주 보며 일했던 이주호 교육부장관과 또다시 국회에서 정치적으로, 그리고 정책적으로 상대하며 일을 했다. 교원평가, 세월호 참사 홀대, 역사 국정교과서 도입 같은 일들이 그 고통의 벽에 새겨져 있는데, 지금은 AI디지털교과서와 늘봄학교 같은 일들이 진행 중이다. 그러면서 2025년을 지나가고 있다.

이 모든 시간 중 가장 소중한 시간은 단연코 학생들과 함께한 날들이었다. 교육을 통해 서로 삶을 나누고 성장했던 날들. 수업을 바꾸고 교육과정과 평가를 혁신하며 학교 전체를 바꾼 값진 경험, 그리고 현장을 넘어 더 많은 학교를 지원하고 새로운 정책을 만들기 위해 교육청과 교육부에서 일하기도 했다. 국회에서 교육과 정치를 함께 고민한 지도 어느덧 5년이 흘렀다. 돌아보면 그 모든 시간의 나침반은 필자가 만났던 '학생들'과 '교사 정치기본권'을 가리키고 있었다. 왜 교사에게는 정치기본권이 없는가? 그 시간 동안 교사들은 어떤 고통을 견뎌야 했는가? 그리고 지금, 학생들을 위해 교사는 어디에 어떻게 서 있어야 하는가?

계엄, 탄핵, 대선 그리고 '교사 정치기본권'의 등장

2024년 12월 3일 밤 10시 27분, 비상계엄이 선포되었다. 해를 넘겨 2025년 4월 4일 오전 11시 22분, 윤석열 대통령의 탄핵이 헌법재판소에서 인용되었다. 그 사이 시간은 억겁처럼 느껴졌다. 계엄 소식을 듣고 국회로 향하는 길, 눈 내리는 서강대교 위로 날아든 헬기가 국회 운동장을 맴도는 장면은 1980년 광주의 기억과 겹쳐졌고, 어둡고 스산한 거리의 모습은 내 유년의 계엄령을 떠올리게 했다.

탄핵 인용 두 달 뒤 대통령 선거를 앞두고 맞이한 스승의날, 정치권 어디에도 교육에 대한 진지한 논의가 보이지 않던 그 와중에 한 유력 대선 후보가 SNS에 한 문장을 남겼다.

"근무 시간 외에는 직무와 무관한 정치활동의 자유를 보장해, 헌법이 보장한 권리를 회복하겠다." (이재명 대선후보 페이스북, 2025.5.15.일자)

짧은 한 문장이었지만, 충격과 감동이었다. 그 안에는 세 가지 중요한 메시지가 담겨 있었다.

첫째, '근무 시간 외'에는 교사 정치기본권을 보장하겠다는 것이다. 유·초·중·고·특수 교사들의 일반적인 근무 시간은 8시 30분부터 16시

30분이다. 이 시간을 제외한 모든 시간, 출근 전 그리고 퇴근 이후에는 교사에게 정치기본권이 보장되어야 한다는 뜻이다. 아울러 이 말에는 학교 안에서 학생들과의 교육활동에 지장을 받지 않게 하겠다는 의미도 내포되어 있다.

둘째, '직무와 무관한 정치활동의 자유'를 보장하겠다는 것이다. 이는 교육과 직접 연관되지 않은 정치적 표현과 활동을 허용하겠다는 의미이며, 동시에 교육활동과 정치활동의 경계를 명확히 하겠다는 것이다. 앞으로 '직무와 무관한 정치활동'의 범위와 기준을 둘러싼 논의가 필연적으로 중요해질 것이다.

셋째, 교사 정치기본권은 '헌법이 보장한 권리'이고, 그래서 이를 '회복'하겠다는 것이다. 이 메시지는 특히 '회복'이라는 표현으로 '박탈' 당한 권리를 '다시 되찾음'이라는 역사적 맥락을 분명히 했다. 즉 이것은 누군가의 손에 의해 빼앗긴 권리를 「헌법」의 이름으로 되돌리는 일이며, 민주주의 회복의 과정인 것이다.

왜 교사 정치기본권인가

"왜 교사 정치기본권인가?"라는 질문은 우문(愚問)이다. 교사들은 교사이기 이전에 '국민'이자 '시민'이기에 정치기본권 보장은 너무나 당연한 일이다. 「헌법」에 적시된 대로 대한민국은 '민주공화국'이고, 교사도 당연히 민주공화국의 일원이다. 정치기본권은 기본권 중의 기본이다. 그 권리를 박탈당한 현실은 민주공화국 「헌법」의 기본정신에 어긋난다. 대한민국에서 정치기본권을 갖지 못한 사람을 상상할 수 있는가? 교사만이 정치기본권을 제한받는 지금의 상태는 더 이상 묵인되어서는 안 될, 헌법적 위반 상태이다. 이제는 이 왜곡된 현실과 오래된 침묵을 깨고 정치권은 물론, 정부와 시민사회 모두가 여러 각도에서 되돌아보고 즉각 행동해야 한다.

국회에 와 보니 대한민국의 모든 국민이 「헌법」이 보장한 정치기본권을 마음껏 누리고 있었다. 정당에도 자유롭게 가입하고, 다양한 정치활동에 참여하고, 목소리를 내며 자신의 권리를 실현하고 있었다. 그것은 마치 '숨 쉬듯' 자연스러운 일이었다. 국회는 그런 국민 한 사람 한 사람을 대표하는 기관으로서, 귀 기울이고 문제를 해결하기 위해 분투하고 있었다. 그런데 왜 교사는 안 되는가? 이유는 뭘까? 누가 가로막고 있는 걸까?

교육이 정말 교육다워지려면, 정치가 가진 긍정적 기능과 역할이 필수적이다. 교육 현장에 필요한 법 하나를 통과시키는 일조차 정치 없이는 불가능하다. 학생들과 학교를 지원하는 일조차 입법과 정책 과정을 통과하지 않으면 실행될 수 없다. 서이초 사태처럼 큰일이 벌어졌을 때에만 정치가 관심을 가지는가, 그렇지 않은가에 따라 그 시작과 끝은 하늘과 땅만큼 달라질 수 있다.

이미 많은 국가에서 교사들의 정치참여와 정치권 진출이 사회 전반에 긍정적 영향을 미치고 있다. 책 중반부에서 그런 사례들을 직접 살펴보게 될 것이다. 학생과 학부모를 위해서도, 학교와 교사가 우리 사회에서 더 의미 있는 존재로 자리 잡는 길은 교사 정치기본권과 직결되어 있다고 필자는 분명히 말하고 싶다.

시작도 어렵지만 끝도 아니다

대선 후보가 한마디 했다고 해서, 정부가 추진한다고 해서 일이 술술 풀리지는 않을 것이다. 우리는 법률의 벽도 넘어야 하고, 여론의 파도도 넘어서야 한다. 정치 세력 간의 충돌도 있을 수 있고, 반대하는 정치권과 여론, 학부모라는 높은 산도 마주해야 한다. 그래서 객관적 근거를 마련하고, 설득하고, 공감대를 넓혀 가는 일이 무엇보다 중요한 시점에 와 있다.

이 문제는 단순한 법적 권리의 보장을 넘어 '교육'과 '교사'에 대한 철학과 문화가 결합되어 있다. 어쩌면 정치의 양극화와 교육의 양극화가 심화되는 오늘날의 상황에서 교사의 정치기본권 논의는 이제야 비로소 출발선에 선 것일지도 모른다.

대표적인 사례로 자주 인용되는 것이 독일의 '보이텔스바흐 협약'[1]이다. 이 협약은 극단적인 대립 상황에서도 작은 도시의 시민들, 적정 규모의 단체들, 평범한 사람들을 통해 다원적인 과정을 거쳐 합의가 가능하다는 것을 보여 준다. 그렇게 형성된 정신은 문화로 확산되었다.

교사 정치기본권은 단지 '교사' 개인의 권리에만 머물러 있지 않고, 학교교육 전반과 긴밀히 연결되어 있다. 교사들은 지금 '진정한 토론'을 경험하고 있는가? 학생들은 시민으로 성장하는 과정에서 '다름'을 어떻게 배우고 있는가? 정치기본권 논의는 바로 이러한 정치교육의 수준과 방향을 가늠하게 한다. 더 나아가 이는 일상 속에서 타인의 생각과 의견을 존

---

[1] 1976년 독일 '보이텔스바흐 협약(Beutelsbacher Konsens)'은 바덴뷔템베르크 주 정치교육원이 개최한 학술대회에서 합의한 협약으로, 민주시민교육의 기본 원칙을 다음과 같이 담았다. ①주입과 교화의 금지, ②논쟁성 재현 요청, ③학생 이해 중심

중할 수 있는 민주주의의 나침반이 되기도 한다. 결국 교사의 정치기본권은 우리 사회의 민주주의의 질과 성숙도를 반영하는 척도이기도 하다.

또한 우리는 '교사' 정치기본권에 만족할 것인지에 대해서도 고민이 필요하다. 이 권리는 '교원', '교직원', '공무원' 전체의 권리로 확장되며, 더 나아가 '학생, 학부모, 학교, 교육 당국'과도 깊이 연결되어 있다. 그만큼 교사의 정치기본권에 많은 것들이 응축되어 있다. 교사는 전문가이자 노동자이자 시민이기 때문이다. 그래서 이 문제는 시작하기도 어렵지만, 쉽게 끝낼 수도 없는 일이다.

넬슨 만델라를 기억하며

필자는 이 책 부제를 '가시덤불', '숲', '나침반'이라는 세 가지 상징어로 구성했다. 교사 정치기본권은 지금 '가시덤불(1장) 속'에 있다. 너무 오랫동안 만들어진, 옴짝달싹하기도 힘든 가시가 가득한 덤불이다. 하지만 그 가시덤불도 결국은 '숲속'에 있고, 힘들지만 헤쳐 나올 수 있다. 이제 우리는 가시덤불이 있던 '숲(2장)'을 보기 시작했다. 상상해 보라. 숲으로 들어가면 얼마나 숨 쉬기 좋은지를. 숲을 인식하고, 이것이 얼마나 넓은지 이해하려는 노력은 결국 가시덤불을 헤쳐 나오는 힘이 될 것이다. 넓고 깊은 숲에서 길을 찾는 것은 '나침반(3장)' 역할이다. 필자는 이 나침반의 상징으로 남아프리카공화국의 넬슨 만델라(Nelson Mandela)를 떠올렸다.

> "교육은 세상을 변화시키는 데 사용할 수 있는 가장 강력한 무기입니다(Education is the most powerful weapon which you can use to change the world)."
>
> (Mandella, 김대중 역, 2020)

7월 18일은 UN이 지정한 '국제 넬슨 만델라의 날'이다. 만델라가 67년 동안 어린이와 인류의 자유와 정의를 위해 헌신한 삶을 기리며, 이날만큼은 67분간 다른 사람을 위한 행동을 실천하자고 권한다. 교사 정치기본권을 말하는 이유도 이와 같다. 이 권리는 교사만을 위한 것이 아니라 나의 자녀, 우리 아이들, 이 사회의 어린이와 청소년을 위한 권리, 시민을 위한 권리가 되어야 한다.

끝으로 이 책을 낼 때까지 운동으로, 말과 글로 함께해 준 고마운 분들을 기록한다. 평교사이신 20대 고아라 선생님, 50대 송승훈 선생님, 30대 교사이자 『정치하는 아이들』 저자인 김기수 선생님, 국가교육회의 청년위원이셨던 정효진 선생님, 교사정치기본권찾기연대 강신만 대표님, 교사노조연맹 이보미 위원장님, 전국교직원노동조합 박영환 위원장님, 좋은교사운동 한성준·현승호 대표님, 실천교육교사모임 천경호 회장님은 이 운동의 역사를 현장에서 쌓아 주신 분들이다. 추천사를 써 주신 최교진 세종교육감님, 김석준 부산교육감님, 도성훈 인천교육감님, 박종훈 경남교육감님께도 특별히 감사의 말씀을 드린다. 학교 현장의 상황과 Q&A의 질문을 도와주신 정영현, 정원화, 홍섭근, 신창기, 김상규, 김기수, 김재윤 선생님께도 감사 인사를 드린다. 또한 글을 옥처럼 다듬어 준 친구이자 동료인 김동연 선생님, 한영욱 선생님, 송승훈 선생님께도 고마움을 전한다. 마지막으로 삽화를 그려준 서원님은 책을 더 살아 있게 만들어주었다. 선뜻 어려운 책 발간을 하자고 하고, 만들기까지 소통에 아낌없이 지원해준 최윤서 대표님, 편집과 디자인을 멋지게 만들어주신 정지현 편집장님, 최수정 디자이너님께도 감사의 말씀을 전하고 싶다.

목차

추천사

머리말 '가시덤불'을 나와 '숲'을 보고 '나침반'을 들고 길을 열어 가는 여정　4

14

1장
──── '가시덤불', 얽히고설키다 ────

덤불 속으로　30
아리스토텔레스가 본 '정치후원금 10만 원'　37
정치적 금치산자, 교사 vs 발전하는 학생 정치기본권　46
19631217, 박탈의 출발일　51
선거는 축제! 선진국의 최소 제한!　57
선거 때 제약하는 것들　61

[참고 자료 1]
　공무원의 선거 관여 행위 금지 안내　69

왜 공직선거에 출마하지 못할까　73
어떤 법이 가로막는가　79
「헌법」은 말하고 있다　84
'정치적 중립성'이라는 유령　90
정치인들의 입장은…　96

[참고 자료 2]
　교사 정치기본권 보장 주요 국정과제 채택 및 입법화 촉구 기자회견문　103

다양한 현장 속 질의응답 1

1. 정치기본권이란 정확히 무엇을 말하고, 지금 이 시점에 교사에게 왜 필요한가요?
2. 교사 정치기본권 보장을 가로막고 있는 현실적인 제약 요인은 무엇이 가장 큰가요?
3. 교사가 정치기본권을 갖게 되면 정당 가입이나 후원, 정치 현안에 대한 발언도 가능해지나요? 보장의 범위는 어디까지 허용되어야 할까요?
4. 교육의 정치적 중립성과 교사의 정치기본권 사이에는 긴장이 있지 않나요?
5. 교사의 정치기본권 회복으로 오히려 교단의 혼란을 가져오지 않을까요?
6. 교사 정치기본권과 공무원 정치기본권은 다른가요? 다르다면 차이가 뭔가요?
7. 교사 정치기본권을 반대하는 집단과 그 이유가 있을까요? 반대하는 분들은 어떻게 설득해야 할까요?
8. 교사에게 정치적 중립을 요구한 이유는 뭘까요? 교육 현장에서 실제로 어떻게 오해되거나 왜곡되고 있나요?
9. 헌법재판소는 정치기본권 보장에 대해 어떻게 판단하고, 이에 어떤 반론을 펼칠 수 있나요?
10. 이유가 분명한데, 정치인들은 왜 교사 정치기본권에 대해 분명하게 정리를 못할까요?

2장
'숲'을 보면

세계적 시선으로 선관위 답변을 보면

세계적 흐름, 국제기구들의 입장   **124**

EI, '2024 결의문' 만장일치 채택의 의미   **131**

지구본을 나눠서 보면   **136**

국민 신뢰의 기반을 갖춘 나라, 핀란드   **143**

민주주의를 가르치는 나라, 덴마크   **148**

독재와 결별하고 모든 걸 보장하는 나라, 독일   **153**

폭넓은 보장이 원칙인 나라, 미국   **160**

공직선거 출마를 장려하는 나라, 프랑스   **167**

형사처벌을 절제하는 나라, 일본   **172**

대학교수는 왜 자유로운가   **176**

정당은 교사를 필요로 한다   **180**

국가는 학교에서 '정치'를 잘 가르치라 하네   **184**

다양한 현장 속 질의응답 2   189~194

1. 교사들이 오랫동안 요구했다는데 변화가 없는 이유는 뭘까요? 교사의 정치기본권 확보를 위해 교사가 해야 할 일은 뭘까요?
2. 현재는 '학교 밖 정치 자유'를 외치고 있는데 이걸로 충분한가요?
3. 다른 나라 교사들은 정치활동을 자유롭게 할 수 있나요? 외국과 주요 선진국의 진짜 모습은 어떠한가요?
4. 독일의 보이텔스바흐 협약처럼, 교실에서도 정치 수업을 할 수 있나요?
5. 교사들의 요구에 국회는 어떤 입법 노력을 했나요?
6. 현행 「국가공무원법」「정당법」「공직선거법」 등의 제약은 어떤 부분에서 가장 큰 걸림돌이 될까요?
7. 교사 정치기본권을 갖게 되면 학부모 민원이 늘어나지 않을까요?
8. 교사의 정치기본권 확대 논의가 주로 '엘리트 정치'에 머무는 느낌도 있

는데, 이 문제의 정당성은 얼마나 공유되고 있다고 보나요?

9. 교사의 정치기본권이 단계적으로 보장된다면, 어느 영역에서부터 시작될 가능성이 높다고 보나요?

10. 학교에서는 정치를 잘 가르치라고 하지만, 정치를 잘 가르칠 수 없는 교사들의 조건을 어떻게 보아야 하나요?

3장
'나침반'은 가리킨다

교사 정치기본권은 어디까지일까	196
정치 선진국의 교사 국회의원 비율 10%	201
교사 정치기본권 확보를 위한 노력	205
[참고 자료 3] 공무원·교원 정치기본권 보장 관련 법률 개정에 관한 청원	213
이 문제에 교원단체는 보수, 진보가 없다	215
꼭 알아야 할 법 개정 5원칙	223
[참고 자료 4] 국가인권위원회 결정: 공무원·교원의 정치적 자유 보장에 대한 권고	230
국회가 움직인다	232
제21대 국회('20-'24년) 상황	238
제22대 국회('24-'28년) 상황	246
복지국가 필수품, 정치기본권	255
자유롭고 평등하고 충분한 보장	260

우려되는 지점과 민주주의 기본 갖추기 266
좋은 교사, 좋은 교육, 좋은 정치를 향하여 273

다양한 현장 속 질의응답 3   281~286

1. 정치기본권이 없는 상황에서 교사들이 할 수 있는 정치참여 방법이 있나요?
2. 교사 정치기본권을 확보하면 무엇이 달라질까요? 학교생활도 변할까요? 부작용은 안 생길까요?
3. 교사로서 정치기본권 회복을 지원하고 지지할 수 있는 방법은 어떤 게 있나요?
4. 교사 정치기본권 확보를 반대하는 학부모를 어떻게 설득하면 좋을까요? 만약 보장되면 학부모 민원은 줄어들 수 있을까요?
5. 발의된 관련 법안들은 진짜 통과될 가능성이 있나요?
6. 이재명 정부의 공약 '근무 시간 외 정치활동 보장'으로 교육 현장에서 가장 시급하거나 중점적으로 다뤄야 할 부분은 뭘까요?
7. 교사의 정치기본권 문제를 교원의 권리에만 국한시키지 않고, 시민의 교육권이나 교육의 질과 연결한다면 어떤 논리가 필요할까요?
8. 정치기본권이 보장되면 교사가 교육정책 결정 과정에 더 많이 참여할 수 있나요?
9. 정치기본권 보장과 교사노조 활동의 경계는 어디까지 허용되어야 한다고 보나요? 법령상 혼재된 부분에 대한 개선도 이뤄질까요?
10. 마지막으로 책을 집필하면서 독자들에게 꼭 하고 싶은 말이 있나요?

참고문헌 287

1장

'가시덤불', 얽히고설키다

덤불 속에 가시가 있다는 것을 안다.
하지만 꽃을 더듬는 내 손을 거두지 않는다.

_상드(George Sand)

덤불 속으로

한 교사의 이야기

10여 년 전, 함께 일도 하고 깊은 이야기도 많이 나눴던 동료이자 선배였던 송승훈 선생님의 페이스북에 이런 글이 올라온 적이 있다(송승훈 페이스북, 2019.4.26.일자).

"무죄입니다. 본 재판정은 피고인의 행동을 정치참여로 볼 수 없다고 판단합니다."

삼 년째 법원을 다녔다.
박근혜 정부 시절에 「공직선거법」 위반이라고 태극기 시위대인 애국시민연합이 내 페북 글을 고발한 일로 시작되었다.
처음 선관위가 조사하고는 '기관에 통보하지 않고 기록에 남지 않고 주의만 주는 것'으로 일이 정리됐다. 그런데 두 계절이 지난 뒤에 검찰에서 연락이 와서 다시 조사를 받았다. 검찰 조사를 받고 나오며, 곧바로 변호사를 선임했다.

공안부가 조사했고, 위에서 시킨 일이라고 들었다. 곧바로 실제 상황임을 알았다. 내 페북에 전교조라고 소개말을 써놓았으니, 그게 태극기 시위대를 자극한 것이었다.

"이 정도는 보통 우리가 문제 삼지 않는데…."

처음 선관위 조사관이 나에게 들어온 고발 서류를 보고 한 말이다. 담당 변호사 쌤은 처음 만나 설명을 들을 때 당연히 무죄가 나온다고 했다. 지속적이고 반복적으로 의도를 갖고 계획적으로 정치인을 비난하는 글을 올려야 했는데, 나는 거기에 낄 정도가 아니었다.

의정부 법원에 처음 갔을 때, 내 앞에 앉아 있는 변호사 쌤은 참 든든해 보였다. 익숙하지 않은 말들이 오고 가니 신경이 예민했는데, 그 상황에서 익숙하게 대응하는 변호사 쌤이 크게 의지가 되었다.

전교조 교사들 위주로 표적 고발이 된 법정에서 나는 의정부에 사는 김쌤과 쭉 함께 재판을 받았다. 판결이 나기 전에 변호사 쌤이 말하길, 나는 무죄가 나오겠고 김쌤은 유죄가 나올 수도 있겠다고 했다. 나는 혼자 무죄가 나오면 아는 처지에 김쌤에게 미안해서 어쩌지 했는데, 1심에서 그만 둘 다 50만 원 벌금 유죄가 나왔다.

"우하하하, 고민 괜히 했네. 같이 국수나 먹고 헤어져요."

다행히 오늘 2심 고등법원에서는 무죄가 나왔다.
지난번 마지막 재판에서 만만치 않은 질문과 응답이 오고 가서 조심스러웠는데, 이제 이렇게 일이 마무리되는구나. 재판장님께서 이 판결이 공시되어 여러 사람이 보기를 바라냐고 물었을 때, "예, 원합니다."

라고 또렷이 말했다.

내가 고발당한 내용은 이렇다.

- 어느 정치인의 자녀가 대학에 부정 입학했다는 뉴스를 공유하고 한 줄 글을 씀. '동영상 보고 판단해 보시길' 이라고.
- 논문 표절 의혹이 제기된 국회의원 후보의 기사를 공유하고 비판 글을 대여섯 줄 씀.
- 뇌물 관련 법을 어긴 정치인 비판 글을 몇 줄 씀.

위와 관련된 재판은 2017년 1월 시작해서 2019년 4월까지 2년 3개월이 걸렸다. 최종 결과는 원심 판결 50만 원 벌금 중 유죄 부분을 파기하고, 피고인인 송 선생님은 무죄라는 판결을 받았다(서울고등법원(2019), 2017노617 공직선거법위반).

현장을 떠나는 교사들

지난 2024년, 명예퇴직 등으로 교단을 떠난 교사가 7,467명이다(한국교육신문, 2025.3.5.일자). 6년 새 가장 많은 수치다. 재직 기간 20년이라는 조건을 충족하지 못해 명예퇴직을 못하고 사직을 선택한 교사도 943명이다(동아일보, 2025.3.5.일자). 지역마다 다르지만, 이들은 명예퇴직을 인정받아야만 받을 수 있는 퇴직금을 포기했다.

또 하나의 슬픈 통계는 최근 5년간 433명의 교사가 임용 1년 만에 퇴직했다는 사실이다(연합뉴스, 2024.10.24.일자). 이 가운데 초등학교 교사가 41.3%였다. 다른 곳도 그렇겠지만, 초등학교 교사들이 겪는 고통은 더욱 다각도로 살펴 대책을 마련해야 한다.

　교사의 과도한 행정업무와 과도한 수업시수 문제는 어제오늘 일이 아니다. 교사의 컴퓨터 앞에 빼곡히 붙어 있는 행정업무 포스트잇은 이를 잘 보여 준다. 아직도 주당 평균 26시간 이상 수업을 감당하는 교사들이 적지 않다. 최근 가장 심각한 것은 학생들의 문제행동 증가와 변화된 학부모와의 소통 방식이다. 7세부터 12세까지의 큰 발달 격차와 성장기의 문제, 경계선 지능장애를 포함 정서행동 위기학생에 대해서도 본격적으로 고찰할 시점이다.

　2023년 서이초 사태 이후에는 학교를 둘러싼 '아동학대'와 '악성 민원'이 수면 위로 떠올랐다. 그러나 교육부와 교육청은 기존 대응 방식에서 벗어나지 못했고, 이는 이 문제에 대해 실질적인 해결이 매우 미흡하다는 지적으로 이어지고 있다. 현장 교사 78%는 교권 보호와 관련된 법 개정 이후에도 여전히 정서적 아동학대로 고소당할 것을 우려하고 있다(동아일보, 2024.5.9.일자). 실제 통과된 '교권 보호 5법'의 그 내용을 살펴보자.

<교권 보호 5법과 그 내용>

법률	내용
교원지위법 개정안	·아동학대 수사 시 교육감 의견 제출 의무화 ·아동학대 신고 교원 직위해제 처분 제한 ·교장은 교육활동 침해 행위를 축소·은폐할 수 없음. ·교육감은 각종 소송으로부터 교권을 보호하기 위해 공제사업을 할 수 있고, 운영은 학교안전공제회 등에 맡길 수 있음.

유아교육법· 초중등교육법 개정안	·정당한 생활지도는 아동학대가 아님을 규정
교육기본법 개정안	·보호자는 정당한 교육활동에 협조하고 이를 존중해야 한다고 명시
아동복지법 개정안	·교원의 학생 생활지도는 제17조에서 규정한 정서적 학대 행위에서 제외
아동학대처벌법 개정안	·정당한 교육활동과 생활지도는 아동학대로 보지 않음. ·교육감 의견 제출 시 수사기관은 의무 참고, 지자체는 사례 판단에 참고

(서용선, 2025: 101)

신속한 법 개정 이후에도 학교는 변하지 않았다는 지적이 계속되었다. 특히, 아동학대와 악성 민원 문제는 계속 이어졌고, 이에 대한 대책 부족은 끊임없이 이어졌다.

더 심각한 것은 교사 스스로 목숨을 끊는 일이다. 2014년에서 2023년까지 스스로 목숨을 끊은 교사가 144명을 넘었다(연합뉴스, 2023.7.30.일자). 그런데 교사의 죽음은 소방관이나 경찰처럼 순직 처리도 되지 않는 사각지대에 놓여 있다. 2023년 서이초 교사와 최근 2025년 제주 중학교 교사와 같이 '학교 안에서' 극단적인 선택을 하는 상황은 비극 중의 비극이다. 정부는 더 이상 이러한 상황을 방치해서는 안 된다. 2022~2023년 OECD 조사 결과에 따르면, 우리나라 교사의 직업 만족도는 15개국 중 12위에 그쳤다(뉴스스페이스, 2025.5.9.일자). 이 결과 역시 지금의 문제와 무관하지 않으며 함께 들여다볼 필요가 있다.

복잡하고 어려운 문제

무엇이 문제일까? 누구나 알고 있듯 교육 문제는 그 원인이 복합적이고 풀기도 어렵다. 이해관계도 복잡하고 관점도 다양하다. 게다가 시대 상황이 급변하고 개개인의 심리나 성향이 달라졌으며, 자녀를 기르는 학부모 입장도 크게 변했다. 그만큼 교육하기 어려운 세상이 된 것이다. 무엇보다 경쟁 중심의 오랜 교육체제와 문화는 학생과 교사 모두를 위기에 몰아넣고 있다.

누군가는 교사에게 방학이 있고 안정적이라며 '배부른 소리'라고 말하기도 한다. 하지만 단 하루라도 학교와 교실에서 온전히 지내보시라. 옛날 학교 생각했다가는 소위 말해 큰코다친다. 아직도 개선되지 않은 콩나물 교실과 답답한 관료주의 풍토, 여기에 입시 위주의 교육은 오히려 더 심화되었다.

그 속에서 교사들은 수많은 학생들과 몸과 마음을 부대끼며 밀집된 환경 속에서 긴 시간을 함께 보낸다. 심리적 지원, 관계 형성, 학습 지도는 물론 행정업무까지 감당해야 하는 상황이다. 실제로 학교에서 일일 교사를 체험해 본 사람들은 "이 일을 평생 직업으로 해낸다는 것이 놀라울 따름"이라고 입을 모은다. 그러나 교육과 맞닿은 정치는 일관성 없이 오락가락 흔들리고 '보람'과 '희망'보다 '박탈'과 '좌절'을 안겨 줄 때가 더 많다.

국회 안에서 교육은 정치 바깥에 놓여 있다

그렇다면 국회 안에서 교육은 어떠할까? 국회에서 교육은 국회의원들의 기피 상임위원회 1, 2위를 다툴 만큼 서로 맡으려 하지 않는다. 우선 교육 문제는 앞서 말한 대로 교육 주체 내부에서 이해관계가 복잡해 쟁점이나 문제를 풀기 어렵다. 그렇다면 교육 현장과 정책 전문성을 가진 사람들이 국회로 진입하면 되는 것 아니냐고 반문할 수 있다. 하지만 역동적 현장성과 정책 전문성을 겸비한 사람이 국회에 진입하기는 그야말로 '낙타가 바늘귀를 통과하는 일' 처럼 어려운 일이다.

흔히 정치는 성과로 말한다고 하는데, 국회에서 교육위원회는 '성과'를 내기 어렵다. 또한 검찰 개혁처럼 정치적 쟁점으로 부각되기도 어렵다. 그러니 언론이나 유튜브에 등장할 기회도 많지 않다. 실제 성과를 낸다고 한들, 정치후원금으로 연결되지도 않는다. 선거가 없는 해에는 1억 5천만 원, 선거 있는 해는 3억 원까지 후원금을 모금할 수 있지만, 교원과 공무원은 후원금을 낼 수 없고, 학생이나 학부모 역시 광범위하게 후원하지 못하는 상황이다. 교육의 중요성은 국회 안에서도 제대로 자리 잡지 못하고 있으며, 정치 공학의 본령 바깥에 놓여 있다. 교사 정치기본권의 가시덤불은 '교사 안에만' 있는 것이 아니라는 점을 극명하게 보여주는 대목이다.

아리스토텔레스가 본
'정치후원금 10만 원'

"인간은 본성상 '정치적 동물'이다."

이 말은 기원전 4세기, 아리스토텔레스(Aristotle)가 그의 책 『정치학(Politics)』에서 한 말이다. 'zoon politikon'이라는 말인데, 인간은 '폴리스(polis)적 동물', 즉 '정치적 동물'이라는 것이다. 오늘날에는 '본성적으로 국가 공동체를 구성하는 동물'로 이해되고 있다. 실제 그의 책에서 했던 내용을 직접 살펴보자.

"여기서 분명한 것은 국가는 본성적인 것이고, 인간은 본성적으로 국가를 이루고 살아가게 되어 있는 정치적 동물이라는 것이다."

(Aristotle, 박문재 역, 2024: 22)

인간이 정치적 동물이라는 사실은 '정치기본권'이 단지 「헌법」에 의해 부여되는 권리가 아니라, 인간 사회가 형성된 이래 본성적으로 갖는 권리, 일종의 DNA와 같은 것임을 보여 준다. 이 책에서 '교사 정치기본권'과 관련해 주목할 만한 아리스토텔레스의 언급이 두 가지 더 있다.

"모든 동물 중에 오직 인간에게만 언어가 있다. … 국가를 연구하는 데 있어서, 이를 구성하고 있는 기본 요소들을 분석적으로 고려하지 않으면 안 된다."

'교사의 일'은 곧 '교육의 일'이며, 이는 대부분 언어를 매개로 이루어진다. 이 점에서 교사 정치기본권 또한 교육의 영역이며, 동시에 법 개정이 필요한 정치적 행위이기도 하다. 다시 말해, 이 권리를 다루는 일 역시 본질적으로 언어의 영역에 속한다. 또한 국가를 하나의 구성체로 본다면 그 안에는 기본 요소들이 존재하며, 문제가 발생했을 때는 그 요소들을 '분석적'으로 검토해야 한다. 그동안 우리는 교사 정치기본권을 다룰 때 그러했는지 성찰해 볼 필요가 있다.

최고의 공동체인 국가 그리고 교사

아리스토텔레스의 『정치학』을 조금 더 인용해 보자. 이 책의 서두는 다음과 같이 시작된다.

"모든 공동체는 좋은 것을 목적으로 조직되는데, 최고의 공동체인 국가 역시 가장 좋은 것을 목적으로 조직된다." (Aristotle, 박문재 역, 2024: 15)

이처럼 아리스토텔레스는 국가를 하나의 공동체로 보면서, 그 안에서 핵심적으로 다루는 개념이 바로 '시민'이다. 그는 '시민의 정의와 그 정당성'이 국가와의 동일성 문제와 밀접하게 관련된다고 보았다. 그러면 정치체제의 관점에서 이를 분석하는 일이 중요해진다. 하지만 교사는 시민이며 동시에 미래의 시민을 기르는 국가의 중대한 역할을 맡고 있음에도 불구하고, 우리나라 정치체제에서는 교사를 시민으로 온전히 인정하지 않고 있다. 이는 단순한 해석상의 문제가 아니라 체제적 차원에서 구조화된 현실이다.

아리스토텔레스에 따르면, 국가의 목적은 '으뜸가는 선'을 훌륭하게 추구하는 것이다(유시민, 2011: 201, 205). 언어를 통해, 분석을 통해 그 선을 실현해 나가는 과정이라면, 교사의 정치기본권 또한 그 목적에 기여하는 행위로 볼 수 있다. 특히, 아리스토텔레스는 국가의 텔로스(telos), 즉 궁극적 목적은 '정의'의 실현이라고 보았다. 그런 의미에서 '더 나은 정부'란 곧 교사의 정치기본권을 정의라는 이름의 선으로 실현해 내는 경로가 될 수 있다.

그렇다면 4년 혹은 5년마다 돌아오는 짧은 선거운동 기간조차 정치기본권을 제약받는 교사들의 현실은 어떠한가? 선거는 흔히 정치와 민주주의의 꽃이자 축제라고 불리지만, 교사에게는 투표 외에 어떤 정치 행위도 허용되지 않는다. 이처럼 왜곡된 구조는 오랜 시간 제도화되어 고착되었고, 그 결과 교사들은 시민으로서 마땅히 누려야 할 권리를 박탈당한 채 살아가고 있다. 학교의 교육자인 교사에게는 '세속적인 일상'은 매우 중요하다(Apple·Bean, 2015: 254). 학교와 교실의 민주주의도 정치적 수사가 아닌 '일상의 구체성'을 통해 형성되어야 하기 때문이다. 교사의 기본권이 불충분하면, 소위 '절름발이 시민'일 수밖에 없는 것이다. 정확히 이러한 일을 정치학자 무페(Chantal Mouffe)는 『민주주의의 역설』(2000)에서 다음과 같이 지적했다.

"합리주의의 위험을 인지하고는 있지만, 결정하지도 못하고 제거하는 것도 꿈꾸지 않는다." (Mouffe, 이행 역, 2006: 60)

교사 정치기본권에 대한 논의는 이제, 합리성의 틀을 넘어 실질적인 결정과 실천의 문제로 나아가야 할 시점이다.

정당 가입과 정치인 후원도 못 하는 교사들

중앙선거관리위원회 정치후원금센터[2]에 들어가면 이런 문구가 나온다. 또한 연말정산 시기가 다가오면 자주 보게 되는 홍보 문구도 있다.

"세상을 가꾸는 노력, 당신의 후원금이 큰 힘이 됩니다."
"정치자금은 10만 원까지 전액 세액공제 됩니다."

하지만 교사에게는 이런 말들은 '어찌 감히 그런 마음을 품을 수 있겠냐'는 뜻의 언감생심(焉敢生心)일 뿐이다. 대의민주주의의 요체인 정당의 당원이 될 수 없고, '민주주의의 연료'이자 '좋은 정치인'을 만드는 후원을 10만 원이 아닌 10원도 못 내는 현실은 아이러니 그 자체이다.

현행 법률은 다음과 같다. 「정당법」 제22조에 따라 '교사는 공무원이거나 사립학교 교원이기 때문에 정당에 가입할 수 없다.' 「정치자금법」 제8조에는 '누구든지 자유의사로 하나 또는 둘 이상의 후원회의 회원이 될 수 있다.' 하지만 이런 말이 이어져 있다. '정당의 당원이 될 수 없는

---

2 www.give.go.kr/portal/main/main.do

자는 후원회 회원이 될 수 없다.' 법령이 진짜 그런지 살펴보자.

> 「정당법」
>
> 제22조(발기인 및 당원의 자격)
>
> ① 16세 이상의 국민은 공무원 그 밖에 그 신분을 이유로 정당 가입이나 정치활동을 금지하는 다른 법령의 규정에 불구하고 누구든지 정당의 발기인 및 당원이 될 수 있다. 다만, 다음 각 호의 어느 하나에 해당하는 자는 그러하지 아니하다.
>
> 1. 「국가공무원법」 제2조(공무원의 구분) 또는 「지방공무원법」 제2조(공무원의 구분)에 규정된 공무원. 다만, 대통령, 국무총리, 국무위원, 국회의원, 지방의회의원, 선거에 의하여 취임하는 지방자치단체의 장, 국회 부의장의 수석비서관·비서관·비서·행정보조요원, 국회 상임위원회·예산결산특별위원회·윤리특별위원회 위원장의 행정보조요원, 국회의원의 보좌관·비서관·비서, 국회 교섭단체대표의원의 행정비서관, 국회 교섭단체의 정책연구위원·행정보조요원과 「고등교육법」 제14조(교직원의 구분) 제1항·제2항에 따른 교원은 제외한다.
> 2. 「고등교육법」 제14조 제1항·제2항에 따른 교원을 제외한 사립학교의 교원
>
> 「정치자금법」
>
> 제8조(후원회의 회원)
>
> ① 누구든지 자유의사로 하나 또는 둘 이상의 후원회의 회원이 될 수 있다. 다만, 제31조(기부의 제한) 제1항의 규정에 의하여 기부를 할 수 없는 자와 「정당법」 제22조(발기인 및 당원의 자격)의 규정에 의하여 정당의 당원이 될 수 없는 자는 그러하지 아니하다.

즉, 정당 가입이 금지된 교사는 자동적으로 후원회 회원 자격도 가질

수 없는 것이다. 과연 이 법령의 구조는 정당한가? 교사의 정치기본권에 대한 제약은 이처럼 정당 활동뿐만 아니라 정치참여 전반에 걸쳐 매우 엄격하게 작동하고 있다.

2005년 법제처의 해석

여기에 쐐기를 박은 일이 있었다. 2005년 법제처의 법령 해석이 그것이다. 법제처의 법령 해석으로 위 법령에 대한 해석과 논리가 더 강화되었다.

> **[법제처 해석례]**
> 국가공무원복무규정 제27조(공무원의 정치자금기부) 관련
> /안건번호 05-0090
>
> 1. 질의 요지
> 공무원이 「정치자금법」 제6조의 규정에 의한 후원회에 후원금을 기부할 수 있는지 여부
>
> 2. 회답
> 「국가공무원법」 제3조 제3항의 규정에 의한 「공무원의 범위에 관한 규정」 제2조에 해당하지 아니하는 공무원의 경우에는 「국가공무원법」 제65조 및 「국가공무원 복무규정」 제27조의 규정에 따라 정치적 목적을 가지고 「정치자금법」 제6조의 규정에 의한 후원회에 후원금을 기부하는 것은 금지된다고 할 것입니다.

3. 이유

- 「정치자금법」은 정치자금의 적정한 제공을 보장하면서도 그 투명성을 확보하여 정치자금과 관련한 부정을 방지하기 위한 법률이고, 「국가공무원법」 및 「국가공무원 복무규정」은 국민 전체의 봉사자라는 지위에 있는 공무원에 대한 복무기준 등을 확립하여 민주적이고 능률적인 행정 운영을 기하기 위한 법령인 바, 공무원의 정치자금의 기부 가능 여부는 「정치자금법」 외에도 「국가공무원법」 및 「국가공무원 복무규정」도 함께 고려하여야 할 것입니다.

- 「헌법」 제7조 제2항의 규정에 의하면, 공무원의 신분과 정치적 중립성은 법률이 정하는 바에 의하여 보장되고, 「국가공무원법」 제3조 제3항 및 제65조, 「국가공무원법」 제3조 제3항의 규정에 의한 「공무원의 범위에 관한 규정」 제2조, 「국가공무원 복무규정」 제27조의 규정에 의하면, 대통령, 국무총리, 국무위원, 처의 장 등의 공무원을 제외한 공무원에 대해서는 명목 여하를 불문하고 정치적 목적을 가지고 금전 또는 물질로 특정 정당 또는 정치단체를 지지 또는 반대하는 행위 등의 정치적 행위를 금지하고 있는 바, 이는 공무원이 국민 전체에 대한 봉사자이므로 공무원의 정치적 중립의 확보를 통하여 공무원으로 하여금 공익을 추구하고, 행정에 대한 정치의 개입을 방지함으로써 행정의 전문성과 민주성을 제공하며, 정권의 변동에도 불구하고 정책의 계속성과 안정성을 유지하고 사회·경제적 대화의 중재자 내지 조정자로서의 기능을 적극적으로 수행하게 하기 위한 것이라 할 것입니다.

- 한편, 「정치자금법」 제6조의 규정에 의한 후원회는 정당, 국회의원, 국회의원 후보자, 대통령 선거 경선 후보자 등 후원회지정권자에 대한 정치자금의 기부를 목적으로 설립·운영되는 단체(「정치자금법」 제2

> 조)로서, 특정 정당, 특정 정치인 또는 특정 정치인 후보자를 지지하기 위한 정치단체에 해당한다 할 것입니다.
>
> - 따라서「국가공무원법」제3조 제3항의 규정에 의한「공무원의 범위에 관한 규정」제2조의 규정에 의하여 정치적 행위가 허용되는 공무원이 아닌 공무원의 경우에는「국가공무원 복무규정」제27조 제1항 및 동조 제2항 제4호의 규정에 의하여 정치적 목적을 가지고「정치자금법」상의 후원회에 후원금을 기부하는 것은 금지된다 할 것입니다.
>
> (법제처, 2005: 1)

반문해 본다. '국민 전체의 봉사자'이면 정치 후원조차 할 수 없는 것인가? '공무원에 대한 복무기준'과 '민주적이고 능률적인 행정 운영'을 거론했는데, 정치 후원을 하면 복무와 행정에 차질을 빚게 되는가? 또 후원이 '정치적 목적'을 가지기 때문에 어렵다고 말하는데, 그 '정치적 목적'이란 과연 무엇인가? 아리스토텔레스가 통찰했듯이, 인간은 본래 '정치적 동물'이고, 정치는 곧 국가 공동체를 위한 것이다.

다행인지 불행인지 모르지만, 법제처 법령 해석은 행정부 내부에서 법령의 집행과 행정의 운영을 위해 통일성 있는 법령 해석의 지침을 제시하는 제도일 뿐이다. 법원의 확정 판결과 같은 법적 기속력은 없다(법제처, 2005: 2). 아리스토텔레스의 말로 마무리해 본다. 우리는 '최고의 삶'과 '최상의 삶'을 지향하고 있을까? 아리스토텔레스가 현재의 대한민국에 와서 10만 원 후원금도 못 내는 상황을 보면, 뭐라고 말할까?

"진심으로 뛰어난 정치체제를 찾아가려면, 무엇보다 먼저 최고의 삶이 무엇인지 정의해야 한다. 그리고 그 최상의 삶이 공동체와 개인 모두에게 같은 의미인지 아닌지를 분명히 해야 한다."

(Aristotle, 박문재 역, 2024: 397)

정치적 금치산자, 교사 vs 발전하는 학생 정치기본권

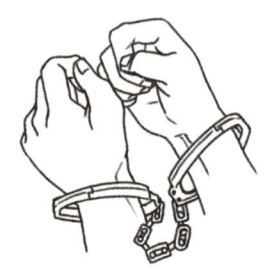

법적 금치산자 2천 명! 교사는 51만 명?

교사 정치기본권을 말할 때, '금치산자(禁治産者)'라는 말을 많이 쓴다. 금치산자는 '가정 법원에서 심신 상실의 상태에 있어 자기 재산의 관리처분을 금지하는 선고를 받은 사람'을 일컫는 말이다(국립국어연구원, 2000: 847). 법률상으로는 '무능력자'이고, 다른 말로는 '판단력이 결여된 사람'이라는 말이다.

현재 이 용어는 2018년 7월 1일부로 법률상으로 사라졌다. 법령 정비 미비로 「민법」 등에 남아 있긴 하지만 '피성년후견인'이라는 명칭을 대신 쓰고 있다. 실제 금치산자 혹은 피성년후견인은 2천여 명 남아 있는 것으로 추정된다. 피성년후견인은 질병, 장애, 노령, 그 밖의 사유로 인한 정신적 제약으로 사무를 처리할 능력이 지속적으로 결여된 성인을 말한다.[3]

---

3   법제처, https://www.easylaw.go.kr/성년후견

정치기본권 관점에서만 보면, 교사는 '정치적 금치산자' 혹은 '정치적 피성년후견인'이라고 해도 과언이 아니다. 현재 정치기본권을 보장받지 못한 교원은 51만 명에 가깝다. 실제 교육통계서비스에 따르면,[4] 2024년 12월 31일 기준으로 유·초·중등 교원 수는 509,242명이다. 이 수는 정규교원과 기간제 교원을 포함한 수다. 이들을 금치산자니 피성년후견인으로 부르는 현실을 어떻게 받아들여야 할까? 누군가는 과격하고 심한 말이라고 볼지 모르지만, 교사들은 현실 정치에서는 거의 모든 행위에서 배제되어 있다. 정치에 대한 표현도, 정치에 대한 판단도, 정치에 대한 활동도, 그리고 정치에 대한 평가도 자유롭게 할 수 없다. 정치적 시민으로서의 권리는 구조적으로 봉쇄되어 있다.

그럼에도 불구하고 51만 명에 육박하는 교사에게 '금치산자'이고 '피성년후견인'이라는 표현을 적용한다면 지독한 비하에 해당한다. 교사는 전문가이자 노동자이며 시민이다. 그런데도 그들을 금치산자와 같은 판단 능력이 없는 존재로 본다면, 이는 대한민국 공교육이 그런 이들에게 교육을 맡기고 있다는 자기모순에 빠지는 셈이다. '국가에 복무한 우리 교육의 역사'는 고스란히 '정부 지침에 순종하는 공무원'인 교사, 그 이상도 이하도 아니다(정은균, 2017: 50).

570만 명의 '학생 정치기본권'은 계속 발전한다

교사들이 학교 현장에서 마주하고 있는 학생 수는 2023년 기준

---

[4] 교육통계서비스, https://kess.kedi.re.kr_유초중등통계

5,769,597명이다.[5] 유치원, 초등학교, 중학교, 고등학교, 특수학교, 각종 학교로 나눠진 학교 현장에서 교사들은 576만 명의 학생들에게 지식과 삶과 사회를 가르치고 있다. 교사들은 학생들에겐 기성세대의 모델이고, 우리 사회의 표상이다. 학생들은 교사를 통해 어른이 되어 가고, 우리 사회의 주역이 되어 간다. 이 학생들의 정치기본권 상황은 어떨까? 교사와 비교했을 때는 또 어떤지 살펴보자.

<정치기본권 관련 학생과 교사 비교>

정치기본권 항목	학생	교사
정치후원금 허용	가능	불가
공직선거 출마	가능(만 18세 이상)	불가
정당 가입 및 정치활동 허용	가능(만 16세 이상)	불가
정치 표현의 자유	가능	불가

(송수연, 2025: 13)

중3이나 고1에 해당하는 16세부터는 정당에 가입할 수 있다. 이 법은 2022년 1월 12일, 제21대 국회 정치개혁특별위원회 전체회의에서 여야 합의 처리되고 법이 통과되었다.

---

[5] 교육통계서비스, https://kess.kedi.re.kr_유초중등통계

> **「정당법」**
>
> 제4장 정당의 입당·탈당
> 제22조(발기인 및 당원의 자격)
> ① 16세 이상의 국민은 공무원 그 밖에 그 신분을 이유로 정당 가입이나 정치활동을 금지하는 다른 법령의 규정에 불구하고 누구든지 정당의 발기인 및 당원이 될 수 있다.

기존에는 18세부터 정당 가입이 가능했는데 2년이나 연령을 더 하향하여 이제 16세부터 정당 가입이 가능해진 것이다. 이렇게 하향한 이유는 국회의원·지방자치단체장·지방의원 선거와 같은 공직선거 출마 가능 연령이 25세에서 18세로 낮아진 것과 관련이 있다. 출마 가능 연령을 낮췄지만, 정당 가입 연령이 18세에 머물러 있으면 공천 절차를 고려할 때 고3 학생이 사실상 입후보가 불가능하다는 점이 반영된 것이다(중앙일보, 2022.1.5.일자). 학생들의 정치기본권 관련 법안은 왜 이렇게 개정이 잘될까? 20대 중반에 교사가 된 선생님들은 60대가 다 되도록 정당 가입조차 안 된다. 어떻게 이런 현실이 만들어졌을까? 누가 만들었을까?

이와 같이 학생들의 정치기본권은 계속 발전 중이다. '정당 가입'이 왜 중요한지는 뒤에 언급해 두었다. 고3인 18세를 생각해 보면, 이들은 선거권도 갖고, 출마도 할 수 있으며, 당연히 선거운동도 할 수 있다. OECD에 가입한 대다수 국가들이 18세 선거권을 가지고 있다(한겨레21, 2017, 1151호). 여기서 더 나아가 현재 제22대 국회에서는 '교육감 선거권'을 16세로 낮추는 법안도 발의된 상태이다.

> **「지방교육자치에 관한 법률 일부개정법률안」 제안 이유**
>
> 현행법은 교육감 선거에 관하여 「공직선거법」을 준용하도록 하고 있으며, 이에 따라 18세 이상의 국민은 해당 지역 교육감에 대한 선거권이 있음. 그런데 16세에서 18세 미만의 청소년의 경우 교육정책의 직접적인 영향을 받는 당사자일 뿐만 아니라 「정당법」에 따라 정당에 가입하여 정치적 의견을 개진할 수 있는 연령에 해당됨에도 불구하고 선거권이 없는 상황임. 교육의 최고 책임자를 선출하는 과정에서 학생들의 의견을 반영하는 것은 그 자체로 살아 있는 민주시민교육임. 학생이 교육의 주체가 될 수 있도록 교육감 선거권의 연령 기준을 조정하여 선거권을 부여할 필요가 있음. 이에 교육감 선거권을 18세 이상에서 16세 이상으로 하향 조정하려는 것임(안 제43조의2 신설 등).
>
> (강경숙, 2025: 1)

이를 통해 '교실 속 민주주의'가 열릴 수 있을지 관심이 높아지고 있다. 교육의 직접 당사자인 학생들이 교육감을 선출할 수 있어야 한다는 논리가 반영된 결과이다. 이렇게 학생들의 정치기본권은 해마다 꾸준히 확대되고 있다. 하지만 정작 교사들은 정당 가입도, 선거운동도, 공직선거 입후보도 할 수 없다. 이 부조리한 현실은 과연 누구의 책임인가?

19631217, 박탈의 출발일

19631217

이 숫자는 1963년 12월 17일을 가리킨다. 한겨울이었던 이날은 박정희 군사정부의 '국가재건최고회의'가 개정한 「국가공무원법」이 시행된 날이다. 이날이 바로 교사의 정치기본권이 제한되기 시작한 날이다. 실제 국가재건최고회의가 활동했던 2년 7개월 동안 「헌법」을 포함하여 총 1,593건의 의안이 처리됐다(한국민족문화대백과사전, 검색 '국가재건최고회의'). 그중에는 공무원의 정치활동을 전면적으로 금지하는 조항이 포함된 「국가공무원법」의 개정도 있었다. 이 법을 통해 교사도 '정치적으로 중립을 지켜야 할 공무원'으로 규정되면서 정당 가입, 정치 표현, 선거운동 등 기본적인 정치활동이 모두 제한되었다.

이날은 제3공화국이 수립된 날이기도 하다. 1961년 5월 16일 박정희에 의한 5·16 군사쿠데타 이후, 2년 만에 군사정부를 만든 것이다. 박정희 소장은 3,500여 명의 무장병력을 이끌고 한강을 건너 서울에 들어와 정부청사와 언론기관 등 주요 시설을 점령했다. 입법·사법·행정의 3권을 완전히 장악하여 국회와 지방의회를 해산했다(한국민족문화대백과사전, 검색 '국가재건최고회의'). 반공, 한미동맹, 사회적 부패와 정치적 구악(舊惡)

일소 등의 혁명 공약을 제시했다(유시민, 2014: 90).

교사 정치기본권을 틀어막은 국가재건최고회의는 군사쿠데타 이후 만든 '군사혁명위원회'를 3일 만에 바꿔 만든 당시로서는 초헌법적인 최고 통치기구였다. 입법은 물론 행정과 사법까지 3권을 모두 장악했다. 1961년 당시 「국가재건최고회의법」을 보자.

「국가재건최고회의법」(1961.6.10)

제1장 집회와 기관
제1조(집회) 의장이 필요하다고 인정하거나 상임위원회 또는 최고위원 8인 이상의 요구가 있을 때에는 국가재건최고회의 본회의를 집회한다.

제5조(분과위원회)
1. 법제사법위원회
(5) 법률안의 체계, 형식과 자구의 심사에 관한 사항
6. 문교사회위원회
(1) 문교부소관에 속하는 사항

제18조(중앙정보부) ① 공산세력의 간접침략과 혁명과업수행의 장애를 제거하기 위하여 국가재건최고회의에 중앙정보부를 둔다.

제23조(수도방위사령부) ① 국가재건최고회의에 수도방위사령부를 둘 수 있다.

서슬 퍼렇던 중앙정보부 관련 조항도 있고, 수도권을 군사적으로 통제

할 수도방위사령부도 설치되었다. 정보 권력과 국방 권력 모두를 좌지우지한 것이다. 국가재건최고회의는 법을 통해 스스로 집회를 열 수 있게 했고, 관련 법도 마음대로 만들 수 있게 했다. 교육 분야인 문교부 소관 사항도 전권을 행사했다. 여기서 더 나아가 국가재건최고회의는 「헌법」을 정지시켰고, 당시 국회를 해산시켜 버렸다. 정당과 사회단체도 해산시켰고, 정치활동을 완전히 금지시켜 버렸다.

2025년을 기준으로 보면, 이 제약의 시작점인 1963년 12월 17일로부터 무려 63년의 세월이 흘렀다. 반세기를 훌쩍 넘긴 시간 동안 교사 정치기본권은 보장받지 못했다. 이 긴 세월 동안 대한민국을 이끈 대통령과 집권 여당은 다음과 같다.

[대통령]

박정희('63-'79), 전두환('80-'88), 노태우('88-'93), 김영삼('93-'98), 김대중('98-'03), 노무현('03-'08), 이명박('08-'13), 박근혜('13-'17), 문재인('17-'22), 윤석열('22-'25), 이재명('25-현재)

[집권 여당]

민주공화당('63-'79), 민주정의당('81-'90), 민주자유당('93-95), 신한국당('95-'97), 새정치국민회의('98-'00), 새천년민주당('00-'03), 열린민주당('04-'07), 한나라당('08-'12), 새누리당('12-'17), 자유한국당('17-'17), 더불어민주당('17-'22), 국민의힘('22-'25), 더불어민주당('25-현재)

63년 동안 대통령은 11명이 거쳐 갔고, 집권 여당은 13개 정당에 이른다. 하지만 대통령제와 양당제 중심의 체제에서 두 개 정당이 정권 교체를 해가며 집권했지만, 그 어느 정권에서도 교사 정치기본권에 대해서는 전혀 손대지 않았다.

독재의 산물, 국가공무원법

박정희 군사정부 당시 만들어진 「국가공무원법」은 완벽하게 교사와 공무원의 참정권을 박탈했다. 당시 정무직 공무원, 군무원 등까지 일괄적으로 정치기본권을 제한했다. 독재 시절의 상징인 국가재건최고회의가 국가공무원을 말 잘 듣는 하수인으로 만들면서 「국가공무원법」도 그렇게 만들어진 것이다. 그 내용은 아래와 같다.

> 「국가공무원법」
> 제65조(정치운동의 금지) 공무원은 정치운동에 참여하지 못하며, 노동운동 기타 공무 이외의 일을 위한 집단적 행동을 하여서는 아니 된다.

우리나라 「국가공무원법」은 이승만 정부인 1949년 8월 12일에 제정되어, 그동안 20여 차례 걸친 개정이 있었다(박균성, 2021: 3-9). 정부 수립 이후 10년이 넘은 시기였던 1960년 이승만 독재 시절 잘 알려진 '3·15 부정선거'는 공무원의 '정치적 중립 보장'을 신설한 계기가 되었다. 이는 대통령 선거에 공무원이 조직적으로 동원된 사건으로, 이를 청산하고자 1960년 4·19 혁명 직후 1960년 「헌법」을 개정할 때 '공무원의 정치적 중립 보장'을 신설했다.

1961년 5·16 군사쿠데타 이후 박정희 군사정부는 1963년 「국가공무원법」을 만들면서 '공무원 정치활동 금지' 조항을 넣어 지금까지 이어

온 것이다. 「국가공무원법」은 박정희 정부가 들어선 1963년에 전문이 개정되었는데, 1987년 6월 민주화운동으로 「헌법」이 크게 바뀌었는데도 그 골격이 바뀌지 않았다는 점은 「헌법」상으로도 법률적으로도 성찰할 대목이다. 그 논리는 아래와 같다.

선거에 개입하지 말고 중립을 지키라.
↓
교사와 공무원은 정치적 표현의 자유는 물론
정치활동의 자유도 박탈하라.

교사와 공무원의 정치기본권은 단 한 번도 건드려지지 않았다. 특히, 법령 준수의 의무, 복종의 의무, 비밀 엄수의 의무 그리고 직무 전념을 보장하기 위한 의무들 속에 '정치활동의 금지' 의무와 '집단행위의 금지' 의무를 고착시켜 버렸다. 집단행위의 금지 의무에 관해서는 노동기본권의 핵심인 단결권, 단체교섭권, 단체행동권을 행사하지 못하도록 되어 있다가 일부만 제한적으로 인정된 상태이다.

이후 영향을 받은 법들

「헌법」과 「국가공무원법」에 '정치적 중립성' 조항과 '법률에 정하는 바' 조항을 명시하면서 다수의 관련 법에 영향을 주기 시작했다. 「정당법」, 「정치자금법」, 「공직선거법」이 그 시작이었고, 교사에 해당하는 법령은 「교육기본법」, 「교육공무원법」, 「지방교육자치법」, 「사립학교법」, 「교원노조법」으로 확장 적용되었다. 교사만 정치기본권이 제한된 것은 아니었다. 법관은 「법원조직법」, 검찰은 「검찰청법」, 군인은 「군인사법」, 외무공무원은 「외무공무원법」, 소방공무원은 「소방공무원법」, 경찰공무원은 「경찰공무원법」, 지방공무원은 「지방공무원법」으로 확장되었다.

또한 「국가공무원법」은 부속 법령에도 그 영향을 미쳤다. 「공무원임용령」, 「별정직공무원인사규정」, 「고용직공무원규정」, 「전문직공무원규정」, 「공무원임용 및 시험시행규칙」 등이 그것이다. 이런 법 규정은 차후 교사 정치기본권 관련 법률 개정 작업 시 고려해야 할 법안이다.

교사 정치기본권이 가로막힌 역사와 제도를 마주하니 답답하기 그지없다. 정치경제학자였던 허쉬만(Albert Hirschman)은 '나눌 수 있는 갈등'과 '나눌 수 없는 갈등'을 제시한 적이 있다(최장집, 2009: 37). 상당수의 갈등은 남녀로, 세대로, 계급으로, 인종으로, 종교로 나눌 수 있다. 하지만 교사 정치기본권은 '가야 하지만 가지 못한' 나눌 수 없는 갈등이 아닐까? 학부모와 교사가, 학생과 교사가, 사회와 학교가 나뉘어져 있는 것처럼 보이지만, 학생들의 교육적 성장을 위해 모두 연결되어 있다.

선거는 축제!
선진국의 최소 제한!

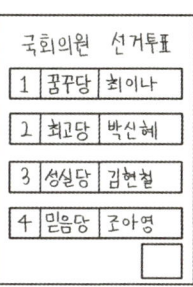

선거는 민주주의 꽃이자 축제

선거는 정치의 꽃, 민주주의의 꽃이라 부른다. 민주주의의 축제라고도 한다. 노벨상을 수상한 경제학자 센(Amartya Sen)은 이런 말을 남겼다.

"(민주주의는) 어디에 사는 사람이든지 귀중하게 생각할 이유가 있는 보편적인 가치이다." (Kean, 양현수 역, 2017: 1048)

근대에 들어 대의민주주의 발전은 민주주의의 대중화를 이끌었고, 이 과정에서 평범한 시민들에게 가장 중요한 정치과정이자 제도로 받아들인 것이 바로 '선거'이다. 선거는 시민 개개인의 삶은 물론 국가의 운명까지 결정한다. 그만큼 시민을 위한 좋은 대리자이자 대표자를 뽑는 일은 다른 어떤 것보다 중요하다.

그런데 교사는 이 축제를 마음껏 누리지 못한다. '교복 입은 시민들'을 가르쳐야 하는 교사들은 '교복 입지 않은 미완성 시민' 혹은 '가르치는 시민이지만 배제된 시민'일 뿐이다.

「공직선거법」 제15조(선거권) 제1항은 "18세 이상의 국민은 대통령 및 국회의원의 선거권이 있다."고 규정하고 있다. 이 조항에 따라 고등학교 3학년 학생들은 선거권을 가진 유권자가 된다. 하지만 교사는 아래 법 조항 때문에 고3 교실에서 학생들이 투표를 앞두고 선거 이야기를 할 때도 꿀 먹은 벙어리가 될 수밖에 없다. 학생들은 선거 때 특정 후보를 지지하기도 하고 후원하기도 하는 그 시간에 말이다. 아래 법률을 보면 알 수 있다.

> **「교육기본법」**
> 제14조(교원) ⑤ 교원은 특정한 정당이나 정파를 지지하거나 반대하기 위하여 학생을 지도하거나 선동하여서는 아니 된다.
>
> **「사립학교법」**
> 제58조(면직의 사유) ①의 4. 정치운동을 하거나 집단적으로 수업을 거부하거나 또는 어느 정당을 지지 또는 반대하기 위하여 학생들 지도·선동하였을 때

선진국 공무원의 선거운동 제한은 '최소한'

2022년 발간된 선진국 각국의 공무원 선거운동 제한·금지 내용은 아래와 같다(중앙선거관리위원회 선거연수원, 2019: 495~499). 위와 비교해 내용의 양과 질을 따져 보고 우리의 상황을 생각해 보자.

[영국] 후보자를 위해 행동할 수 없는 공무원(1983년 「국민대표법」 제99조)
　선거위원회 직원은 후보자의 대리인으로서 활동할 수 없으며, 선거관리관, 의회의원 선거 규칙에 의하여 임명된 직원 및 이들의 보조자는 선거의 관리·집행에 관해 후보자의 대리인으로서 활동할 수 없음.

[미국] 「연방선거운동법」 제18편 제595조
　행정공무원으로 임용된 자가 미국 정부나 부처 또는 기관에 의한 예치금 또는 보조금으로 재정의 전부 또는 일부가 운영되는 행위와 관련해 대통령, 부통령, 대통령선거인단, 상원의원, 하원의원 또는 보호령 대표직에 입후보하는 후보자의 추천 또는 당선을 방해하거나 영향을 미칠 목적으로 공적 권한을 행사할 수 없음.

[프랑스] 공무원의 활동 규제(「선거법」 제50조)
　공공기관 또는 기초자치단체 소속 공무원은 후보자의 투표 용지, 정견 발표문 및 경력 소개문 등 선거 홍보물을 배포할 수 없음.

[캐나다] 「선거법」 제23조의2 제8항, 제24조 제6항
　「선거법」상 공무원의 선거운동을 제한·금지하는 직접적이고 포괄적인 규정은 없음. 다만, 현장연락소 사무원과 선거관리관이 정치적 활동에 관여하는 행위, 당내 경선, 후보자 추천 과정 등에 기여하는 행위를 금지함.

　보시라. 영국은 후보자 '대리인 활동 금지' 이외는 제약이 아예 없다. 미국은 '재정'과 관련해서 후보자의 추천이나 '당선 방해에 대한 공적 권한'만 제약되어 있다. 프랑스는 '선거 홍보물 배포 금지' 이외에 어떤 제한도 없다. 캐나다는 선거 업무를 담당할 시, 당내 경선 시, 후보자 추천 시를 제외하고는 직접적인 제한·금지 규정도, 포괄적인 제한·금지도 없다.

이것을 '최소주의'라고 한다. 그런데 왜 우리는 교사와 공무원 모두를 잠재적 범죄자로 놓고 '최대주의'를 적용시켜야 하는가? 이러한 과도한 제한은 선거문화에도 부정적일 뿐만 아니라, 교직과 공직사회 모두 심리적 위축과 불신의 문화를 만든다.

선거 때 제약하는 것들

학생 편향 교육? 대선 시기에 있었던 일

교사 정치기본권을 반대하는 가장 센 논리 중에 하나가 '학생 편향 교육'이라는 말이다. 교사가 정치기본권을 가지면 학생을 교육할 때 편향되게 교육할 가능성이 있다는 우려이다. 특히, 선거철이 되면 이런 우려는 더욱 심해진다. 학생에게 편향된 영향을 미치지 않도록 교사들에게 족쇄가 채워지는 관행이 여전히 우리 사회에 남아 있다.

2025년 6월 3일, 제21대 대통령 선거를 맞아 중앙선거관리위원회(2025)는 '공무원의 선거 관여 행위 금지 안내'라는 문건을 전 부처와 시민에게 공유·배포했다. 이 문건에서는 세 가지 법률 사항을 신설했다는 점도 강조했다.

> 「공직선거법」 규정 신설(2014.2.13)
> 공무원 등 법령에 따라 정치적 중립을 지켜야 하는 자가 직무와 관련하여 또는 지위를 이용하여 선거에 영향을 미치는 행위를 한 경우

'가시덤불', 얽히고설키다 61

처벌하고, 직무와 관련하여 또는 지위를 이용하여 범한 공무원의 선거범죄에 대한 공소시효를 10년으로 연장함.

「국가공무원법」 등 처벌 규정 신설·개정(2014.1.14.)

「국가공무원법」 제84조(정치운동죄), 「지방공무원법」 제82조(정치운동죄), 「국가정보원법」 제11조(정치관여금지)·제21조(정치관여죄), 「경찰공무원법」 제37조(벌칙), 「군형법」 제94조(정치관여) 등을 신설·개정함.

「공직선거법」 규정 신설(2014.2.13)

공무원이 선거 관여 행위 등을 지시받은 경우 이의를 제기할 수 있고, 시정되지 않을 경우 그 직무의 집행을 거부할 수 있으며, 선거 관여 행위 등을 신고하는 경우 공무상의 비밀누설죄를 적용하지 아니하고 신고자에 대한 불이익 조치를 금지함(「공익신고자 보호법」 제25조의2).

(중앙선거관리위원회, 2025: 7)

2025년 6월 3일, 대선이 시작되는 시기에 인사혁신처를 통해 교육부, 교육청, 학교, 교사까지 내려온 내용을 소개하고자 한다. 전체 내용은 뒤의 「참고 자료 1」에 실었다. 교사들에게 금지한 항목을 열거하면 아래와 같다.

- 선거기간 중 국회 주최 간담회 참석
- 정당의 정책 개발 간담회 참석
- 각 정당 공약 검토 결과 발표
- 선거가 임박한 시기에 정부 정책 홍보
- 선거기간 중 특정 정당의 선거공약이 포함된 정부 정책 광고

- 지역사업 예산 지원 약속 발언
- 후보자 선택 기준 제시
- 정당·후보자를 지지·추천하는 발언
- 총선 전후 불필요한 정치활동 자제 지시
- 공약 개발 세미나 참석
- 특정 후보자의 선거홍보물 사진을 단체대화방 게시
- 지인에게 선거운동 문자메시지 전송
- 선거구민 인적 사항 제공
- 특정 정당 지지
- 직무상 행위 시 특정 후보자 등 지지·반대
- 직무상 취득한 정보를 특정 후보자 등에게 제공
- 지위를 이용한 투표 권유
- 지위를 이용한 선거 기획
- 특정 정당·후보자를 지지하거나 반대하는 글 게시
- 선거에 영향을 미치게 하기 위한 선거 관련 게시물 직접 게시
- 단체대화방 등에 주민을 다수 초청하여 선거 관련 게시물 작성·공유
- 특정 정당 또는 후보자를 지지하는 취지의 결의문을 채택
- 선거일에 임박하여 SNS 계정을 만들거나, 단기간에 팔로우 또는 친구 등을 급격하게 추가하여 주로 선거 관련 게시물 작성·공유
- '좋아요'를 계속적 반복적으로 클릭
- 예비후보자 홍보물, 선거공보 등 선거운동용 홍보물 게시, 전송 또는 전달
- 인터넷 개인방송 콘텐츠 제작, 게시

(중앙선거관리위원회, 2025: 8-45에서 발췌)

숨이 막힌다. 지나치게 세세하게 제약을 가하는 방식이다. 제약을 넘어 처벌도 이뤄지고 있다. 예를 들면, '간담회'는 '정답게 이야기하면서 서로의 의견을 나누는 모임'이라는 뜻인데, 참석하지 못하게 한다. 선거, 정당, 후보자가 있으면 참석도 안 되는 이유는 무엇일까? 거기에 학생 편향이 없어도 참석하면 안 되는 걸까? 그것이 문제라면 선진국은 왜 참석해도 뭐라 하지 않을까? 이런 질문을 했을 때, 선진국에 있는 사람들은 어떻게 생각할까?

주민 단체대화방에서 주민들과 선거 이야기를 나눠도 안 된다. 다 아는 내용이 되었지만, 교사들이 '좋아요'를 누르거나 홍보물을 게시하고 전송하는 일도 마찬가지다. '후보자 선택 기준 제시'의 경우, 시민들의 끊임없는 대화 노력은 민주주의의 발전을 위해서라도 계속 노력해야 하는 일이다. 다시 묻는다. 왜 안 될까? 선진국은 왜 될까?

제약의 근거들

선거기간에 SNS에 의사 표시를 조금이라도 하면 처벌을 받거나 나아가 지위를 잃게 될 수도 있다. 그 근거가 되는 법률은 아래와 같다.

> 「국가공무원법」
> 제65조(정치 운동의 금지) ② 공무원은 선거에서 특정 정당 또는 특정인을 지지 또는 반대하기 위한 다음의 행위를 하여서는 아니 된다.
> 1. 투표를 하거나 하지 아니하도록 권유 운동을 하는 것
> 2. 서명 운동을 기도(企圖)·주재(主宰)하거나 권유하는 것
> 3. 문서나 도서를 공공시설 등에 게시하거나 게시하게 하는 것

> 4. 기부금을 모집 또는 모집하게 하거나, 공공자금을 이용 또는 이용하게 하는 것
> 5. 타인에게 정당이나 그 밖의 정치단체에 가입하게 하거나 가입하지 아니하도록 권유 운동을 하는 것
> ③ 공무원은 다른 공무원에게 제1항과 제2항에 위배되는 행위를 하도록 요구하거나, 정치적 행위에 대한 보상 또는 보복으로서 이익 또는 불이익을 약속하여서는 아니 된다.
> ④ 제3항 외에 정치적 행위의 금지에 관한 한계는 대통령령 등으로 정한다.

「공직선거법」 제58조는 '선거운동'을 다음과 같이 정의 내리고 있다. "당선되거나 되게 하거나 되지 못하게 하기 위한 행위를 말한다." 그러면서 아래 행위는 '선거운동'으로 보지 않는다고 제시하고 있다.

1. 선거에 관한 단순한 의견 개진 및 의사 표시
2. 입후보와 선거운동을 위한 준비 행위
3. 정당의 후보자 추천에 관한 단순한 지지·반대의 의견 개진 및 의사 표시
4. 통상적인 정당 활동
5. 설날·추석 등 명절 및 석가탄신일·기독탄신일 등에 하는 의례적인 인사말을 문자메시지(그림말·음성·화상·동영상 등을 포함한다.)로 전송하는 행위

또한「공직선거법」제60조는 '누구나 자유롭게 선거운동을 할 수 있

지만, 선거법이나 다른 법률로 선거운동을 제한 또는 금지한다.'고 제시한다. '대한민국 국민이 아닌 자'와 같은 수준으로 선거운동을 제한당하는 대상 일곱 가지 안에 교사가 포함되어 있다.

> **「공직선거법」**
>
> 제60조(선거운동을 할 수 없는 자) ① 다음 각 호의 어느 하나에 해당하는 사람은 선거운동을 할 수 없다. 다만, 제1호에 해당하는 사람이 예비후보자·후보자의 배우자인 경우와 제4호부터 제8호까지의 규정에 해당하는 사람이 예비후보자·후보자의 배우자이거나 후보자의 직계존비속인 경우에는 그러하지 아니하다.
> 1. 대한민국 국민이 아닌 자.
> 2. 미성년자(18세 미만의 자)
> 3. 「국가공무원법」 제2조, 「지방공무원법」 제2조에 규정된 공무원
> 4. 예비군 중대장급 이상의 간부
> 5. 통·리·반의 장 및 읍·면·동 주민자치센터에 설치된 주민자치위원회 위원
> 6. 특별법에 의하여 설립된 국민운동단체(바르게살기협회, 새마을운동협회, 한국자유총연맹)의 상근 임·직원 및 대표자
> 7. 선상 투표 신고를 한 선원이 승선하고 있는 선박의 선장

공무원 등의 선거 관여 등 금지 조항인 제85조는 아래처럼 네 개 항으로 구분해 촘촘하게 제시되어 있다. 이 조항에 따르면 교사는 민주주의의 축제와 같은 선거에서 한 발짝도 움직일 수 없게 된다.

> **「공직선거법」**
>
> 제85조(공무원 등의 선거관여 등 금지) ① 공무원 등 법령에 따라 정치적 중립을 지켜야 하는 자는 직무와 관련하여 또는 지위를 이용하여 선거에 부당한 영향력을 행사하는 등 선거에 영향을 미치는 행위를 할 수 없다.
> ② 공무원은 그 지위를 이용하여 선거운동을 할 수 없다.
> ③ 누구든지 교육적·종교적 또는 직업적인 기관·단체 등의 조직 내에서의 직무상 행위를 이용하여 그 구성원에 대하여 선거운동을 하거나 하게 하거나, 계열화나 하도급 등 거래상 특수한 지위를 이용하여 기업조직·기업체 또는 그 구성원에 대하여 선거운동을 하거나 하게 할 수 없다.
> ④ 누구든지 교육적인 특수 관계에 있는 선거권이 없는 자에 대하여 교육상의 행위를 이용하여 선거운동을 할 수 없다.

그런데 이상하게도 공무원 중에서도 선거운동을 할 수 있는 사람들이 있다. 바로 「공직선거법」 제60조 제1항 제4호에 규정된 공무원이다. 중앙선거관리위원회는 친절하게도 법률을 들어 이를 정확히 밝혀 주고 있다(중앙선거관리위원회, 2025: 15).

> - 국회의원, 지방의회의원
>   ※ 대통령, 국무총리, 장·차관, 지방자치단체장 등 다른 정무직 공무원은 선거운동 금지
> - 국회의원의 보좌관·비서관·비서
> - 국회 부의장의 수석비서관·비서관·비서·행정보조요원
> - 국회 상임위원회·예산결산특별위원회·윤리특별위원회 위원장의 행정보조요원

- 국회 교섭단체대표의원의 행정비서관
- 국회 교섭단체의 정책연구위원·행정보조요원
- 「고등교육법」 제14조 제1항·제2항에 따른 교원(총장·학장·교수·부교수·조교수·강사)

왜 이 사람들은 정치적 중립성이 필요치 않을까? 왜 교사는 정치적 중립성이 필요할까? 선거 제약을 받고 안 받고를 어떤 기준으로, 누가 누구에게 하는 걸까? 누가, 어떤 기준으로, 누구에게 정치참여의 자격을 부여하거나 제한하는 걸까?

• 참고 자료 1 •

공무원의 선거 관여 행위 금지 안내
(2025.6.3. 제21대 대통령 선거)

※ 중앙선거관리위원회에서 발간한 자료의 일부를 발췌함.

※ 인사혁신처 → 교육부 → 교육청 → 학교 → 교사로 전파된 내용임.

■ 집회·행사 참석

- 선거기간 중 국회 상임위원장 주최 간담회 참석 : 선거가 실시되는 지역의 기업 관계자를 대상으로 국회 상임위원장이 개최하는 간담회에 관계부처 공무원이 참석하여 정부의 지원 방안 등 발표
- 정당의 정책개발 간담회 참석 : 선거가 임박한 시기에 공무원이 정당의 정책개발을 위한 간담회에 참석
- 각 정당 공약 검토 결과 발표 : 정부부처가 선거기간 중에 선거에 참여하는 각 정당의 복지 공약에 대하여 재정 소요 및 재원 조달 방안 등을 검토 후 보도자료 및 인터뷰를 통하여 공표

■ 정책·공약 홍보

- 선거가 임박한 시기에 정부 정책 홍보 : 선거가 임박한 시기에 정당 또는 후보자(입후보 예정자 포함) 간 입장을 달리할 수 있는 정책이 포함된 내용의 교육(설명회)을 광범위하게 실시

- 선거기간 중 특정 정당의 선거공약이 포함된 정부 정책 광고 : 특정 정당이 선거공약으로 채택한 내용을 선거기간 중에 광고하는 행위

■ 직무와 관련한 선거에 영향을 미치는 발언
- 장·차관들의 지역사업 예산 지원 약속 발언 : 장·차관들이 지역의 관련 행정기관 등을 방문하여 지역사업의 계속된 추진 및 내년도 예산의 차질 없는 지원을 약속하는 등의 발언
- 후보자 선택 기준 제시 : 국가기관의 장이 단체 초청 강연에서 전 정부 비판, 현 정부 호평하며 후보자 선택 기준 제시

■ 정당·후보자를 지지·추천하는 발언
- 현직 장관이 정당 대표자와의 동행 및 특정 정당 지지 발언 : 현직 장관이 소속 정당 대표자와 함께 자신의 연고지를 방문하여 기자간담회에서 "○○를 위해 진정으로 일할 수 있는 인재들을 찾으러 왔다." 등 발언

■ 지침·협약 기타
- 총선 전후 불필요한 정치활동 자제 지시 : 정당 가입 및 정치활동이 가능한 산하기관 직원들에게 정부부처에서 정치활동을 자제하도록 지시하고 결과 보고

■ 선거운동
- 공약 개발 세미나 참석 : 선거공약 개발을 목적으로 개최하는 세미나에 공무원이 축사를 하거나 토론자로 참여

- 공무원이 특정 후보자의 선거홍보물 사진을 단체대화방에 게시 : 선거일이 임박한 시점과 선거일에 특정 후보의 선거 홍보물(후보자 얼굴 사진과 함께 '한 표 도와주세요!' 라는 문구 기재)을 단체대화방에 공유
- 공무원이 지인에게 선거운동 문자메시지 전송 : 공무원이 경선 여론조사를 비롯한 선거운동 문자메시지를 자신의 지인에게 발송
- 선거구민 인적사항 제공 : 특정 후보자를 당선되게 할 목적으로 평소 친분이 있는 자에게 부탁하여 선거구민의 인적사항을 통보받아 이를 후보자의 선거사무소 근무자에게 제공
- 특정 정당 지지 : 선거운동을 할 수 없는 공무원으로 이루어진 단체가 특정 정당을 지원한다는 계획을 세우고 선거운동을 함.

■ 선거 관여

- 직무상 행위 시 특정 후보자 등 지지·반대 : 언론을 통한 정책 홍보나 직무관련 강의 과정에서 정당의 정강·정책이나 선거공약 등을 홍보하거나 특정 정당이나 후보자를 지지·반대 또는 그 업적 홍보
- 직무상 취득한 정보를 특정 후보자 등에게 제공 : 공무원이 직무상 알게 된 납세자 개인정보를 특정 후보 선거운동 캠프에서 일하고 있는 사람에게 제공하여 선거운동 문자메시지 발송 활용
- 지위를 이용한 투표 권유 : 선거에 즈음하여 공무원이 직무상의 지휘·명령권, 인사권, 예산권 등에 근거한 영향력을 이용하여 부하 또는 직무상 관계있는 공무원 등에게 투표를 권유하는 경우
- 지위를 이용한 선거 기획 : 정책홍보팀 직원이 그 업무와 경험을 이용하여 선거공보 및 선거공약서 제작에 관여하고 선거 홍보 대책회의에 참여

■ **선거 관련 SNS 활동**

- **자료 게시** : 특정 정당·후보자를 지지하거나 반대하는 글, 선거에 영향을 미치게 하기 위한 '선거 관련 게시물(문자·음성·화상·동영상 기타 정보 포함)'을 직접 게시
- **자료 작성·게시·공유** : 단체대화방 등에 주민들을 다수 초청하여 선거 관련 게시물을 작성·공유
- **자료 게시** : 특정 정당 또는 후보자를 지지하는 취지의 결의문을 채택하고 공무원 노조의 홈페이지에 게시
- **공감 표현** : 선거일에 임박하여 SNS 계정을 만들거나, 단기간에 팔로우 또는 친구 등을 급격하게 추가하여 주로 선거 관련 게시물을 작성·공유하고, '좋아요'를 계속적·반복적으로 클릭
- **자료 공유** : 예비후보자 홍보물, 선거공보 등 선거운동용 홍보물을 스캔하여 인터넷 홈페이지의 게시판에 게시하거나 전자우편(유튜브, SNS, 모바일 메신저 포함)을 이용하여 전송 또는 전달
- **인터넷 개인방송 콘텐츠 제작** : 특정 후보자에게 유리하거나 불리한 동영상을 제작하여 유튜브 등에 게시

※ 공무원의 SNS 활동이 「공직선거법」에 위반되지 아니하더라도 행위의 시기·목적·상대방·방법 등 구체적 양태에 따라 「국가공무원법」 등에서 금지하는 정치활동 등에 해당될 수 있음.

왜 공직선거에 출마하지 못할까

교사만 사표 쓰고 출마?

교사들은 교사로 재직 중인 경우 교육감에도, 시·도의원에도, 국회의원에도 출마할 수 없다. 교사직을 그만두어야만 출마할 수 있다. 이는 대학교수들과 다른 점이다. 「교육기본법」 제14조 제6항에는 "교원은 법률로 정하는 바에 따라 다른 공직에 취임할 수 있다."고 되어 있지만, 유·초·중·고·특수교사는 예외 없이 사표를 쓰고 출마해야 한다.

「공직선거법」 제53조 제2항에 따르면 공무원과 사립학교 교원이 공직선거에 출마하기 위해서는 통상적으로는 '선거일 30일 전까지', 그리고 비례대표의 경우에는 '후보자등록 신청 전까지' 그 직을 그만두어야 한다.

> **「공직선거법」**
> 제53조(공무원 등의 입후보) ② 제1항 본문에도 불구하고 다음 각호의 어느 하나에 해당하는 경우에는 선거일 전 30일까지 그 직을 그만두어야 한다.

> 1. 비례대표 국회의원 선거나 비례대표 지방의회의원 선거에 입후보하는 경우
> 2. 보궐선거 등에 입후보하는 경우
> 3. 국회의원이 지방자치단체의 장의 선거에 입후보하는 경우
> 4. 지방의회의원이 다른 지방자치단체의 의회의원이나 장의 선거에 입후보하는 경우

하지만 공무원인 교원과 사립학교 교원에게는 정당 입당은 물론 선거 출마까지 엄격히 금지하면서도 대학 교원에게는 이 같은 제한 없이 자유롭게 출마의 문을 열어 주었다.

이에 대한 논리는 헌법재판소 판례에서 찾을 수 있다. "공무원·교원의 공직선거 출마 시 선거일 전에 그 직을 그만두도록 한 것은 '선거의 공정성'과 아울러 '공직의 직무 전념성'을 보장하기 위한 것이다."(헌법재판소, 2020: 7-14) 다시 묻는다. 왜 대학 교원, 특히 국가공무원인 국립대 교원은 선거의 공정성과 공직의 직무 전념성에 대해 묻지 않는 것일까? '휴직 후 출마'와 '선거의 공정성', '휴직 후 출마'와 '공직의 직무 전념성'은 어떤 관계가 있을까?

'선거의 공정성'에 대해

우리나라에서 태어나서 선거를 가장 먼저 치르는 곳이 학교이고, 이를 공정하게 준비하는 사람들이 교사이다. 교사는 교대와 사대 혹은 교직과정을 이수한 후, 임용시험이라는 어려운 관문을 뚫고 나온 전문가이

다. 이런 교사가 학생들에게 선거를 가르치고, 선거를 공정하게 치르는 업무를 하고 있다. 교육적이고 도덕적으로, 정치적이고 사회적으로 학교 선거를 잘 치르기 위해 교직 생애 동안 고민하고 활동하는 이들이 교사이다. 하지만 교사 정치기본권은 현행 제도 자체가 문제이고, 제도적으로 차별을 가하면서 과도한 징계가 얹혀 있는 상황이다(김성천, 2023: 46-47).

물론 교사가 사퇴하지 않은 상태에서 출마하면 교사의 지위와 권한을 가지고 자기의 선거운동에 남용 또는 악용할 소지가 있을 수도 있다. 하지만 여전히 '교사의 지위와 권한'이 무엇이며, 그 남용과 악용의 문제가 구체적으로 무엇인지 명시화되지 않았다. 기존의 수많은 출마자도 기존 지위에서 사퇴했거나 사퇴하지 않았다고 하더라도, 출마 이전의 지위와 권한을 남용하거나 악용한 사례는 얼마든지 있다. 또한 대학 교원은 그 지위와 권한을 남용하거나 악용하지 않을 거라는 근거 또한 없는데, 사표 없이 출마하고 있다는 점에 대해 분명히 근거가 있어야 한다. 반대로 교사가 '선거 휴직'으로 출마를 한다고 했을 때, 그 지위와 권한을 엄밀하게 막을 수 있는 장치를 마련하면 된다. 직접 연관된 학교 등 교육기관이나 전현직 상황에서의 학생과 학부모와의 선거 관련 유착 금지 등이 될 수 있다.

'공직의 직무 전념'에 대해

교사가 출마했을 때, 교직이라는 공직사회가 혼란스러워지거나 부작용이 클 거라는 말을 한다. 하지만 이것은 교사에 대한 객관적인 판단도 아니고, 교사가 갖는 전문성과 식견에 대한 무지에서 비롯된 것이다. 공직에서의 정보를 수집·활용하거나 자신의 직원 등을 선거운동에 악용할 사람에 교사라는 직군이 앞줄에 있을 리 만무하다. 해외 사례를 보자.

[독일]

직무 영역과 직무 이외의 영역인 사적 영역을 구별한다. 사적 영역에서의 공무원의 의사와 표현이 제한되는 법리가 과도하게 확장되는 것은 경계한다.

[미국]

선거에 개입할 목적, 선거 결과에 영향을 미칠 목적으로 자신의 권한이나 영향력을 행사하는 것 등을 제외하고 공무원의 정치적 활동을 원칙적으로 보장한다. 공무원의 모든 정치적 문제에 대하여 의견을 표명할 권리를 인정한다.

(성중탁, 2020: 37-38)

만약 그런 일이 벌어진다고 하더라도, 상식적으로 교사가 확보한 정보가 선거에 악용될 수 있는 것인지는 쉽게 알 수 없다. 사안마다 다를 것이다. 또한 교사와 함께 일한 직원은 대부분 동료 교사이기에 악용한다는 것이 비상식적인 면이 크다.

오히려 이런 우려는 후진국이나 개발도상국에서 벌어지는 '정권의 하수인'이라거나 '정권에 저항하는 사람'이라는 편견이 고착화된 것으로 볼 수 있다. 정권의 하수인이 되거나 집권 정부에 대항해 반기를 든다고 하더라도 선거를 통해 심판받는 일이 중요한데, 그것이 바로 민주주의의 힘이다.

3·15 부정선거, 65년이 흘렀다

이런 편견은 1960년대부터 80년대까지 이어진 군사독재정권 시기에 축적되어 왔던 관행에서 비롯된 일이다. 대표적인 사건이 1960년에 벌어진 3·15 부정선거이다. 그때 주로 공무원에 의해 이뤄진 내용을 보면 아래와 같다(한국민족문화대백과사전, https://encykorea.aks.ac.kr/3·15 부정선거). 무법천지에 기상천외하기까지 하다.

- 이승만 사전 투표 후 투표함 바꿔치기
- 야당 참관인 쫓아내기
- 국민 지도 명분으로 3인조, 5인조 투표
- 뇌물 살포 및 협박
- 한밤중 올빼미 개표
- 표를 책상 아래 떨어뜨리고 무효표 만드는 피아노 개표
- 맨 위와 맨 아래 묶어 버리는 샌드위치 개표
- 군인 투표 시 담당관 보는 앞에서 투표

65년이 지난 지금은 어떤가? 우리나라는 아시아를 넘어 세계 수준의 민주화운동의 역사가 깊고, 여야의 정권 교체도 수차례 이뤄졌다. 2002년 월드컵, 2018년 촛불혁명과 2025년 빛의 혁명을 이루면서 성숙한 시민의식이 정착했고, 교사들은 이들을 가르쳐 온 장본인이라 하지 않을 수 없다.

'후보 난립'에 대해

'자라 보고 놀란 가슴 솥뚜껑 보고 놀란다.'는 속담이 있다. 공무원을 포함해 교사의 출마로 인해 후보가 난립할 것이라는 관점은 협소하면서도 후진적이다. 후보 난립에 대해 이미 제도적으로 '기탁금' 제도를 포함해 '정당 내 경선과 공천' 등이 마련되어 있다. 혹 심각하거나 더 특별한 상황이 벌어진다면 그에 맞는 제도를 검토하면 될 일인데, 과도한 제한을 제도적으로 고착시켜 둔 것이 더 큰 문제이다.

실제 교사는 학교에서 학생들의 각종 선거를 돕는다. 학급회장은 물론 대의원 선거와 학생회장 선거까지 교육과 절차도 교사의 손길로 이뤄진다. 선거를 보다 민주적이고 자유롭고 공정하게 치르는 일을 준비하는 것이다. 그런 교사들이 선거에 출마한다고 후보가 난립이 될까? 공과 사를 구분하고, 편향이나 동요에 흔들리지 않는 직군이 교사 아닐까? 자기 업무에 충실하고, 학생을 제대로 대변할 수 있는 사람들이 교사 아닐까? 우리 사회를 위해 쓴소리를 하고 정직하게 활동하는 사람들이 교사 아닐까? 최근까지 실제 수능을 포함한 각종 국가 시험과 선거에 교사들의 참여가 많았던 이유의 근저에도 정부가 믿을 만한 직군을 교사로 본 것은 아닐까?

그런 생각을 갖는다면, 민주주의 국가에서 교사에게 피선거권을 부여해 후보에 출마할 수 있도록 문제를 풀어 나가는 일부터 먼저 고민할 일이다. 또한 기존에 출마한 사람이나 당선된 사람의 도덕성과 전문성 등의 역량을 비교했을 때, 교사가 부족하다고 하는 것은 난센스일 뿐이다.

어떤 법이 가로막는가

'가로막는다'의 의미

이런 질문은 기존 법이 문제가 있음을 전제하고 있다. 법리적으로 따져 보기도 해야 하지만, 크게 변해 온 시대 흐름에 가로막힌 증거는 많기에 여기서는 '가로막는다'는 표현을 쓰고자 한다.

가장 크게 가로막았던 부분은 '정치적 중립성' 문제이다. 실상 「헌법」의 '공무원의 정치적 중립성'과 '교육의 정치적 중립성'은 여전히 모호하고 해석도 다양하다. 여기서는 법률에 맞춰 질문을 던져 보고자 한다. 일단 지금까지 언급되고 있는 교사 정치기본권과 연관된 '정치 영역', '공무원 영역', '사립 교원 영역'까지 관련 법률과 조항을 정리하면 아래와 같다.

<교사 정치기본권 관련 법률과 조항>

법률	조항
국가공무원법	제65조 정치운동의 금지 제66조 집단 행위의 금지 제84조 정치운동죄
지방공무원법	제57조 정치운동의 금지 제82조 정치운동죄
교육기본법	제6조 교육의 중립성 제14조 교원
교육공무원법	제1조 목적 제44조 휴직 제53조 「국가공무원법」과의 관계
정당법	제22조 발기인 및 당원의 자격 제53조 위법으로 발기인이나 당원이 된 죄
정치자금법	제8조 후원회의 회원 제10조 후원금의 모금·기부 제22조 기탁금의 기탁 제45조 정치자금 부정수수죄
공직선거법	제9조 공무원의 중립 의무 등 제53조 공무원 등의 입후보 제57조의 2 당내경선의 실시 제58조 정의 등 제60조 선거운동을 할 수 없는 자 제85조 공무원 등의 선거관여 등 금지 제86조 공무원 등의 선거에 영향을 미치는 행위 금지

지방교육 자치법	제23조 겸직의 제한 제47조 공무원 등의 입후보 제49조 공직선거법의 준용
사립학교법	제58조 면직의 사유 제59조 휴직의 사유

 이 가운데 중복된 것을 빼고, 몇 가지 법률을 조항별로 살펴보자. 먼저 「국가공무원법」이다.

> **「국가공무원법」**
> 제65조(정치 운동의 금지) ① 공무원은 정당이나 그 밖의 정치단체의 결성에 관여하거나 이에 가입할 수 없다.
> ② 공무원은 선거에서 특정 정당 또는 특정인을 지지 또는 반대하기 위한 다음의 행위를 하여서는 아니 된다.
> 1. 투표를 하거나 하지 아니하도록 권유 운동을 하는 것
> 2. 서명 운동을 기도(企圖)·주재(主宰)하거나 권유하는 것
> 3. 문서나 도서를 공공시설 등에 게시하거나 게시하게 하는 것
> 4. 기부금을 모집 또는 모집하게 하거나, 공공자금을 이용 또는 이용하게 하는 것
> 5. 타인에게 정당이나 그 밖의 정치단체에 가입하게 하거나 가입하지 아니하도록 권유 운동을 하는 것

 '국가공무원'인 교사는 정당이나 정치단체에 가입하면 안 된다고 되어 있다. 왜일까? 교사는 정치적인 지지나 반대, 혹은 선거기간 중 다양한 정치적 표현을 왜 하면 안 될까? 학생과 수업 등 직무에 문제가 되지 않는다

면 민주국가인데 허용해야 하지 않을까? 다음은 「정치자금법」을 보자.

> **「정치자금법」**
>
> 제8조(후원회의 회원) ① 누구든지 자유의사로 하나 또는 둘 이상의 후원회의 회원이 될 수 있다. 다만, 제31조(기부의 제한) 제1항의 규정에 의하여 기부를 할 수 없는 자와 「정당법」 제22조(발기인 및 당원의 자격)의 규정에 의하여 정당의 당원이 될 수 없는 자는 그러하지 아니하다.

교사가 정치인이나 정당을 후원하는 일을 왜 못하게 할까? 정치인은 교사를 포함해 국민을 대표해서 선출된 사람이고, 정당은 대의제 민주국가에서 필수적인 정치제도인데, 교사의 참여가 제한되는 이유는 어디에 있을까? 교사를 정당의 당원이 될 수 없는 자로 묶은 것도 억울한데, 이를 다시 후원금 내는 것에서 제약해도 될까? 다음은 「교육기본법」을 살펴보자.

> **「교육기본법」**
>
> 제6조(교육의 중립성) ① 교육은 교육 본래의 목적에 따라 그 기능을 다하도록 운영되어야 하며, 정치적·파당적 또는 개인적 편견을 전파하기 위한 방편으로 이용되어서는 아니 된다.
>
> 제14조(교원) ① 학교교육에서 교원(敎員)의 전문성은 존중되며, 교원의 경제적·사회적 지위는 우대되고 그 신분은 보장된다.
> ⑤ 교원은 특정한 정당이나 정파를 지지하거나 반대하기 위하여 학생을 지도하거나 선동하여서는 아니 된다.

교육의 본래 목적과 정치적 견해가 결합된다는 것을 전제로 '교육의 중립성'을 표현한 것은 과한 것이 아닐까? 교원의 사회적 지위는 우대되고 보장되는데 정당이나 정파 등의 정치 관련 지위는 어째서 최소한의 보장도 없는 걸까?

「헌법」은 말하고 있다

「헌법」에는 어떻게 되어 있나

「헌법」은 바꾸기 어려운 규칙이면서 압도적 다수나 그 밖의 장치들에 의해 보호되는 존재이다(Przeworski·Maravall, 안규남·송호창 역, 2008: 251). 해체주의 철학으로 유명한 데리다(Jacques Derrida)는 『법의 힘』에서 이렇게 말했다.

> "법의 힘은 한편으로 정당한 것일 수 있거나 어쨌든 적법한 것으로 판단될 수 있는 힘과, 다른 한편으로 항상 부당한 것으로 간주되는 폭력 사이에는 어떠한 차이가 존재하는가? 정당한 힘 또는 비폭력적인 힘이란 무엇을 의미하는가?" (Derrida, 진태원 역, 2004: 16-17)

「헌법」은 정말로 국가 전체가 갖는 '정당한 힘'과 '비폭력적인 힘'을 가져야 하는 민주국가에서 가장 큰 존재이다. 앞서 소개한 법률들은 교사 정치기본권을 보장하고 있지 않았는데, 1987년 민주화운동의 유산인 현행 「헌법」은 어떠한지 다시 돌아봐야 한다. 기존 법률은 박정희 정권의 국가재건최고회의가 마음대로 휘두른 것처럼 폭력적인 국가 권력이 작동했던 것이었다.

「헌법」자체는 정치기본권 개념을 명확하게 정의해 두진 않았다. 하지만 모두 잘 알겠지만, 모든 국민의 기본권으로 정치기본권을 제시하고 있다. 정치기본권에 해당되는 사람과 그렇지 않은 사람을 구분해 두지도 않았다. 굳이 찾자면, 공무원과 군인과 교육의 '정치적 중립성'이 전부이다. 오히려 2004년 헌법재판소에서 제시한 '정치기본권에 대한 정의'가 이해에 도움이 될 것 같다.

"오늘날 정치적 기본권은 국민이 정치적 의사를 자유롭게 표현하고, 국가의 정치적 의사 형성에 참여하는 정치적 활동을 총칭하는 것으로 넓게 인식되고 있다. 정치적 기본권은 기본권의 주체인 개별 국민의 입장에서 보면 주관적 공권으로서의 성질을 가지지만, 민주정치를 표방한 민주국가에 있어서는 국민의 정치적 의사를 국정에 반영하기 위한 객관적 질서로서의 의미를 아울러 가진다. 그중 정치적 자유권이라 함은 국가 권력의 간섭이나 통제를 받지 아니하고 자유롭게 정치적 의사를 형성·발표할 수 있는 자유라고 할 수 있다. 이러한 정치적 자유권에는 정치적 의사를 자유롭게 표현하고, 자발적으로 정당에 가입하고 활동하며, 자유롭게 선거운동을 할 수 있는 것을 주된 내용으로 한다."

(헌법재판소, 2004: 1)

우리 「헌법」은 국민의 정치기본권 확대를 위해 '보통 선거의 확대', '평등 선거의 실현', '직접 선거 구현'으로 이를 보완해 왔다. 자유로운 선거운동을 보장하면서 민주주의를 내실화해 온 것이다. 헌법재판소를 통해서는 '정당의 개념'을 정립해 왔고, '정당 설립의 자유'와 '정치자금의 문제'를 해소해 왔다. 정치기본권과 관련해서 그런 역사를 가지고 온 것이다.

쉽게 말해, 「헌법」 자체가 교사의 정치기본권을 억압적인 방식으로 구조화하지 않았다는 것이다. 최소한 「헌법」은 국민의 기본권을 선언하고 보장하는 것에 있지, 제한하는 것에 있지는 않다는 것이 우리 「헌법」의 정신이다. 여기서 주목할 용어가 '균등'이다. 「헌법」에는 유독 '균등'이라는 말을 많이 쓴다. 그 의미는 아래와 같다.

"균등은 '법률상 평등보다 더 실질적'입니다. 균등은 '모든 국민이 실질적으로 인간다운 생활'을 할 수 있게 하는 것입니다." (한인섭, 2019: 287)

'교사는 국민일까?'라는 어리석은 질문

문제는 이 '균등'의 문제가 잘 이뤄지고 있는가다. 다시 어리석은 질문을 던져 본다. 교사는 국민일까? 어리석어서 하나 마나 한 질문이다. 하지만 이런 어리석은 질문의 이면에는 교사의 정치기본권 확보에 대해 잘 보이지 않는 어두운 그림자가 깔려 있다. 균등하지 않은 것이다.

상식적이지만, 누가 뭐래도 「헌법」과 법률상으로 교사는 '국민'이다. 이 말을 신뢰한다면 「헌법」에서 제시하는 기본권을 포함한 모든 정치기본권이 보장된다고 볼 수 있다. 이제는 국민 모두가 촛불 혁명과 빛의 혁명 집회에서 알게 된 「헌법」의 제1조와 제2조를 다시 읽어 보자.

> 「헌법」
> 제1조 ① 대한민국은 민주공화국이다.
> ② 대한민국의 주권은 국민에게 있고, 모든 권력은 국민으로부터 나온다.
> 제2조 ① 대한민국의 국민이 되는 요건은 법률로 정한다.

'대한민국의 국민이 되는 요건'과 관련한 법률은 「국적법」이다. 출생에 의해서든, 인지에 의한 국적 취득이든, 교사는 국민임에 틀림없다. 교사가 되려는 사람은 교사 임용시험 자격에 '대한민국 국민'이어야 한다는 조건이 필수로 들어가 있다. '인지나 귀화에 의한 국적 취득'도 마찬가지다. 국적을 취득하면 대한민국 국민이고, 대한민국 국민이어야만 대한민국 교사가 될 수 있다.

> 「국적법」
> 제2조(출생에 의한 국적 취득) ① 다음 각 호의 어느 하나에 해당하는 자는 출생과 동시에 대한민국 국적(國籍)을 취득한다.
> 1. 출생 당시에 부(父)또는 모(母)가 대한민국의 국민인 자
> 2. 출생하기 전에 부가 사망한 경우에는 그 사망 당시에 부가 대한민국의 국민이었던 자
> 3. 부모가 모두 분명하지 아니한 경우나 국적이 없는 경우에는 대한민국에서 출생한 자
> ② 대한민국에서 발견된 기아(棄兒)는 대한민국에서 출생한 것으로 추정한다.

공무원, 국군, 선거관리위원의 정치적 중립성

「헌법」에서 살펴보아야 할 대목이 또 있다. 공무원에 대한 규정이고, 그 가운데 '정치적 중립성'이라는 대목이다. 바로 교육과 관련 그 유명한 「헌법」 조항인 제31조가 '정치적 중립성'을 말하고 있기 때문이다. 그래서 '공무원의 정치적 중립성'과 '교육의 정치적 중립성'을 동시에 눈여겨보아야 한다.

> 「헌법」
> 제7조 ① 공무원은 국민 전체에 대한 봉사자이며, 국민에 대하여 책임을 진다.
> ② 공무원의 신분과 정치적 중립성은 법률이 정하는 바에 의하여 보장된다.
>
> 제31조 ④ 교육의 자주성·전문성·정치적 중립성 및 대학의 자율성은 법률이 정하는 바에 의하여 보장된다.

미세한 차이를 찾았는가? 정치적 중립성의 주체로 '공무원'과 '교육'이 언급된다. 왜 '교사' 대신 '교육'이라는 말을 썼을까? 교육이 정치적 중립을 지켜야 한다는 것이지, 교사가 정치적 중립을 지켜야 한다는 규정을 명시한 것이 아님을 기억하자. 정치적 중립성이 왜 도입되었고, 어떤 의미로 해석되었는지는 바로 뒷장에서 다시 살펴볼 예정이다.

여기서 한 가지, 정치적 중립성을 언급한 「헌법」의 규정이 또 있다. 국방 분야와 선거 분야인데, 여기서는 '국방'이 아닌 '국군'으로 되어 있고, '선거관리위원회'가 아닌 '선거관리위원'이 정치적 중립을 준수하도록 되어 있다. 다시 묻는다. 왜 「헌법」에 '교사'가 아니고 '교육'인가?

> **「헌법」**
>
> 제5조 ② 국군은 국가의 안전 보장과 국토 방위의 신성한 의무를 수행함을 사명으로 하며, 그 정치적 중립성은 준수된다.
>
> 제114조 ④ (선거관리)위원은 정당에 가입하거나 정치에 관여할 수 없다.

'정치적 중립성'이라는 유령

정치기본권의 반대말은 정치적 중립성?

　교사 정치기본권을 반대하는 가장 중요한 논리 중 하나가 '정치적 중립성'이다. 흔히 정치적 중립성을 '서로 대립하는 편이 있음을 전제로 어느 편에도 속하지 않거나 모든 편을 동등하게 대우하는 것'으로 이해하곤 한다. 법학, 정치학, 교육학 등에서 이 개념이 다뤄지고 있으나 합의는 부재한 편이다. 분야별로 상이하게 이해하고 있는 게 현실이다(강구성·주현정, 2023: 32).

　교육 분야에서 정치적 중립성은 교육의 '자주성', '자율성', '전문성'과 마주하면서 언급된다. 하지만 이조차 정치적 중립성이 자주성, 자율성, 전문성과 어떤 관계가 어떻게 맺어져 있는지도 명확하게 정리되어 있지는 않다. 반대로 자주적이고 자율적이고 전문적인 사람이 중립적이어야 하는지, 진정 중립적일 수 있는지 의문이다. 교수, 의사, 변호사, 과학자 같은 전문직을 생각해 보자. 정치적으로 중립적일까? 중립적이어야 할까? 중립적이어야 한다면, 왜 교사처럼 정치기본권을 박탈하지 않을까?

「헌법」과 법률에서 말하는 정치적 중립성

「헌법」에 '정치적 중립성'은 조문 전체에서 총 3회 나온다. '공무원'의 정치적 중립성(제7조), '국군'의 정치적 중립성(제5조), '교육'의 정치적 중립성(제31조)이 바로 그것이다(위종욱, 2017: 117). 앞서 살펴본 바대로 공무원과 국군의 차이가 있었는데, 여기서는 '교육의 정치적 중립성' 과 '교사의 정치적 중립성'을 중심으로 살펴보자.

<교육 또는 교사의 정치적 중립성 관련 법률>

구분	교육의 정치적 중립성	교사의 정치적 중립성	비고
헌법	제31조 제4항 (교육의 정치적 중립성)	제7조 제2항 (공무원의 신분과 정치적 중립성)	중립성 규정
교육기본법	제6조 제1항 (교육의 중립성)	제14조 제3항 (교원)	중립성 규정
국가공무원법	·	제65조 (정치운동의 금지)	중립 의무 규정
사립학교법	·	제58조 제4항 (면직의 사유)	중립 의무 규정

(강구성·주현정, 2023: 33)

가장 큰 특징은 「헌법」과 「교육기본법」에서 '의무'가 아닌 '중립성 규정'만을 제시했다는 점이다. 이 규정도 '교육'상의 규정과 '공무원의 신분'상의 규정이다. 이와 달리 「국가공무원법」과 「사립학교법」은 중립성

'의무' 규정을 두고 있다. 「헌법」이 아닌 하위 법률부터 제한이 가해진 것을 알 수 있다. 특히, 「국가공무원법」에 '정치운동의 금지'라고 표현한 부분은 향후 논의가 필요한 사안으로 보인다. '교육과 정치', '교육과 정치운동'에 대해 시대 변화 상황을 반영해야 할 것이다. 더 취약한 것은 「사립학교법」으로 '면직의 사유'까지 들어갔다는 점이다. 어찌 되었든, 앞서 말한 대로 정치적 중립성이 정치기본권을 제한하는지, 아니면 보장하는지는 논의가 필요하다. 이 용어가 담긴 역사를 살피거나 현재 시대 상황에 대한 맥락을 살펴야 할 일이다.

'학생 편향 교육'이라는 논리의 기저

흔히 지적되는 '학생 편향 교육'이라는 논리의 기저에도 정치적 중립성이라는 개념이 포함되어 있다. '정치적으로 중간에 서다'는 뜻의 정치적 중립성은 정치적으로 '특정 입장에 치우치지 않는다', '특정 정당에 편향되지 않는다', '객관적인 시각을 유지한다' 등을 포함한다. 이런 정치적 중립성은 교사를 포함해 모든 공무원이 지켜야 하는 걸로 되어 있다.

그런데 「헌법」은 분명하게 '교사 혹은 교육자의 정치적 중립성'이 아닌 '교육의 정치적 중립성'을 말하고 있다. '교사' 개개인의 개별성이나 인격성이 아닌 '교육'이라는 교육의 과정과 활동이 정치적으로 중립적이어야 한다는 점은 주목해 보아야 할 대목이다.

좁은 의미로만 보면, 직업공무원은 물론 정치를 하는 공무원도 정치적 중립성을 지켜야 한다. 박근혜, 윤석열 대통령이 탄핵되었을 때를 상기하면 쉽게 이해할 수 있다. 대통령과 지방자치단체장에게는 다른 공무원보다도 선거에서의 정치적 중립성이 특히 요구된다. 공무원 등 법령에 따라 정치적 중립성을 지켜야 하는 자가 '직무와 관련하여' 또는 '지위를 이용하여' 선거에 영향을 미치는 행위를 한 경우에는 형사처벌하게 되어 있다. 그 공소시효도 10년에 이른다. 그런데 앞서 제시했듯이, 예외 직군이 있다. 바로 국회의원과 지방의회의원이다. 이들은 정치가 직업이라는 이유로 정치적 중립성을 요구하지 않는다.

「헌법」의 취지를 한 번 더 생각해 보자. '공무원의 정치적 중립성을 보장한다.'는 의미가 무엇일까? 공무원의 정치적 활동을 일체 금지하거나 통제한다는 뜻일까? 아니다. 오히려 이는 '공무원을 정치 세력으로부터 보호'하는 규정이다. 그렇다면 공무원의 정치적 활동은 「헌법」상 일체 금지되는 것이 아니라 '직무수행에 있어서' 중립성, 객관성, 공정성을 유지하는 한 자유로울 수 있다. 헌법재판소가 이를 구체화한 대목은 정치적 중립성이 무엇인지 잘 보여 준다.

헌법재판소가 말하는 방향

2014년 헌법재판소는 1995년과 1997년 판결을 근거로 '정치적 중립'에 대해 이렇게 판단했다.

"「헌법」 제7조 제2항은 공무원의 신분과 정치적 중립성을 법률로써 보장할 것을 규정하고 있다. 위 조항의 뜻은 공무원이 정치과정에서 승리한 정당원에 의하여 충원되는 엽관제를 지양하고, 정권 교체에 따른 국가 작용의 중단과 혼란을 예방하며 일관성 있는 공무수행의 독자성과 영속성을 유지하기 위하여 공직 구조에 관한 제도적 보장으로서의 직업공무원제도를 마련해야 한다는 것이다. 직업공무원제도는 바로 그러한 제도적 보장을 통하여 모든 공무원으로 하여금 어떤 특정 정당이나 특정 상급자를 위하여 충성하는 것이 아니라 국민 전체에 대한 봉사자로서 법에 따라 그 소임을 다할 수 있게 함으로써 공무원 개인의 권리나 이익을 보호함에 그치지 아니하고 나아가 국가 기능의 측면에서 정치적 안정의 유지에 기여하도록 하는 제도이다." (헌법재판소, 2014: 8)

그러면서 여러 설들을 종합해 '직무집행의 중립성 유지'가 필요하다고 제시했다. 하나씩 논리를 벗겨내 보고 반문해 보자.

첫째, '국민 전체의 봉사자'이기 때문에 정치적 중립이어야 한다는 논리이다. 중립적 위치에서 공익을 추구하기 때문이란다. 중요한 것은 국민에게 봉사를 하면서도 정치기본권을 보장해야 하는 것은 아닐까?

둘째, '정치와 행정은 분리'되어 있어서 행정에 대한 정치의 개입을 방지해야 한다는 논리이다. 공무원을 통해 행정의 전문성과 민주성을 제고하고, 정책에 대한 계속성과 안정성을 유지해야 한다는 것이다. 정치와 행정의 분리를 하더라도 선거 등 엄중한 시기의 중립성을 제외하고는 정치기본권을 보장해야 하는 건 아닐까?

셋째, '공무원의 이익을 보호'해야 한다는 논리이다. 정권의 변동에도 불구하고 공무원의 신분을 안정적으로 구축하는 이유라고 한다. '관직을 사냥한다'는 뜻의 엽관제(獵官制)로 인한 부패와 비능률 등의 폐해는 이루 말할 수 없다. 그렇다면 직업공무원제를 유지하면서 정치기본권을 보장해야 하는 건 아닐까?

넷째, 공무원은 '공적인 중재자'여야 한다는 논리이다. 사회경제적 대립의 중재자·조정자의 기능을 적극적으로 담당해야 하는 위치에 있다. 하지만 공적인 중재를 하는 것과 정치기본권 보장은 이유가 다르지 않을까?

「헌법」이 이렇게 방향을 설정하고 있다면 정치기본권 보장과 비교해 따져 볼 일이다. 정치적 표현의 자유, 정당 가입의 자유, 정치자금 기부 등도 위 방향을 거스르는 일인지 말이다. 이를 판단하는 기준은 '우리 사회가 얼마나 성숙한가'이다.

이제는 불평등이라는 피해를 보는 역사를 되돌아보았으면 한다. 최소한 대만처럼 '행정 중립'이라는 개념을 만들고 사회적 합의도 시도해 볼 만하다. 현재 대만은 '정당이나 정치단체에 가입'할 수 있으나 '근무 시간 중'에만 정당이나 정치단체 활동을 할 수 없도록 했다. 공직 후보로 나설 때는 후보자 명부가 발표된 날부터 투표일까지 개인 휴가나 규정에 따른 휴가를 쓴다(윤효원, 2025: 92-93).

정치기본권은 기본권이기에 최대치로 보장하고, 제한하더라도 최소치로 접근해야 한다. 결국 주권자인 시민을 성숙하고 자율적인 주체로 보는가, 국가가 계도할 타율적 대상으로 보는가의 문제가 걸려 있다. 또한 다른 나라들은 같은 상황에서 어떤 판단을 하고 있는가도 중요하게 살필 점이다.

정치인들의 입장은…

가장 고무적인 발언

2024년에 제22대 국회의원 선거를 앞두고, 한국노총에서 총선 출마 예비후보와 주요 정당 당직자 500명을 대상으로 설문조사를 한 적이 있다. 설문 대상에는 여야 대표 등이 포함되어 있었다. 155명이 응답했는데, 그중 97%가 '교사·공무원 정치기본권 보장'에 찬성했다(매일노동뉴스, 2024.3.27.일자). 현재 국회에서도 개별적으로 보았을 때, 의원, 보좌진, 당직자들의 찬성하는 기류가 커진 게 사실이다.

최근에는 교사 정치기본권과 관련해서 가장 고무적인 발언이 나왔다. 그 발언은 2025년 6월 3일 당선된 이재명 대통령이 후보 시절 공약했던 것의 연장선상에 놓여 있다. 그 시기는 2022년 대통령 선거를 앞두고 있었던 시기로, 날짜로는 2021년 11월 22일과 26일이었다. 22일은 '더불어민주당 민생개혁 입법 추진 간담회'였고, 26일은 '한국노총과의 정책 간담회' 자리였다. 여기서 이재명 후보는 이렇게 말했다.

"교원과 공무원은 의사 표현의 자유가 없다. 교원과 공무원의 근무 시간 외 정치활동 보장에 대해 국회에서 처리를 검토해 달라. 이번 정기국회 중에 할 수 있는 부분을 찾아보겠다." (교육플러스, 2021.11.26.일자)

이후, 1년이 채 안 지난 2022년 7월 12일, 이재명 당대표는 이렇게 다시 발언했다. "당대표로서 지난 대선 과정에서 약속했던 교원의 정치기본권 법안을 패스트트랙에 태워서라도 처리하도록 노력하겠다." 상당히 구체적이고 의지가 실린 발언이었다. 국회에서 그리고 대선후보에게서 나온 가장 진전된 발언이었다.

대선후보들 그리고 대통령의 약속

대선 선거운동 시기가 되면 교원노조와 교원단체는 대선후보들에게 공식적인 정책 질의를 한다. 그 중에 '교사 정치기본권'은 늘 빠지지 않는 질의 주제였다. 실제 2012년과 2017년 대선에서는 진보와 보수, 여야를 가리지 않고 질문을 던졌고, 긍정적인 답변을 받았다. 특히, 2012년은 그 분기점이 된 해라고 평가받을 수 있다. 아래 그 답변을 보자.

[문재인 대선후보]
공무원과 교사의 정치적 중립성을 유지하는 것을 전제로 정치기본권을 보장하는 개선 방안을 마련하겠다.

[박근혜 대선후보]
대학 교원과 비교할 때 형평성의 문제가 있다. 향후 광범위한 의견을

수렴해 (선거운동 허용 등) 법률 개정 여부를 심각하게 검토하겠다.

(한국교원단체총연합회, 2012: 3)

실제 문재인 정부는 2020년 100대 국정과제를 발표하면서 공무원·교사의 정치참여를 보장하겠다는 계획을 아래와 같이 밝혔다. 하지만 2013년 박근혜 정부(140대 국정과제)나 2022년 윤석열 정부(120대 국정과제) 국정과제에서는 찾아볼 수 없었다.

문재인 정부 100대 국정과제

7. 국민주권적 개헌 및 국민참여 정치개혁

• 과제 목표
·촛불 민심 등 시대정신에 부합하는 개헌, 정치선거제도 개혁 등 추진

• 주요 내용
• (국민주권적 개헌 추진) 국회 개헌특위 논의 참여 및 지원
• (국민의 참정권 확대) 국민투표 확대, 국민발안제와 국회의원에 대한 국민소환제 도입 검토, 18세로 선거 연령 하향, 투표 시간 연장 등 추진
• (공직선거제도 개편) 국회의원 권역별 정당명부 비례대표제 도입, 대통령 결선투표제 도입, 장애인 노령자 투표편의 제공 강화
  - 공평한 선거, 돈 안 드는 선거 실현을 위한 제도 개선 추진
• (국민의 정치참여 확대) 정당 가입 연령 제한 폐지, 공무원·교사의 정치참여 보장, 정당·선관위 민주시민교육 확대, 풀뿌리 민주주의 확대
  - 정당의 정책 기능 강화를 위한 국회의 정당 지원 강화

(대한민국 정부, 2020: 19)

국정과제 제목은 '국민주권적 개헌 및 국민참여 정치개혁'이었고, 국무조정실이 담당했다. 그 상위 단계의 이름은 '전략 2. 소통으로 통합하는 광화문 대통령'이었고, 이것은 '목표 1. 국민이 주인인 정부'에 속해 있었다. 다시 말하면, 국정과제의 방향이 '국민주권'을 기반에 두고 '정부의 소통 관점'에서 제시된 것이다. 내용상으로는 '국민의 정치참여 확대' 입장에서 공무원과 교사를 적시해 '참여 보장' 개념을 사용했다.

시간이 흘러 2025년 6월 3일 대통령 선거가 끝난 후, 교사정치기본권연대와 545개 단체는 대통령직 인수위원회 격인 국정기획위원회에서 기자회견을 하였다. 교사 정치기본권을 국정과제로 채택하고 입법화를 촉구하는 기자회견이었다(교사정치기본권찾기연대, 2025.7.3.일자). 뒤의 「참고자료 2」에 기자회견문 전문을 실었다.

반대하는 정치인들

하지만 이런 기류와는 정반대의 기류도 있는 게 사실이다. 실제 국회 안의 '소통관'이라고 하는 기자회견장에 가끔 보수교육과 진보교육을 대표하는 정치인이나 교원단체들이 교사 정치기본권을 두고 설전하는 경우가 종종 있었다. 겉으로는 '사회적 합의'를 내걸지만, 논란이 커질 때면 교사 정치기본권 찬성을 보류하는 모습이 목격되는 일도 적지 않았다. 국회의원 중에는 아래처럼 발언하는 사람들도 있었다.

"교원이 특정 정당을 지지하거나 반대하기 위해 학생을 지도하거나 선동해서는 아니 된다."

"교원이 정치적·파당적·개인적 편견을 전파하는 행위도 금지하며, 그에 대한 처벌을 강화해야 한다."

"교원이 정치적 중립 의무를 위반할 시 학부모가 학생 전학을 신청할 수 있도록 한다." (울산종합일보, 2023.4.26일자)

발언의 논거를 살펴보면, 첫 번째 발언은 교원이 정당을 지지하거나 반대하면 '학생들에게 피해가 갈 것'으로 확정지어 하는 발언이다. 하지만 진짜 그런가? 다른 나라는 왜 이런 피해가 예상되는데 허용하고 보장하는지 설명이 되지 않는다. 교사 정치기본권을 보장한 다른 나라들은 지금 학생들에게 피해가 쌓여 가고 있을 텐데, 학부모나 사회가 그냥 놔두는 것인지 반문하지 않을 수 없다.

두 번째 발언은 교사 정치기본권 보장을 '편견을 전파하는 행위'로 보고 처벌하자는 발언이다. 하지만 이는 「헌법」에 보장된 표현의 자유를 정면으로 위반하는 일이다. 교원이 전문적인 역량을 갖추는 노력은 공교육에서는 정부가 해야 할 일 중의 하나이다. 편견을 전제로 처벌까지 하려고 한다면 독재국가가 연상되지 않을 수 없다. 그리고 어떤 것이 '편견'이고, 어떤 것이 '전파'인지를 정하는 일도 매우 자의적일 수밖에 없다. 2장의 해외 사례를 통해 자세히 살펴보겠지만, 교사 정치기본권으로 '처벌'하는 나라는 지구상에 거의 없다. 일본도 '제약' 수준으로 되어 있을 뿐 처벌하지는 않는다.

세 번째 발언은 교원의 정치기본권을 '학부모의 권한'과 엮어 학생 전학을 허용하자는 발언이다. 정치 중립성을 위반했다고 이것이 학생 전학하고 딱 맞아떨어지는 조치인지 알 길은 없다. 현행법으로 정치 중립성에 대한 의무 위반을 확인했다면, 그에 걸맞은 사법적·교육적 조치를 하면 그만이다. 하지만 학생의 전학 문제는 지역 이동 등 조건이 될 때,

언제든 학부모와 학생이 할 수 있는 일이다.

이런 움직임은 경험적인 측면에서 보았을 때, '대의 민주주의의 위기'를 그대로 보여 준다. "민주적 시민은 갈수록 자신의 제도로부터 소외당하고 있으며, 실제로 일종의 '민주적 불화'를 경험하고 있는 것이 사실이다(Landmore, 남상백, 2024: 83)." 왜 유독 교사 집단은 정치권력으로부터 제도적 소외를 받고 불화를 겪어야 하는가? 처음에는 '통제와 억압의 기제'가 작동했지만, 이후에는 진보와 보수 상관없이 '배제의 기제'가 작동했다고 보는 것이 마땅하다. 여기서 21세기의 새로운 민주주의를 다시 외치는 정치학자 랜드모어(Helene Landmore)의 '열린 민주주의의 원칙'을 빌어 교사 정치기본권에 대한 정치인들의 각성과 행동을 외치고자 한다.

<열린 민주주의의 원칙들>

원칙	열린 민주주의(21세기)
1. 포괄성	· 역동성 : 보편적이지만 또한 국경을 넘는 경우를 포함해 다른 이해당사자를 적어도 부분적으로 포괄함.
2. 평등성	· 법 앞에서의 평등 : 의제 설정 과정에 접근할 수 있는 동등한 기회, 동등한 투표권, 실질적 평등
3. 권리	· 참여권 : 정치적 권리를 넘어섬, 시민 발의, 추천권, 정치적 추첨에 참여할 수 있는 권리
4. 토론 과정	· 숙의
5. 결정 원칙	· 다수결 원리 : 다수결 원칙, 다수결 심판
6. 대표성	· 민주적 대표성 : 추첨형, 자기추천형

7. 참여	· 정지적·자발적 : 민회, 하향식 국민투표, 시민 발의, 추천
8. 책임성 메커니즘	· 투명성 : 재판, 교체, 시민 발의와 추천권 같은 참여권

(Landmore, 남상백, 2024: 273)

　이런 원칙을 '교사 정치기본권 보장'에 적용하면 거의 그대로 맞아떨어진다. 하지만 현재까지 교사의 정치활동은 많은 법률에 의해 과잉 금지되고 있는 것이 현실이다. 진보와 보수, 여야를 떠나 대선후보들이 제안한 것처럼 공감대가 넓어졌지만 여전히 반대하는 정치인도 있다. 열린 민주주의를 생각한다면 현재 입법권을 가진 정치인들의 적극적인 수용과 결단력 있는 행동을 기대해 보는 건 어려운 걸까? 오늘날 정치 상황의 특징이 전문 정치가로 분리되어 모든 것이 이루어지는 것처럼 보이지만, 정치를 책임지는 것은 결국 시민이다(김선욱, 2001: 98). 우리는 모두 시민이고, 정부와 정치인은 시민을 위해 존재한다.

· 참고 자료 2 ·

교사 정치기본권 보장 주요 국정과제 채택 및 입법화 촉구 기자회견문
(2025.7.3. 국정기획위원회)

학교 밖 교사에게도 정치적 자유를 보장하라!

2025년 현재, 대한민국의 교사는 여전히 정치적 기본권의 사각지대에 놓여 있습니다. 공무원이라는 이유로, 교단에 선 교사라는 이유로 「헌법」이 보장한 정치적 자유와 표현의 자유는 교실 밖에서도 억압당하고 있습니다. 그러나 우리는 묻고자 합니다. "교사라는 신분이 정치적 자유를 박탈할 근거가 될 수 있는가?" 교육은 가치의 전달이며 사회를 바라보는 눈을 길러 주는 행위입니다. 그 교육을 실천하는 교사에게 정당한 시민의 권리를 허락하지 않는다면, 그 교육은 과연 온전할 수 있습니까?

OECD 회원국 중 교사의 정치활동을 전면 금지하는 나라는 대한민국이 유일합니다. 독일, 캐나다, 일본, 뉴질랜드 등 대부분의 민주국가에서 교사들은 정당 가입과 정치활동의 자유를 누리고 있습니다. 오로지 우리나라 교사들만이 「헌법」이 보장하는 정치적 기본권을 박탈당한 채 살아가고 있습니다.

노동자의 정치적 권리는 노동기본권의 핵심입니다. 교사 역시 노동자로서 자신의 노동 조건과 교육 환경 개선을 위해 정치적 목소리를 낼 권리가 있습니다. 현행법은 교사들에게 정당 가입은 물론, 특정 정당이나 정치인을 지지하는 의사 표현조차 금지하고 있습니다. SNS에 정치적 의견을 게시하는 것만으로도 징계를 받을 수 있는 현실입니다. 이는 명백한 표현의 자유 침해이자, ILO 협약 위반입니다.

민주주의는 모든 시민의 정치참여로 완성됩니다. 그런데 50만 교사들이 정치적 권리를 박탈당한 채 민주주의를 가르치고 있다는 것은 그 자체로 모순입니다. 교사의 정치기본권 제한은 1960년대 군사정권과 뒤이은 유신체제의 유산입니다. 독재정권이 교사들의 비판적 목소리를 차단하기 위해 만든 악법이 아직도 우리 사회를 지배하고 있는 것입니다. 우리 시민사회는 교사들이 교실에서는 민주시민을 양성하는 교육자로서, 교실 밖에서는 주권을 가진 시민으로서 당당히 살아갈 수 있는 사회를 만들기 위해 함께할 것입니다.

우리는 묻습니다. 정치적 권리를 박탈당한 교사가 어떻게 학생들에게 민주주의를 가르칠 수 있습니까? 자신의 신념을 숨겨야 하는 교사가 어떻게 학생들에게 비판적 사고와 자유로운 표현을 가르칠 수 있겠습니까? 교사의 정치기본권 보장은 단순히 교사 개인의 권리문제가 아닙니다. 이는 우리 아이들이 받을 교육의 질과 직결되는 문제입니다. 민주시민교육은 민주시민인 교사로부터 시작됩니다. 그렇기에 우리 시민단체들은 교사들이 떳떳한 민주시민으로서 우리 아이들을 가르칠 수 있기를 바랍니다.

우리는 오늘, 교사의 정치기본권 보장을 요구하는 교육시민사회단체로서 한자리에 모였습니다. 교사는 아이들에게 당당한 뒷모습을 보여주기 위해서라도 더 이상 침묵하지 않을 것입니다. 교사에게도 정치적 자유가 있음을, 이는 시민으로서 당연한 권리임을 선언합니다.

존경하는 국민 여러분, 그리고 정부 관계자 여러분!
우리는 다음과 같이 요구합니다.

하나, 교사의 정치기본권 보장을 이번 국민주권정부의 국정과제로 채택하십시오.
하나, 교사의 정치기본권 보장을 위한 입법을 즉각 추진하십시오.
하나, 교원의 정치활동을 범죄시하고 탄압해 온 악법과 관행을 철폐하십시오.

정치는 특정 정당의 전유물이 아닙니다. 정치는 삶의 조건을 바꾸는 시민의 실천입니다. 학교 바깥에서조차 교사들의 입을 막는다면, 교육의 공공성은 더 이상 설 자리를 잃게 됩니다. 교사는 시민입니다. 교사의 시민권이 바로 서야, 학생의 시민성도 자라날 수 있습니다.

우리는 교사의 정치기본권 보장을 요구하는 연대의 목소리를 앞으로도 멈추지 않을 것입니다. 오늘 이 자리에 선 우리의 선언은 법제화로, 정책으로, 교단의 변화로 이어질 것입니다. 함께 외치고, 함께 바꾸어 냅시다.

2025년 7월 3일
545개 교육시민사회단체 일동

다양한 현장 속 질의응답 1

1. 정치기본권이란 정확히 무엇을 말하고, 지금 이 시점에 교사에게 왜 필요한가요?

정치기본권은 민주공화국에서 마치 '공기'와도 같습니다. 정치기본권 개념을 협의로 보면, 선거권과 피선거권과 공무원담임권이 있습니다. 광의로 보면, 표현의 자유를 포함해 정치와 관련된 제 권리들이 포함됩니다. 지금 시점은 서이초 사태 이후, 교육 현장의 노력과 이재명 대통령의 대선 공약, 여야 정치인의 약속 등이 맞물려 제도 변화의 적기로 보입니다. 필요한 시점이라는 게 따로 있지 않지만, 교사 정치기본권은 처음부터 잘못된 제도였기 때문에 법 개정은 빠르면 빠를수록 좋습니다. 「헌법」과 「교육기본법」 개정 시 '교육의 정치적 중립'에 대한 왜곡된 해석과 법률 위임에 대한 개정도 차제에 반드시 이뤄져야 합니다.

2. 교사 정치기본권 보장을 가로막고 있는 현실적인 제약 요인은 무엇이 가장 큰가요?

'제도'와 '관행' 두 가지입니다. 제도는 1963년 「국가공무원법」 전면 개정 이래 구축되어 온 교원과 공무원의 정치기본권 박탈 체제이고, 관행은 이로 인해 63년 동안 만들어진 우리의 인식과 문화입니다. 이 양자는 오랫동안 고착되어 왔습니다. 그래서 교육 현장도 당연한 것으로 받아들여 왔습니다. 이를 현실적으로 타개하려면 대통령제하에서 대통령의 결단, 교육부장관의 추진, 국회에서 법률 통과라는 과정을 거쳐야 합니다. 다행히도 대통령 선거에서 공약으로 제시되었고, 국회는 법률안을 발의해 둔 상태입니다.

3. 교사가 정치기본권을 갖게 되면 정당 가입이나 후원, 정치 현안에 대한 발언도 가능해지나요? 보장의 범위는 어디까지 허용되어야 할까요?

현재 교원과 공무원을 제외하고는 16세 이상이라면 정당 가입에 제한이 없습니다. 교사들이 정당에 가입할 수 있다면, 정치인 후원은 당연히 가능해질 것으로 봅니다. 참고로 다음 표는 후원회 종류와 한도입니다.

정치 현안에 대한 발언은 '표현의 자유' 영역인데, 「헌법」 제21조에 따라 언론·출판·집회·결사의 자유가 보장됩니다. 다만 '교원과 공무원의 정치적 중립 의무'가 어디까지 해제될지가 관건입니다. 현재는 '특정 정당이나 정치인을 지지하거나 반대하는 행위'를 할 수 없는데, 사적인 영역까지 광범위하게 금지하고 있다는 지적을 받고 있고, 2019년 국가인권위원회에서도 이를 보장하도록 권고했습니다. 보장의 범위는 독일과 프랑스처럼 휴직 후 출마, 활동 후 복직, 정당 가입과 활동, 일상 시기와 선거기간까지 표현의 자유가 최대 범위로 허용되어야겠지만, 일단 정치기본권의 첫발을 내디딜 수 있도록 하는 게 가장 중요하다고 봅니다.

후원회 종류	연간 기부 한도
대통령선거 후보자(예비후보자)후원회 대통령선거 경선후보자후원회	각 1천만원 이하
중앙당후원회	500만원 이하
국회의원후원회	
국회의원선거 후보자(예비후보자)후원회	
중앙당 대표자 및 중앙당 최고 집행기관(그 조직 형태와 관계없이 당헌으로 정하는 중앙당 최고 집행기관을 말함)의 구성원을 선출하기 위한 당내 경선후보자	
지방자치단체장선거 후보자(예비후보자)후원회	
교육감후보자후원회	
시·도의회의원후원회	200만원 이하
지역구시·도의회의원선거 후보자(예비후보자)후원회	
자치구·시·군의회의원후원회	100만원 이하
지역구자치구·시·군의회의원선거 후보자(예비후보자)후원회	

(중앙선거관리위원회 정치후원금센터)

4. 교육의 정치적 중립성과 교사의 정치기본권 사이에는 긴장이 있지 않나요?

긴장이 매우 큽니다. 교사 정치기본권을 보장받기 위해서는 이 둘 간의 관계를 잘 정리해 나갈 필요가 있습니다. '교육의 정치적 중립성'에 대해 「헌법」 제31조 제4항은 "교육의 정치적 중립성은 법률이 정하는 바에 따라 보장한다."고 되어 있습니다. 「교육기본법」 제6조는 "정치적·파당적 또는 개인적 편견을 전파하기 위한 방편으로 이용되어서는 아니 된다."고 되어 있습니다. 이 두 가지에 대한 해석과 판단을 해야 하고, 변화를 위한 노력도 필요합니다. 현재 교사 정치기본권 보장 노력은 '학교 밖', '근무 시간 외'로 강조하고 있어 그 긴장과 충돌은 최소화될 수 있습니다.

5. 교사의 정치기본권 회복으로 오히려 교단의 혼란을 가져오지 않을까요?

교단의 혼란을 최소화해야 하지만, 그 혼란이 어떤 성질인지 논의해 보아야 합니다. 반대로 그동안 잘못 구축된 제도화와 오랜 관행을 지적하고 어떻게 변화시켜야 할지도 동시에 검토되는 게 우선이라고 봅니다. 교단의 혼란에는 '교육의 이념화', '교사의 정치 편향성', '학생 피해', '학생 차별', '학생 편가르기' 등이 거론되고 있습니다. 이런 부분들은 오해도 있기에 해소해야 할 부분도 있습니다. 국회법 개정 추진 과정에서 폭넓은 논의도 필요합니다. 학교급별 교육 프로그램이나 피해 최소화를 위한 제도적 장치에 대한 논의도 필요합니다. 반대로, 선진국처럼 교사 정치기본권 보장으로 더욱 건강한 교육활동과 학교문화가 만들어지도록 교사는 물론 정부와 사회 모두가 나서서 노력해야 할 것입니다.

6. 교사 정치기본권과 공무원 정치기본권은 다른가요? 다르다면 차이가 뭔가요?

교사와 공무원의 정치기본권 보장을 위한 대체적인 방향과 내용은 비슷합니다. 법률로도 「정당법」, 「정치자금법」, 「공직선거법」, 「국가공무원법」이 공통적인 개정 요구 법률입니다. 하지만 교사 정치기본권은 「교육공무원법」, 「사립학교법」, 「지방교육자치법」까지 나아가야 합니다. 인원수, 직무 역할, 사회적 관점 등에서는 분명 차이가 있습니다. 인원수를 보면 교사가 51만 명, 공무원은 교사 포함 117만 명입니다. 117만 명에는 사립학교 교원 24만 명은 포함되어 있지 않습니다. 교사 직무와 달리 공무원은 '국가직'과 '지방직'은 물론 경력직으로 '일반직(기술, 연구, 행정 등)'과 '특정직(법관, 검사, 경찰, 소방, 교육 등)', 특수경력직으로 '정무직(고위공무원)'과 '별정직(보좌진 등)'으로 나뉘어져 있습니다. 세부적으로 보면 훨씬 더 복잡합니다. 이미 정치기본권을 보장받는 별정직 공무원도 있습니다. 판·검사와 교사를 대비하거나 소방과 교사를 대비하는 것도 공통점과 차이점이 있을 것입니다. 직무 역할이 다르기도 하지만, 사회적 관점도 많이 다르다고 봐야 합니다. 교사가 학생을 상대로 하고, 교육적 영향력과 교육의 사회적 가치라는 관계 속에서 먼저 개정해야 하는 이유가 여기에 있습니다.

7. 교사 정치기본권을 반대하는 집단과 그 이유가 있을까요? 반대하는 분들은 어떻게 설득해야 할까요?

교사 정치기본권을 반대하는 집단을 열거하면 이렇습니다. 학부모 일부, 정치인 일부, 교사 일부, 전문가 일부가 그것입니다. 최근 보수 학부모 단체와 보수 정치인들이 반대 성명과 의견을 냈지만, 언론에 크게 부각되진 않았습니다. 교원단체와 교사노조에서는 보수와 진보 상관없이 반대를 찾아보긴 어렵습니다만, 교사 중 일부가 무관심하거나 소극적으로 보일 수 있습니다. 하지만 결집력이 크다고 보긴 어렵습니다.

설득의 방향은 네 가지 측면이 있을 수 있습니다. '세계적 추세 강조', '여론의 변화', '학생 정치기본권과의 비교', '다른 분야는 선진국, 교사 정치기본권만큼은 최후진국' 논리가 그것입니다. 그중에서 'OECD 꼴찌! 평균이라도 가자!'가 가장 강력한 설득 논리입니다. 실제 OECD, UNESCO, ILO, EI 등 세계적인 국제기구들의 논의 수준으로 보았을 때 우리나라 수준은 바닥이고, 이 기구들이 대한민국의 교사 정치기본권 보장을 강력하게 촉구하는 상황입니다. 책에서 다룬 핀란드, 덴마크, 독일, 프랑스, 미국을 언급하는 것도 설득력 있는 방법입니다. '일본이나 대만도 정당 가입한다. 정치인 후원도 한다.'는 사실을 알리는 방법도 좋다고 생각합니다. 실제 우리나라는 세계 최하위인 인도, 인도네시아, 필리핀 수준입니다.

학부모를 포함한 여론 또한 과거와는 많이 달라졌습니다. 학부모의 인식도 몇 차례 설문을 살펴보면 예전과 다르고, 실제 다수 학부모단체에서도 지지 의사를 밝힌 상태입니다. 또한 학생들 입장에서 보면, 16세 정당 가입, 18세 선거권은 확보되었고, 교육감 선거연령 16세 하향 논의도 되고 있어서 교사 정치기본권 보장에 힘을 싣고 있습니다. 경제나 사회 분야에서 세계 선진국 수준에 다다른 대한민국에서 교사 정치기본권이 너무 뒤처진 점을 인식시키는 일이 무엇보다 중요하다고 봅니다.

8. 교사에게 정치적 중립을 요구한 이유는 뭘까요? 교육 현장에서 실제로 어떻게 오해되거나 왜곡되고 있나요?

정치적 중립이 구축된 역사를 보면, '교사를 보호하는 측면'과 '교사를 억압하는 측면'이 있습니다. 전자는 정치권력으로부터 교사의 교육활동을 '보호'하기 위한 것이고, 후자는 교사가 마음대로 정치적 성향과 행동을 하지 못하도록 '통제'하기 위한 것입니다. 전자는 국민 전체에 대한 봉사자로서 공정하게 직무를 수행하게 만들기 위해 특정 정치 세력에게 좌우되는 것을 방지하려고 했던 의도였습니다. 반면에 후자는 권력을 잡은 집권 세력에 의해 교사를 통제하려고 하는 수단으로 정치적 중립을 활용해 왔던 것입니다. 이것이 독재 권력이나 권위주의 정부 체제에서 큰 문제가 되어 왔는데, 이를 방치해 온 정치권의 시간이 길어지면서 현재와 같은 문제들이 누적되었고, 지금에서야 그 문제들이 부각되었습니다. 교사 정치기본권 논의에서 정치적 중립은 두 가지 측면 가운데 후자의 측면이 교육 현장에서 교사들을 어렵게 만들어 왔던 것입니다.

9. 헌법재판소는 정치기본권 보장에 대해 어떻게 판단하고, 이에 어떤 반론을 펼칠 수 있나요?

헌법재판소의 판결은 최고 규범력을 가지고 있기에 마땅히 존중해야 합니다. 그런데 같은 판결이라도 변화가 있고, 국민의 인식 전환과 시대 변화에 따라 달라지기도 합니다.

2004년 헌법재판소는 정치기본권에 대해 "국민이 정치적 의사를 자유롭게 표현하고, 국가의 정치적 의사 형성에 참여하는 정치적 활동을 총칭한다."고 했습니다. 2014년에는 정치적 중립성에 대해 "엽관제를 지양하고, 정권 교체에 따른 국가작용의 중단과 혼란을 예방하며, 일관성 있는 공무수행의 독자성과 영속성을 유지하기 위하여 공직 구조에 관한 제도적 보장으로서의 직업공무원제도를 마련해야 한다."고 했고, 교원에 대한 모든 정치 활동을 전면 금지한 현행 「정당법」에 대해서 9명의 재판관 중 4명이 위헌 의견도 냈습니다. 2020년에는 "정당 가입 제한은 합헌이나 그 밖의 정치단체의 결성과 가입 금지에 대해 명확성 원칙은 위헌"이라는 판결을 내렸습니다.

이제는 「헌법」 조항 안에서도 국민의 정치기본권을 보장하는 조항과 교육의 정치적 중립성 조항도 상호 견주어 토론해 볼 필요가 있습니다. 「헌법」상에서 공무원과 교원의 정치기본권 부분만 법률로 위임한 부분에 대해서도 수정되어야 할 필요성도 있습니다. 이런 과정은 국민이 고민하고 결정하는 영역이고, 시대 흐름에 걸맞은 토론도 반드시 필요합니다.

10. 이유가 분명한데, 정치인들은 왜 교사 정치기본권에 대해 분명하게 정리를 못 할까요?

그동안 정치인들의 성향을 살펴보면 그 이유를 알 수 있습니다. 집권 여당이 되면 교원과 공무원이 자신들의 국정과제를 잘 이행하기를 바라고, 집단적으로 반대하는 상황이 벌어질 때면 강력한 통치의 수단으로 이를 활용했습니다. 그래서 징계와 처벌을 받은 교사들이 생겼던 것입니다. 반대로 야당 정치인들의 입장에서는 교사 정치기본권 문제가 우선순위에 없습니다. 여당과 싸우거나 정치 현안을 챙기기에도 급하다고 보니 그랬던 것으로 보입니다.

전반적으로도 정치인들의 교육계를 바라보는 시선도 문제입니다. 교육은 어렵고, 갈등도 많고, 복잡한 이해관계를 풀기 어려운 영역으로 바라봅니다. 교사에 대해서는 정년이 보장되고, 방학도 있는 여유로운 직업군으로 보는 정치인들이 광범위하게 존재합니다. 하지만 그동안 교원단체와 교원노조의 끊임없는 노력과 노동단체나 학부모단체들과의 연대 등이 지금과 같은 상황까지 오게 한 동력이 되었습니다. 그리고 교육 현장을 이해하는 정치인이 조금씩 생겨난 것도 한몫했습니다. 여기에 2023년 서이초 사태가 큰 계기가 되었다고 볼 수 있습니다.

2장

'숲'을 보면

숲에서 자연스럽게 일어나는 것은
놀라움으로 가득 차 있습니다.
_무어(John Muir)

세계적인 시선으로 선관위 답변을 보면

숲으로 나아가기 전, 2024년 교사노조연맹에서 중앙선거관리위원회에 교사 정치기본권 관련해 자세하게 질의를 했다. 선관위 답변을 세계적 시선에서 살펴보자.

SNS 활동 제한 관련

질의

- 교사가 선거기간이 아닌 때에 정치인의 SNS에서 '친구 추가, 팔로우, 좋아요 등의 감정 표시, 댓글 작성, 게시물 공유, 게시물 스크랩' 등의 표현행위가 가능한가?
- 교사가 선거기간이 아닌 때에 유튜브, 틱톡, 페이스북, 인스타그램, X(트위터), Threads, 네이버블로그, 다음카페, 네이버카페, 네이버밴드, 교사 커뮤니티(인디스쿨 등) 등 기타 인터넷 기반의 커뮤니티에 게시된 정치 관련 게시물에 '댓글 작성, 좋아요 등의 감정 표시' 등의 표현행위가 가능한가?

- 외국에서 운영하는 외국인 대상의 커뮤니티에 게시된 한국의 정치 관련 게시물에 대해 표현행위가 가능한가?
- 교사가 선거기간이 아닌 때에 인터넷 언론사에서 보도한 정치 관련 기사에 '댓글 작성, 좋아요 등의 감정 표시'의 행위가 가능한가?
- 교사가 선거기간이 아닌 때에 정치인의 SNS 게시물 또는 정치인이 아닌 사람의 정치 관련 SNS 게시물 또는 언론사에서 보도한 정치 관련 기사를 공개된 개인 SNS 또는 비공개 개인 SNS 또는 익명으로 개설한 개인 SNS에 내용을 인용하거나 게시할 수 있는가?
- 교사 개인이 직접적 혹은 간접적으로 해당 정치적 사안에 연루된 경우에도 아무런 언급을 할 수 없는 것인가?
- 교사가 선거기간이 아닌 때에 정치인의 SNS 게시물 또는 정치인이 아닌 사람의 정치 관련 SNS 게시물 또는 언론사에서 보도한 정치 관련 기사를 카카오톡, 텔레그램, 문자메시지 등으로 다른 사람에게 개별적으로 공유할 수 있는가?
- 익명의 카카오톡 오픈채팅방에 공유하는 것은 가능한가?
- 동거하는 가족 단톡방 또는 가족 구성원 1인에게 공유하는 것은 가능한가?
- 4촌 또는 8촌 이내의 가족 단톡방에 공유하는 것은 가능한가?

선관위 답변

- 「공직선거법」 제9조에 따라 공무원 기타 정치적 중립을 지켜야 하는 자는 선거에 대한 부당한 영향력의 행사, 기타 선거 결과에 영향을 미치는 행위를 하여서는 아니 되고, 법 제60조에 따라 국가공무원 또는 정당의 당원이 될 수 없는 사립학교 교원은 선거운동을 할 수 없으며, 법 제85조 또는 제86조에 따라 선거에 영향을 미치는 행위 또

는 지위를 이용한 선거운동 등을 할 수 없음.

- 또한, 법 제58조 제1항은 '선거운동'에 대해 '당선되거나 되게 하거나 되지 못하게 하기 위한 행위'라고 정의하면서 같은 항 제1호에서 '선거에 관한 단순한 의견 개진 및 의사표시는 선거운동에 해당하지 않는다'고 규정. 판례는 '선거운동'에 대해 특정 선거에서 특정 후보자의 당선 또는 낙선을 도모한다는 목적 의사가 객관적으로 인정될 수 있는 행위를 말하며, 이에 해당하는지는 행위를 하는 주체 내부의 의사가 아니라 외부에 표시된 행위를 대상으로 객관적으로 판단하여야 하고, 그러한 목적 의사를 가지고 하는 행위인지는 단순히 행위의 명목뿐만 아니라 행위의 태양, 즉 행위가 행하여지는 시기·장소·방법 등을 종합적으로 관찰하여 판단하여야 한다고 설시하고 있음 (대법원 2016. 8. 26. 선고 2015도11812 판결).

- 또한 '선거에 영향을 미치는 행위'에 대해서는 「공직선거법」이 적용되는 선거에 있어 선거 과정 및 선거 결과에 변화를 주거나 그러한 영향을 미칠 우려가 있는 일체의 행동으로 해석할 수 있고, 구체적인 사건에서 그 행위가 이루어진 시기, 동기, 방법 등 제반 사정을 종합하여 그 내용을 판단할 수 있다'라고 판시한 바 있음(헌법재판소 2016. 7. 28. 2015헌바6 결정).

- 이에 따라 「국가공무원법」 등 다른 법률에의 위반 여부는 별론으로 하고, 교사가 선거와 무관하게 정치 관련 SNS 게시글이나 언론 기사를 공유하는 것만으로는 법상 제한된다고 보기 어려움. 다만, 교사가 선거에 관한 단순한 의견 개진 및 의사표시를 넘어 선거운동 또는 선거에 영향을 미치는 내용의 글을 작성하여 문자메시지, 공개된 본인 또는 타인의 SNS(외국에서 운영하는 외국인 대상 SNS도 포함)에 전송·게시하거나 단기간에 팔로우 또는 친구 등을 급격하게 추가하여 선거 관

련 타인의 게시글 또는 기사에 '좋아요' 또는 '공유하기' 등의 행위를 하는 것은 행위 양태에 따라 법 제9조, 제60조, 제85조, 제86조에 위반될 수 있을 것임. 한편, 교사가 선거운동 또는 선거에 영향을 미치는 내용의 글을 SNS를 통해 가족·친척과 공유하는 경우라도 법상 그 위법성을 조각하는 별도의 규정은 없음.

질의
- 교사 개인이 연루된 정치적 사안과 관련하여 정신적 피해로 인해 의견을 표현해야 하는 상황에서 교사가 취할 수 있는 법적 보호조치나 절차가 있는가?

선관위 답변
- 교사 개인이 연루된 정치적 사안과 관련하여 정신적 피해로 인해 의견을 표현해야 하는 상황에서 교사가 취할 수 있는 법적 보호조치나 절차에 대한 법상 별도 규정은 없음.

질의
- 교육 관련 연구를 위해 실명 또는 익명으로 운영되는 오픈 채팅방, 단톡방 등에서 교육 관련 정치 현안에 대해서 언급하거나 기사를 공유하는 것은 가능한가?
- 다른 사람이 공유한 자료에 대해 의견을 제시하거나 감정 표시(카카오톡 공감 표시, 좋아요 등)가 가능한가?

선관위 답변
- 「국가공무원법」 등 다른 법률에의 위반 여부는 별론으로 하고, 교사

가 선거와 무관하게 직무상 행위로 교육 관련 연구를 위해 운영되는 SNS상에서 교육 관련 정치 현안에 대해서 토론하거나 '좋아요' 등의 감정 표시를 하는 것만으로는 법상 제한된다고 보기 어려울 것이나, 그 행위가 선거운동이나 선거에 영향을 미치는 행위에 이르러서는 아니 될 것임.

질의
- 이를 위반한 경우 처벌 수위는?

선관위 답변
- 법 제60조, 제85조, 제86조에 위반 시 처벌 조항은 붙임 법조문을 참고하시기 바람.

구두 의사 표시 관련

질의
- 교사가 선거기간이 아닌 때에 학교 또는 학교 밖에서 정치 관련 발언을 교사끼리 주고받는 것이 가능한가?
- 교육 관련 정치 현안에 대해 교사 또는 학생에게 직접적인 영향을 미치는 중요한 안에 대해 교사끼리 의견을 주고받는 것은 가능한가?
- 교사끼리 정치 관련 의견을 주고받던 중 누군가가 이 내용을 녹취하여 신고하는 경우 수사가 진행되는가?
- 교사가 선거기간이 아닌 때에 동거하는 가족 혹은 4촌 또는 8촌 이내의 가족에게 정치 관련 발언 또는 의사표시가 가능한가?

- 식당 등 외부에서 동거하는 가족과 함께 식사하는 중에 정치 관련 발언을 한 것에 대해 공무원이나 교원이라는 사실을 알게 된 식당의 점원 또는 손님이 고발하는 경우 처벌될 수 있는가?
- 설, 추석 명절 등 많은 가족이 모였을 때 지역 분위기, 가족 분위기 등으로 불가피하게 정치적 의사를 표시하게 된 경우에도 처벌될 수 있는가?
- 교사가 선거기간이 아닌 때에 정치적 사건에 직접적 혹은 간접적으로 연루된 경우, 그 사안에 대한 의사표시를 어떻게 할 수 있는가?
- 교사가 교육 관련 정치 현안에 대해 교사 단체 또는 학교 내에서 정치 관련 의사표시를 할 수 있는 방법이 존재하는가?

선관위 답변

- 「국가공무원법」 등 다른 법률 위반 여부는 별론으로 하고, 교사가 선거와 무관하게 정치적인 현안에 대한 의사표시를 하는 것을 제한하는 법상 관련 규정은 없음. 다만, 정치 관련 발언 또는 의사표시가 선거에 관한 단순한 의견 개진 및 의사표시를 넘어 다른 교사 등을 대상으로 한 선거운동이나 선거에 영향을 미치는 행위에 이르는 경우에는 행위 양태에 따라 법 제9조, 제60조, 제85조, 제86조에 위반될 수 있음.
- 한편, 교사가 가족·친척을 대상으로 구두로 선거운동 또는 선거에 영향을 미치는 행위를 하는 경우라도 법상 그 위법성을 조각하는 별도의 규정은 없음. 또한 사직당국의 수사 여부는 별론으로 하고, 우리 위원회에 법 위반 사항이 신고 제보되어 그 범죄의 혐의가 있다고 인정되는 경우에는 법 제272조의2에 따라 조사가 실시될 수 있음.

질의

- 교사가 선거기간이 아닌 때에 외국인을 대상으로 하는 정치적 의사표현도 문제가 될 수 있는가?
- 외국에서 한국인에게 하는 경우에는 가능한가?
- 외국에서 외국인에게 하는 경우에는 가능한가?

선관위 답변

- 해당 행위가 선거운동 또는 선거에 영향을 미치는 행위에 이르는 경우에는 행위 양태에 따라 법 제9조, 제60조, 제85조, 제86조에 위반될 수 있음.

질의

- 교사가 선거기간이 아닌 때에 정치적 의견을 담지 않은 채 정치 관련 서적을 읽고, 이를 다른 교사나 개인에게 추천하는 것이 가능한가?
- 교사가 선거기간이 아닌 때에 정치인과 관련 없는 사회적 이슈(예: 환경보호, 인권 문제)와 관련된 캠페인에 참여하거나 이를 홍보하는 것이 가능한가?

선관위 답변

- 「국가공무원법」 등 다른 법률 위반 여부는 별론으로 하고, 교사가 선거와 무관하게 정치 관련 서적을 타인에게 추천하거나 사회적 이슈에 대해 홍보 활동을 하는 것만으로는 법에 위반된다고 보기 어려움.

후원금 계좌 등 안내 관련

질의
- 교사가 선거기간 또는 선거기간이 아닌 때에 정치인의 후원 계좌를 SNS에 게시할 수 있는가?
- 교사가 선거기간 또는 선거기간이 아닌 때에 정치인의 후원 계좌를 가족, 친척, 지인에게 전달해도 되는가?

선관위 답변
- 선거운동을 할 수 없는 교사가 SNS 또는 구두로 특정 정치인 후원회의 예금주 및 계좌번호를 타인(가족·친척 포함)에게 고지함으로써 후원금 기부를 권유하거나 후보자가 되려는 사람을 선전하는 경우 행위 시기 및 양태에 따라 법 제9조, 제60조, 제85조, 「정치자금법」 제15조에 위반될 수 있음.

(중앙선거관리위원회, 2024)

세계적 흐름, 국제기구들의 입장

세계 속 우리나라

교사 정치기본권을 제대로 보기 위해서는 '민주주의의 탈영토화'가 필요하다(Landmore, 남상백, 2024: 423). 민주주의의 탈영토화는 쉽게 말해 상상을 현실화시키는 일이다. 우리의 성찰을 수평적으로 확대하는 일이기도 하다.

이미 대한민국 정부기관인 '중앙선거관리위원회 선거연수원'은 2019년에 각국의 선거제도 비교연구라는 방대한 자료를 냈다. 여기에 '정당 가입'과 '정치자금 기부'만 추려서 서로 비교해 보더라도 우리나라 교사의 정치기본권 위상이 확연히 드러난다. 표를 통해 알 수 있듯이, 대한민국만 정당 가입 ×, 정치자금 기부 ×이다. 일본보다 더 열악한 상태이다.

<정당 가입과 정치자금 기부 관련 국제 현황>

구분	영국	미국	프랑스	독일	스페인	스웨덴	스위스	캐나다	호주	일본	대한민국
정당 가입	○	○	○	○	○	○	○	○	○	○	×
정치자금 기부	○	○	○	○	○	○	○	○	×	×	×

(중앙선거관리위원회 선거연수원, 2019: 497-505 재구성)

OECD 꼴찌, 대한민국

1961년에 설립된 OECD(Organization for Economic Cooperation and Development, 경제협력개발기구)는 '선진국 클럽'으로도 잘 알려져 있다. 현재 38개국이 가입되어 있는데, 어떤 국가들이 가입했는지 보자.

오스트리아, 벨기에, 캐나다, 덴마크, 프랑스, 독일, 그리스, 아이슬란드, 아일랜드, 이탈리아, 룩셈부르크, 네덜란드, 노르웨이, 포르투갈, 스페인, 스웨덴, 스위스, 터키, 영국, 미국, 일본, 핀란드, 호주, 뉴질랜드, 멕시코, 체코, 헝가리, 폴란드, 대한민국(1996), 슬로바키아(2000), 칠레(2010), 슬로베니아(2010), 에스토니아(2010), 이스라엘(2010), 라트비아(2016), 리투아니아(2018), 콜롬비아(2020), 코스타리카(2021)

(OECD, https://www.oecd.org/conturies & regions)

우리나라는 1996년에 29번째로 가입했다. 1996년 우리나라 가입 이후에 들어온 국가도 많다. 특정 국가를 언급할 수는 없지만, 실제로 우리보다 경제적 여건이 못하다고 말할 만한 국가도 적지 않다. 물론 경제적으로만 판단할 수는 없다. 2025년 3월 기준, 우리나라 경제 규모는 세계 13위이다. 하지만 교사 정치기본권만큼은 OECD 꼴찌다.

'자유·평등·안전'을 목표로 하는 ILO

세계적인 국제기구들은 교사 정치기본권에 대해 어떻게 볼까? 결론부터 말하면, '당연히 보장되어야 할 기본적인 권리'라고 말한다. 국제기구들은 오랫동안 이에 대해 지속적으로 답해 왔다.

먼저 ILO(International Labour Organization, 국제노동기구)는 1919년 제1차 세계대전 이후, 노동문제가 가장 큰 정치 쟁점으로 떠올랐을 때 설립된 국제기구이다. 노동문제를 다루는 유엔의 전문기구가 되면서 다방면으로 활동했고, 1969년에는 국제노동기구 자체가 노벨평화상을 수상할 만큼 국제적인 명성을 획득했다.

우리나라는 1991년 152번째 국가로 정식 가입했다. 다시 말해, 회원국으로서 책임과 의무를 갖게 되었다는 말이다. 전체 187개 국가가 참여하고 있고, 회원 국가와의 협약으로 약속 이행을 하도록 하고 있다. 이런 이행은 국격과 국가 신임도 제고에도 기여하고 있다는 평가를 받고 있다. ILO의 목표는 '자유롭고 평등하고 안전하게 인간의 존엄성을 유지할 수 있는 노동을 보장'하는 것인데, 이를 위해 핵심협약, 우선협약, 기술협약을 맺는다.

ILO는 교사 정치기본권과 관련해 가장 최근인 2019년에 중대 발표를 했다. 대한민국의 법률이 공무원·교원의 정치활동을 금지는 '111호 협약 위반'이라고 밝힌 것이다. 그 내용은 아래와 같다.

"교사들의 학교 밖, 수업 외, 방과후 정치활동을 금지해서는 안 되며, 이를 이유로 징계해서도 안 된다. 공무원에 대한 포괄적 정치활동 금지는 협약 위반이며, 정치적 견해 표현이 해당 직업의 본질적 요건으로 정당화되는 직무에 국한해서, 그 요건만큼만 제한적으로 이루어져야 한다." (ILO, 2019: 405-406)

이에 대한 근거는 우리나라 정부와 ILO가 1998년에 비준 협약한 제111호에 있다. 제111호 협약은 1958년에 만들어진 조항으로 주요 내용은 아래와 같다.

ILO 제111호 차별(고용과 직업) 협약(1958년)

효력 발생: 1960년 6월 15일(169개국 비준)

이 협약은 고용과 직업에 있어서 모든 형태의 차별을 철폐할 목적으로 국가정책을 결정·추진함으로써 기회와 대우의 평등을 촉진하고자 하는 근본 목표를 협약 비준국에게 부여함.

차별이란 인종·피부색·성별·종교·정치적 견해·출신국·사회적 출신성분에 의거하여 행하여지는 모든 차별, 배제, 또는 우대로서, 고용과 직업에 있어서의 기회 또는 대우 균등을 저해하는 효과가 있는 행위를 의미함.

> 협약 비준국은 협약의 기본정책에 위반되는 법 조항을 철폐하고 행정 조치 및 관행을 수정하여야 하며, 사용자 단체 및 근로자 단체와의 협력 이행에 도움이 되는 법안을 재정하고 교육 프로그램을 추진하여야 함.
>
> (ILO, 1958: 1-2)

참고로 ILO는 5개 분야에서 2개씩 총 10개의 협약을 기본협약으로 정하고 있다. 5개 분야는 '강제노동', '결사의 자유', '차별금지', '아동노동', '안전하고 건강한 노동환경'이고, 제111호 협약은 '차별금지'에 포함된다.

2018년, ILO 선임자문관이었던 메이어(Tim De Meyer)는 우리나라에서 ILO 헌장에 명시된 세 가지 기준을 제시했다(노사발전재단, 2018: 5). 그것은 '결사의 자유와 단체교섭권', '모든 형태의 강제근로 철폐', '고용과 직업상의 차별금지'이다. 그는 여기서 '고용과 직업상의 차별금지'에서 교사 정치기본권이 왜 중요한지 강조했다.

UNESCO, 교육에서 차별을 금지하라

또 하나의 주요 국제기구가 유엔교육과학문화기구, 즉 UNESCO (United Nations Educational, Scientific and Cultural Organization)이다. 여기에도 교사 정치기본권 관련 내용이 있다. 1945년에 창설된 UN 산하 전문기구로서 우리나라는 1950년 6월 14일에 가입한 55번째 회원국이다. 우리에게 UNESCO는 '제주' 세계자연유산이나 '종묘' 세계문화유산 같은 것으로 익숙한 국제기구이다.

이 UNESCO가 ILO와 함께 1966년에 「교사의 지위에 관한 권고(Recommendation concerning the Status of Teachers 1966)」라는 보고서를 발간했다. 이 보고서는 프랑스 파리에서 열린 UNESCO의 정부 간 특별회의에서 채택되었는데, 공식 권고로 추진되어 민간부문과 공공부문의 유치원·초등학교·중등학교·고등학교에서 일하는 교사 모두에게 적용되었다. 그 가운데 핵심적인 기본원칙을 살펴보자(UNESCO·ILO, 1966: 22, 35).

교사의 지위에 관한 권고

III. 기본원칙

7. 교원의 양성과 고용의 모든 면에 있어서 인종, 피부색, 성별, 종교, 정치적 견해, 국적 또는 사회적 신분 및 경제적 조건 등에 의한 어떠한 차별도 있어서는 안 된다.

VIII. 교원의 권리와 책임

79. 사회생활과 공공생활에 대한 교원의 참여는 교원 개인의 발전, 교육활동 및 사회 전반을 위하여 권장되어야 한다.

80. 교원은 시민이 일반적으로 가지는 공민으로서의 모든 권리를 자유롭게 행사할 수 있어야 하며, 또한 공직에 취임할 수 있는 권리를 가져야 한다.

이 보고서를 눈여겨봐야 하는 이유는 다음과 같다.

첫째, 취학 전부터 대학까지 '교육자의 권리와 책임에 관한 원칙'을 정한 국제 기준이라는 점이다. 교사를 포함한 교육자 전체는 물론 정부, 사용자, 교사 노조, 기타 이해관계자에게 국제 기준의 교원 정책을 만드는 데 지침이 된다.

둘째, 교사의 권리와 책임에 더해 '채용··고용··근무 조건에 대한 기준'도 정해 놓았다. 이 지점에 교사의 정치기본권을 둘러싼 여러 조건이 연결되어 해석·활용될 수 있다.

셋째, 교육 당국과의 협의와 교섭을 통해 '교육정책 결정에 교사가 다양한 형태로 참여'하는 것을 권고하고 있다. 중요한 점은 UNESCO와 ILO 회원국은 이 권고를 자국의 법 제도에 적용할 의무를 가진다는 점이다.

위에서 살펴본 ILO나 UNESCO는 물론 OECD에서도 회원국 중 대부분이 교사의 정당 가입을 허용하는 등 정치활동을 폭넓게 허용하고 있다. 우리나라는 ILO(1991), UNESCO(1950), OECD(1996)에 모두 가입하고 있어서 가히 선진국이라 말할 수 있다. 교사 정치기본권 보장도 이미 갖추어져 있어야 마땅하다.

EI, '2024 결의문' 만장일치 채택의 의미

2024년 제10차 세계총회

2024년 아르헨티나 부에노스아이레스에서 EI(Education International, 국제교육연맹)의 제10차 세계총회가 있었다. 여기서 대한민국 '교사 정치기본권'과 관련된 중요한 결의문이 회원국 만장일치로 채택되었다. 무슨 일이 있었을까?

EI는 전 세계 교사와 교육 종사자를 위한 국제적인 단체로, 180개국이 함께하고 있는 명실상부한 '세계 최고의 교육 국제기구'이다. EI의 목표는 전 세계 교육 시스템이 투명하고 책임을 질 수 있도록 돕는 것을 목표로 하면서 '교육종사자들의 권익 보호', '교육정책의 영향', '교육종사자들의 전문성 개발', '교육분야 국제 협력'과 같은 일들을 하고 있다.

이렇게 중요한 국제기구에서 대한민국의 교사 정치기본권 관련 결의문을 만장일치로 채택한 것이다. 결의문의 내용은 아래와 같다.

'한국 교사들의 시민으로서의 정치적 권리 제약'에 관한 결의문

2024년 7월 29일부터 8월 2일까지 아르헨티나 부에노스아이레스에서 개최된 국제교육연맹(EI) 제10차 총회는 다음과 같이 밝힙니다.

1. 대한민국이 UN, ILO, OECD 그리고 G20의 회원국으로서 교사들의 시민으로서의 권리를 존중하고 보호해야 할 강한 의무가 있으며, 교사들의 정치적 권리는 선거에서 투표의 권리뿐만 아니라 '정당 가입, 공직 선출, 그리고 어떠한 차별과 처벌의 두려움 없이 자유롭게 정치적 활동에 참가하는 것'을 의미함을 재확인(Reaffirming)합니다.

2. 한국 교사들의 정치적 권리와 시민으로서 정치적 표현의 자유가 학교 일과 후조차도 종합적으로 금지되고 있고, 반면 16세 이상의 청소년은 자유롭게 정당 가입, 정당 회비 납부가 보장되어 있고, 새롭게 개정된 법률에 의해 18세 이상의 청소년은 공직에 출마할 수 있는 자유까지 보장되고 있음을 주목(Noting)합니다.

3. 1996년 제정된 ILO와 UNESCO 교사 지위에 대한 권고 조항 80번에 "교사들은 일반 시민이 누리는 모든 시민으로서의 권리를 행사해야 하며, 공직 선출에 있어서도 그 어떤 제약이 있어서는 안 된다."는 내용을 상기(Recalling)합니다.

4. 2021년 ILO 기준적용위원회 전문가위원회의 결정문에 나온 "초·중등 교사의 정치적 활동의 범위에 있어서 학교 시설 밖에서 진행되며, 직접적인 교수와 관련성이 없는 경우 이를 포괄적으로 금지하는 것은 ILO 협약에 위배되며 정치적 의사 표현에 있어서 차별을 받고 있는 것으로서…"라는 내용을 상기(Recalling)합니다.

5. ILO 위원회의 지속적인 긴급한 요청에도 불구하고, 한국 정부가 교사들이 시민으로서 정치적 권리를 향유하도록 하기 위한 적절한 조치를 전혀 취해 오고 있지 않음을 규탄(Condemning)합니다.

따라서 제10차 EI 세계총회는 EI 집행위원회가 소속 단체들과 협력하여 다음 사항을 이행할 것을 결의합니다.

6. 한국 정부가 교사들의 시민으로서의 정치적 권리를 온전히 보장하기 위해 즉각적인 조치를 취할 것을 다시 한번 강력하게 촉구(Strongly urge)하며, 한국에 직접 조사단을 파견하는 등 가능한 모든 수단을 동원하여 대응할 것을 결의합니다.

7. 한국 교사와 공무원이 국제 기준에 부합하는 시민적·정치적 권리를 행사할 수 있도록 한국 정부가 관련 법규 개정에 나설 것을 요구(Request)합니다.

8. 한국 정부가 정치활동에 참여한 교사와 공무원에 대한, 국제 기준에 부합하지 않은 모든 징계 조치를 즉각 취소할 것을 요구(Demand)합니다.

(EI, 2024: 1-2)

만장일치 채택의 의미

왜 이토록 많은 국가들이 포함된 국제기구에서 대한민국 교사의 정치기본권을 의제로 결의문을 채택했을까? 이런 의미들이 포함되어 있다.

첫째, UN, ILO, OECD, G20 회원국인 대한민국을 선진국으로 명명하고, 교사들의 시민의 권리를 재확인하고 있다.

둘째, 대한민국 학생들과 대비해 교사 정치기본권이 보장되지 않고 있음을 명시해 전 세계에 알리고자 한 의도가 보인다. 또한, 어떤 부분이 문제인지도 낱낱이 밝혀 차제에 전 세계 교사들의 정치기본권이 안정적으로 보장받을 수 있게 천명하고 싶었던 것으로 보인다. 결의문에서는 선진국인 '대한민국에서 보장되지 않은 교사 정치기본권'의 내용을 아래와 같이 밝혔다(EI, 2024: 1-2).

- 정당 가입
- 공직 선출
- 자유로운 정치활동
- 정치적 표현의 자유

셋째, 국제기구인 ILO, UNESCO 등에서 결정한 결정문이 대한민국에 적용되지 않고 있음을 명확히 지적하고 강력하게 규탄하려는 내용이 포함되었다. 결의문을 보면 알겠지만, 차후에 EI 차원의 후속 조치들이 예고되어 있다.

넷째, 대한민국의 교사 정치기본권 확보를 위해 법 개정이 시급함을 촉구하고 있다. 실질적인 변화를 위해서는 법 개정이 가장 중요하다는 점을 짚어 내고 있다.

다섯째, 국제 기준에 부합하지 않은 모든 징계 조치를 즉각 취소할 것을 요구하고 있다. 세계적인 표준을 제시하는 국제기구로서 잘못되거나 부당한 사항에 대해 목소리를 높인 것으로 볼 수 있다.

우리나라 입장에서 보면, 부끄러운 일이다. 반대로 세계적인 관점에서 보면, 이 얼마나 뒤처진 일인지 확인하는 중요한 결의문이 아닐 수 없다.

지구본을 나눠서 보면 _____

모두 ×인 대한민국

앞서 우리나라 입장에서 부끄러운 일임을 밝혔는데, 세계 흐름을 살펴보면 왜 그런지 금방 알 수 있다. 2025년 3월에 있었던 국회 토론회에서 윤효원(2025)은 아래와 같은 조사 내용을 표로 정리해 발표했다. 우리는 인도네시아, 인도, 필리핀과 비슷한 수준이다.

<교사 정치기본권 분야별 국제 현황>

국가	정치적 표현의 자유	정당 가입의 자유	피선거권 (휴가, 휴직)	정치 기부금의 자유	정치 기부금 세액 공제
인도네시아	×	×	×	×	×
인도	×	×	×	×	×
필리핀	△	×	×	×	×
일본	△	○	×	○	○
말레이시아	△	○	△	△	×

태국	△	○	미확인	△	○
영국	○	○	△	○	○
미국	○	○	△	○	○
대만	○	○	○	○	○
네덜란드	○	○	○	○	○
독일	○	○	○	○	○
프랑스	○	○	○	○	○
스웨덴	○	○	○	○	○
덴마크	○	○	○	○	○

(윤효원, 2025: 99)

앞서 말했듯이, 우리나라는 이미 1996년 OECD에 가입한 나라이다. 심지어 IMF(International Monetary Fund, 국제통화기금)는 1997년부터 공식적으로 대한민국을 '선진국'으로 지정했다. IMF는 대한민국을 40개 국가 중 선진 경제권(Advanced economies)으로 분류하고, 아시아에서는 대한민국, 대만, 마카오, 싱가포르, 이스라엘, 일본, 홍콩을 목록에 올렸다. 하지만 교사의 정치기본권은 선진국이라고 부르기엔 부끄러운 상황이다. 아래처럼 '기본권 관점'에서 살펴보아도 답은 비슷하다.

<기본권 관점에서 본 교사 정치기본권 국제 현황>

유형		국가
국민적 기본권을 평등하게 보장		독일, 스웨덴, 덴마크, 프랑스
국민적 기본권을 제한	유연하게 제한	대만, 미국, 영국, 말레이시아, 태국
	경직되게 제한	일본
국민적 기본권을 부정		한국, 인도, 인도네시아, 필리핀 등

(윤효원, 2025: 77-98; 2024: 153)

북미권의 교사 정치기본권

지구본을 북미권, 유럽권, 태평양권, 아시아권으로 나눠 교사 정치기본권 현황을 살펴보자(중앙선거관리위원회 390-393; 윤효원, 2025: 52-100; 강경선, 2013, 44-49). 그 뒤로는 몇 개 국가를 뽑아 자세히 살펴보고자 한다.

먼저 북미권을 보면, 지방자치가 잘되어 있는 풀뿌리 민주주의 국가인 미국과 캐나다는 연방정부이든 주정부이든 교사의 정치기본권이 잘 보장되어 있다. 미국은 주정부마다 차이가 있을 수 있지만, 캐나다는 거의 모든 정치기본권을 보장한다. 특히, 북미권은 교사들이 공무원이 아닌 경우가 있으므로 기존의 공무원보다 훨씬 더 정치기본권 보장이 잘되어 있다.

<북미권의 교사 정치기본권 현황>

국가	중앙(연방)정부	지방(주)정부
미국	· 정당활동과 선거운동 허용(노조의 정치자금 모금 및 기부, 정당 후보로서의 공직 출마, 업무 관련자 대상 선거운동, 직장 내/업무 시간 중 또는 제복 등 공무원 신분 파악 가능한 징표 지닌 채 정당활동과 선거운동 금지) · 선관위, 수사국, 정보부, 안전위원회 등 국가안보·범죄수사 담당 공무원, 인사위원회, 행정심판관 등은 예외 · 교육공무원의 정치적 자유는 일반공무원보다 허용 범위가 넓음.	· 대부분 연방공무원과 동일(공직 후보 출마 조건이 주에 따라 다름. 캘리포니아 등 24개 주는 정당 후보든 무소속 후보든 상관없으나, 다른 주의 경우 공무원 신분으로서 정당 공천/무소속 상관없이 공직 후보로 출마하는 것을 금지하거나 무소속 후보 출마는 허용하는 주가 있음.) · 선거자금 기부나 선거운동을 허용하는 주와 하지 않는 주 있음.
캐나다	· 정치자금 모금 및 기부 허용(1967) · 정치 집회 참여 허용(1967) · 정당 활동 및 선거운동 허용(2003)	

유럽권의 교사 정치기본권

유럽권에서 눈여겨볼 국가는 독일과 프랑스이다. 독일은 제2차 세계대전에 대한 반성 속에서 공무원의 정치참여가 활발한 편이다. 특히, 교사인 교육공무원의 제한이 거의 없다. 프랑스는 더 나아가 거의 모든 분야의 교사 정치기본권을 허용하고, 교사의 공직선거 출마까지 권장하는 나라이다.

가장 보수적인 국가인 영국마저도 교육공무원은 정치기본권의 제한이 없다. 교사에 해당하는 중급 공무원으로 보더라도 국회의원 후보 허가 외에 제한이 없다. 보수적이지만 민주주의와 정치적 자유에 대한 뿌리가 깊기 때문이다. 그 외에 핀란드, 스웨덴, 덴마크 등의 북유럽 국가도 정당 가입은 물론 공무원과 교원의 정치활동을 폭넓게 인정한다.

<유럽권의 교사 정치기본권 현황>

국가	중앙정부
독일	· (일반공무원) 정당 활동과 정치자금 기부는 금지하나 공직 후보 출마는 허용 · (교육공무원) 정당 활동, 선거운동 등 폭넓게 허용
프랑스	· 공무 중 또는 근무지를 제외한 모든 시간과 장소에서는 개인으로서 정부 정책에 대한 의견 표현 등 모든 정치적 자유 인정(정당 가입, 정치자금 기부, 공직 후보 출마, 선거운동 등) · 교육공무원의 정당 가입과 그 밖의 정치활동 허용
영국	· 직무 성격과 권한의 범위, 책임 정도에 따라 정치적 자유의 허용 정도 다름. 다만, 공직 출마 시 사직해야 함. · (상급 공무원) 정당 가입만 허용 · (중급 공무원) 국회의원 후보 제외 모든 정치활동 허용 · (현업 공무원을 포함한 하급 공무원) 모든 정치활동 허용 · (교육공무원) 정당 활동, 공직 후보 출마, 선거운동 등 거의 모든 정치활동 허용

태평양권의 교사 정치기본권

태평양권에서 눈여겨볼 국가는 호주와 뉴질랜드이다. 이들 국가는 북미권이나 유럽권과 달리 독특한 역사 속에서 고유한 정치와 교육 모델을 갖춰 왔다. 두 국가의 경우 정부 정책 등 정치적 의견을 발표하도록 한 점이 특징이다.

<태평양권의 교사 정치기본권 현황>

국가	중앙(연방)정부/지방(주)정부
호주	· 정치적 의견(정부 정책에 대한 평가 포함) 발표 허용 · 국회의원(연방, 주) 출마 시 휴직 또는 사퇴, 지방의회 후보 사퇴 불필요 · 선거운동, 정치자금 모금, 서명운동 등 허용. 단, 공공건물 사용 불가 · 버튼 등 홍보부착물, 제한적 허용(직접 시민 접촉하는 공무원은 금지)
뉴질랜드	· 정치적 의견 발표 허용 · 국회의원 후보 출마 시 휴직

아시아권의 교사 정치기본권

아시아권에서 살펴볼 국가는 일본이다. 널리 알려진 대로, 공무원과 교원에 대해 엄격하고 보수적인 나라가 일본이다. 그래서 교사 정치기본권도 제한이 크다. 하지만 정당 가입을 할 수 있다는 점과 형사처벌에 대해 제재가 없다는 점은 우리나라가 얼마나 뒤처져 있는지도 알 수 있는 대목이다.

<아시아권의 교사 정치기본권 현황>

국가	중앙(연방)정부	지방(주)정부
일본	· 특정 정치활동은 제한하나 정당 가입은 허용 · (중앙공무원) 정치활동 제한 · (교육공무원) 중앙, 지방 일괄 제한 · 형사처벌 제재는 없음.	· 특정 정치활동은 제한하나 정당 가입은 허용 · (지방공무원) 근무지(도도부현)가 아닌 지역에서는 선거운동, 정치자금 모금, 서명 운동 가능 · 형사처벌 제재는 없음.

국민 신뢰의 기반을 갖춘 나라, 핀란드

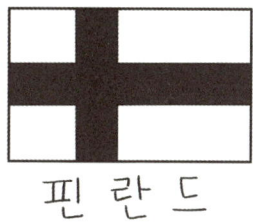

핀 란 드

행복한 이유가 궁금한 북유럽

2024년 3월 20일, 유엔 SDSN(Sustainable Development Solutions Network, 지속가능발전해법네트워크)은 「2024 세계행복보고서」를 발표했다. 행복 순위 1위 국가로 핀란드가 뽑혔다. 2024년에 10점 만점에 7.741점이었고, 7년 연속 1위였다. 우리나라는 6.058점으로 52위였다. 30세 이하로 내려와 행복 순위를 선정했을 때는 리투아니아가 7.759점으로 1위, 우리나라는 6.503점으로 52위였다(UN SDSN, 2024: 23).

이 보고서는 '1인당 GDP', '기대수명', '사회적 지원', '선택의 자유', '관용', '부정부패 지수' 등 6개 항목의 3년치 자료를 토대로 매년 발표한다. 가장 큰 특징은 북유럽이 오랜 기간에 걸쳐 상위를 차지한다는 사실이다. 핀란드를 포함해 덴마크, 아이슬란드, 스웨덴 등의 북유럽이 모두 그렇다.

그뿐만이 아니다. 비례대표제의 발전과 높은 수준의 정치참여, 시민사회의 높은 자기조직화와 제도화된 정책 협의 시스템, 지방분권의 전통과 풀뿌리 민주주의 발전, 보편적 복지국가, 시민교육의 제도화와 보편

화라는 특징을 핀란드를 포함해 북유럽 국가 어디든 볼 수 있다(서현수, 2019: 150-153). 그래서 교육과 정치는 물론, 교사 정치기본권은 어떠한지 살펴봐야 하는 지점이다.

'비례대표제'가 만든 교사 정치인

세계 최고의 공교육을 갖고 있는 핀란드는 국회의원 200석 중 20% 정도가 교사 출신으로 알려져 있다. 200석을 13개 선거구의 권역별 비례대표제 선거로 구성하고 있는데, 교사 출신 국회의원 비율이 상당하다. 우리나라 현재 제22대 국회에 교사 출신 3명 중 2명이 비례대표로 국회에 진출한 현실을 보면, 비례대표제가 교사 출신 진입에 유리하다는 점을 눈여겨봐야 한다.

핀란드 교육은 '창의성'과 '평등'을 핵심 가치로 신뢰에 기반한 유연한 시스템이고, 교육정책은 '정치의 영향'보다 '연구 기반'으로 결정한다(조선에듀, 2025.1.15.일자). 연구 기반 교육정책이 '정책의 지속성'과 동시에 '교사들에 대한 신뢰'를 쌓을 수 있는 기반이 되고 있다. OECD 국가 중에서도 교육 성과가 우수하고, 우리나라가 채택한 '국가교육위원회'의 롤모델로 인정받는 것도 이 때문이다.

여기서 살펴볼 점이 있다. 핀란드는 1960~70년대부터 교육개혁을 지속적으로 추진해 왔다는 사실이다. 복선형이 아닌 '종합학교(comprehensive school)'로 일원화했고, 학교 순위 평가를 폐지한 점이 높이 평가받고 있다. 사회경제적 배경이나 학업성취도와 상관없이 한 교실에서 학생들이 교육받도록 기반을 구축했다.

교사의 자율성과 주도성도 매우 크다. 교육 당국의 주문을 기다리지 않도록 한 게 큰 특징이다. 40년에 걸쳐 추진된 대대적인 교사 양성 시스템 개혁으로 교사의 수준이 높아졌고, 이후 학교나 지방자치단체가 마련한 장기 프로그램과 전문성 개발 과정이 있다. 이런 기반에 교사 정치 기본권이 스며들어 있다.

핀란드는 시민교육도 매우 중시한다. 인구 23만 명의 핀란드 제3의 도시 '탐페레' 지역이 그 시작이었다. 1899년에 시작된 탐페레 노동자 교육센터는 2019년 현재 전국에 걸쳐 181개 시민교육센터가 운영되고, '어린이의회', '청소년위원회', '청소년의회', '정당 청년조직' 활동이 활성화되어 있다. 실례로, 2018년 청소년의회 의원들이 대정부 질문 주제를 투표로 정했는데, 순위별로 보면 아래와 같다(레디앙, 2023.11.23. 일자).

- 핀란드 핵전쟁에 대한 대비
- 외국인 소외
- 트랜스젠더 강제 불임
- 적극적 안락사 합법화
- 청소년 정신건강 문제인식
- 안락사 합법화
- 무상 대중교통

생생하게 토론하는 청소년 의회를 상상해 보자. 이를 준비하는 학생들과 교사들의 모습도 떠올려 보자. 그 힘은 어디에서 나오는지. 핀란드 교육 성공의 비결인 '종합학교'는 이러한 면모를 확연히 볼 수 있는 곳이다. 종합학교를 보면 핀란드의 교육 내용과 교사 역할이 어떠한지 금방 확인할 수 있다. 종합학교에는 7세에서 15세까지 다니고, 한 캠퍼스에 '무학년제' 수업은 주로 '프로젝트 학습 주제'로 공부한다. 한 종합학교의 '사회과목 Ⅱ'의 목차를 살펴보자(서현수, 2019: 165).

Ⅰ. 권리와 책임
    1. 우리에게는 권리가 있다!
    2. 어린이의 권리
    3. 우리에게는 또한 책임이 있다!

Ⅱ. 함께 결정하자
    4. 민주주의란 무엇인가?
    5. 네가 영향을 미칠 수 있어
    6. 핀란드의 의사결정자들이 만나다
    7. 핀란드는 지방으로 나뉘어 있다.

Ⅲ. 세상에서 물건 사기
    8. 고객에게는 권리가 있다.
    9. 광고를 광고하기
    10. 이성적으로 소비하기

Ⅳ. 기업가 정신과 서비스
    11. 기업은 어디에 필요할까?
    12. 시장조사: 기업가는 탐구한다!
    13. 가격은 모자에서 나오지 않아
    14. 모두에게 서비스가 필요해

Ⅴ. 노동하는 삶
    15. 일을 하는 것은 여러 가지로 이로워
    16. 내가 크면 무엇이 될까?

17. 미래가 다가온다 – 준비됐니?

청소년이 학교를 넘어 사회에 목소리를 낼 수 있었던 이유는 어디에 있을까? 이렇게 할 수 있는 여러 요인 중에 핀란드 교사가 갖는 요인이 적지 않다. 핀란드 교사의 특징을 말할 때 핵심어로 쓰는 용어가 있다. '지속 가능한 리더십', '전문성 존중과 성찰적 교사 교육', '지성적 책무성'이 그것이다(심성보, 2010: 218-229).

정치기본권 보장을 포함한 교사의 자율성과 주도성을 기반에 두면서 청소년과 소통하며 시민으로 키우는 문화가 확실히 자리 잡은 것이 느껴지지 않는가? 교사는 자신감을 가지고 있고, 사회는 이를 믿어 주면서 밀어주기에 학교교육, 시민교육, 청소년 활동 등이 왕성하게 이뤄질 수 있다. 핀란드 모델이 우리에게도 중요한 이유가 여기에 있다.

민주주의를 가르치는 나라, 덴마크

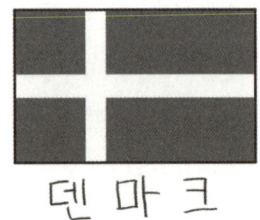

덴마크

평등, 협의(協議), 검소의 정치

덴마크의 「공공부문 행동강령」을 보면 공무원 또한 '덴마크 헌법'을 통해 모든 시민에게 보장되는 '표현의 자유'가 동일하게 보장된다(윤효원, 2025: 78). 여기서 말하는 '표현'은 '직무에 대한 입장'부터 '정치적 견해'까지 모든 표현이 포함된다. 또한 정부는 '허가를 강요하는 규칙을 만들지 않는다.' 쉽게 말해, 교사가 어떤 표현을 하더라도 정치기본권이 보장된다는 말이다. 이런 사실만 보더라도 덴마크는 평등의 가치가 뿌리 내리고, 사회적 신뢰가 광범위하며, 연대의 힘이 문화적으로 발휘되는 국가로 언급될 만하다.

2016년 〈KBS 스페셜〉에서는 덴마크 정치를 알기 위해 직접 현지에 가서 실제 모습을 방송으로 보여 주었다(KBS스페셜, 2016.6.9.일자). 우리 정치에서는 보기 어려운 모습이 현실로 송출되었고, 방송을 본 시청자들은 적잖은 충격을 받았다. 당시 덴마크 정치를 네 가지 차원에서 비추었다.

첫째, 자전거 출근으로 대표되는 '평등의 정치'였다. 카메라는 41세 디자이너 출신 초선 의원의 중고 자전거 출근길을 따라갔다. 30분을 달려 도착한 국회의사당 주차장은 자동차가 아닌 의원과 직원들이 타고 온 자전거로 빈자리가 없었다. 교육과 환경 상임위에서 활동하는 이 덴마크 의원에게 대한민국 국회 주차장 사진을 보여 주었는데, 한숨 섞인 웃음을 지었던 장면이 아직도 기억이 난다.

둘째, 행복의 나라를 만드는 '협의의 정치'였다. 13개 진보·보수 정당이 연합하고, 과반을 차지하는 정당이 없어 소수연립 정부가 등장해 타협을 통한 합의의 정치문화를 이루고 있었다. 상임위에 올라온 대부분 안건은 세 번의 토론을 거쳐 합의안을 만들었다.

셋째, 국민의 마음을 얻는 '검소한 정치'였다. 퇴임한 전직 총리가 세상을 떠나는 장면이었는데, 이 총리는 지어진 지 40년이 넘은 30평대 노동자 아파트에서 평생 살았다. 총리 시절에도 관사 대신 걸어서 출근했고, 주민들의 다정한 이웃이었고 친구였다. 그의 유언 또한 아들에게 아파트 인근에 있는 공원에 묻어 달라는 것이었다.

넷째, 성역 없는 '부패 없는 정치'였다. 행복지수와 함께 국가 청렴지수 세계 1위답게 부패 사건은 성역 없이 조사했고, 국민에게 결과를 낱낱이 공개했다. 2011년 총리 남편의 탈세 사건 이외에 부패 사건이 없었다는 점, 뇌물과 로비가 비집고 들어올 틈을 원천 봉쇄하고 있는 점, 언론은 고발 전담 기자를 양성하고 있다는 점은 인상적이었다.

교육자로서 시민을 사랑했던 그룬트비

그룬트비(Nikolaj Grundtvig)는 덴마크라는 나라를 새롭게 만드는 데 견인차 역할을 한 철학자이자 개혁가로 알려졌지만, 목사이자 시민이었고, 교육자이자 정치인이었다. 그만큼 교육과 정치에 진심이었다. 14~18세 청소년의 진로 탐색과 다양한 경험을 정규교육과 별개로 운영하는 '애프터스콜레(Afterschole)'도 그룬트비 철학에 기반한다.

덴마크 학교의 일상적인 수업에서도 다양한 소집단 활동이 이루어진다. 그 과정에서 타인과의 소통과 협력 경험, 교사의 피드백을 통한 성장 경험을 쌓는다. 학생이 성장하고 행복하게 사는 것을 가르치며, 자존감과 공감 교육이 수업에서 어떻게 이루어지는지를 중요하게 생각한다.

2024년 덴마크에서는 축제형 정치교육 행사를 하는 3주간의 '학교 선거운동'이 있었다. 민주시민교육 일환으로 전체 학교에서 이뤄지는데, 2년에 한 번씩 3주간 진행되고, 선거 연령 이전인 14세 학생들도 참여한다. 덴마크 아동교육부장관의 발언은 많은 점을 시사한다.

"전국의 학생들이 민주주의가 실제로 어떤 것인지 맛볼 수 있게 되어 기쁘다. 급우들과 정치적 토론에 참여하고, 실제로 직접 투표함에 자기가 지지하는 정당에 종이를 던져 민주주의를 이해하자."

(교육언론창, 2024.1.31.일자)

학교 선거운동 도입 후 어떤 영향을 주었는지 세 가지로 분석되었다. '정치적 자신감', '정치적 역량', '정치참여 동기'가 그것이다(안상욱, 2020:31). 학교 모의 선거를 전면 금지하고 있는 우리 상황과 비교하면 하늘과 땅 차이가 아닐 수 없다. 덴마크 의회 의장은 이런 발표문을 냈다.

"우리는 민주주의를 당연하게 여길 수 없습니다. 이는 여러 세대에 걸친 정치적 투쟁의 결과입니다. 이번 학교 선거는 학생들의 일상생활에 정치적 대화를 가져옵니다. 어느 정당이 자신의 입장을 가장 잘 대변하는지 알아내야 합니다." (교육언론창, 2024.1.31.일자)

이런 덴마크의 정치와 교육에 교사들이 있다. 덴마크 교사들은 모든 것을 알고 지시하는 권위적인 존재로 행동하지 않는다. 학생들의 의견을 경청하고 존중하는 게 문화로 잡혀 있다. 학생들의 인터뷰를 보면, 교육을 받으면서 자신들이 중요한 존재로 존중받고 있다는 사실을 깨닫게 된다는 말을 많이 한다. 이런 모습들이 어떻게 가능할까? 교사들의 정치적 자유는 교육의 자유와 연결되어 있고, 평등의 가치가 동시에 스며 있는 것이 얼마나 중요한지를 보여 준다.

마지막으로 『오마이뉴스』 오연호 대표가 2014년에 쓴 『우리도 행복할 수 있을까』에서 언급된 덴마크 교육을 보면, 어떻게 정치와 교육이 작동되는지 조금이나마 알 수 있다(오연호, 2014: 153-238).

- (공립학교) 시험도 등수도 왕따도 없는 학교
- (공립학교) 9년 동안 같은 반 같은 담임
- (공립학교) 틀에 갇히지 않는 자유로운 혁신
- (자유학교) 꿈과 미래를 짓는 집 같은 학교
- (사립학교) 잘해도 못해도 함께하는 교실
- (인생학교) 스스로 더불어 좋은 삶을 설계하다
- (고등학생의 인생 설계) 대학에 가지 않아도 자유로운 미래
- (시민 자유학교) 깨어 있는 시민의 두 번째 인생학교

• (그룬트비 리더십) 행복하려거든 사랑하라

　덴마크 사람들이 행복하다는 것은 비판적인 것과도 밀접한 관계가 있다(Ulholm, 2011: 21). 아주 구체적인 개별 사안에 대해 사람들이 비판적일 수 있다는 것은 비판이나 반대의 의견을 제시한다고 해서 처벌이나 비난을 받지 않고 오히려 존중되는 사회적 분위기 때문이다. 또한 이는 교사 정치기본권에도 시사점을 주는 대목이다.

독재와 결별하고 모든 걸 보장하는 나라, 독일

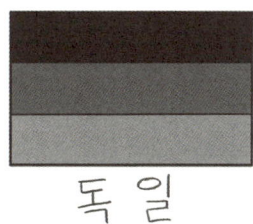
독일

총리의 무릎 사과

1970년 12월 7일, 독일 총리였던 브란트(Willy Brandt)는 폴란드 바르샤바 게토 유대인 추념비 앞에 무릎을 꿇었다. 독일을 대표해 나치의 유대인 대학살에 대한 '반세기만의 참회'였다. 이 무릎 사과는 1939년 나치 독일이 폴란드에서 500만 명을 학살한 것에 대한 속죄의 용기로 평가받았다.

당시 폴란드 총리는 "이렇게 할 필요가 없는 그가, 이렇게 해야 할 사람들을 대신해서 무릎을 꿇었다."는 평을 남기기도 했다. 정치기본권을 고민하는 지금, 교사라는 직업과 직책을 후세대 누군가는 맡아 공교육을 책임질 텐데, 이런 이정표와 같은 계기가 우리에게도 필요하다.

공교육 제도가 우리와 비슷한 나라

독일은 정치 변화를 가능케 했던 이유로 '교육'을 꼽는다. 초등학교 이후 직업학교와 인문계 고등학교로 나뉘고, 유치원부터 박사학위 취득까지 국가가 비용을 부담하는 제도와 문화를 가지고 있다. 대안학교, 학생인권, 종합학교의 흐름도 강하다(정기섭, 2021: 349-472).

전문가들은 공교육 측면에서 우리나라와 가장 비슷한 나라로 독일을 꼽는다. 독일은 우리처럼 공교육 위주의 교육제도가 중심이고, 사립 교원을 제외하면 대부분의 교원은 공무원의 지위를 갖는다. 하지만 정치기본권에서만큼은 차이가 크다. 우리나라와는 정반대로, 국가 최고법인 「독일기본법」은 '정치적 중립성' 같은 조항으로 해석의 여지없이 정치기본권에 대해 국민 모두 똑같이 적용한다. 「독일기본법」 제5조 제1항이 정치기본권과 관련된 조항인데, 그 내용은 아래와 같다.

> **「독일기본법」**
>
> 제5조 ① 누구든지 자기의 의사를 말, 글 및 그림으로 자유로이 표현 전달하고, 일반적으로 접근할 수 있는 정보로부터 방해받지 않고 알 권리를 가진다. 신문의 자유와 방송과 영상으로 보도할 자유는 보장된다. 검열은 허용되지 아니한다.
>
> 제8조 ① 모든 독일인은 신고나 허가를 받지 않고 무기를 소지하지 않고 평화로이 집회할 권리를 가진다.
>
> ② 이 권리는 옥외 집회의 경우 법률에 의하여 또는 법률에 근거하여 제한될 수 있다.
>
> 제9조 ① 모든 독일인은 단체와 조합을 결성할 권리를 가진다.

일반 국민과 동일하게 자유로운 정치활동을 보장받을 수 있다는 것, 이것을 가장 기본적으로 잘 지키는 나라가 독일이다. 「독일기본법」과 동시에 「연방공무원법」을 보면 공무원인 교사의 정치기본권이 어떻게 보장되는지 알 수 있다(이종수, 2017: 13). 교사나 공무원이 유럽의회 선거나 연방의회 선거 등에 입후보하려면 선거일 최소 2개월 전에 휴가를 받을 수 있고, 낙선해도 공무원 신분을 유지할 수 있으며, 당선되면 사직하되 연금을 받을 수 있다. 하원의원을 그만두면 공무원으로 다시 복직할 수도 있다. 교사와 공무원의 당원 가입 금지, 후원금 납부 금지, 선거운동 참여 금지에 관련된 규정은 아예 없다. 원칙적으로 허용되는 것이다(김선화, 2020: 3). '근무상 명령의 합법성에 의문이 생길 때 상관에게 주장할 권리'를 통해 공무원 사회에서도 모종의 독립과 자유를 개별적으로 확보해 두고 있다.

「연방공무원법」

제63조 ① 공무원은 자신의 근무상 행위의 합법성에 대해 전적인 개별 책임을 부담한다.

② 근무상 명령의 합법성에 대한 의문이 있는 경우에 공무원은 지체 없이 이를 소속 상관에게 주장해야 한다. 근무상 명령의 합법성에 대한 자신의 의문이 해소되지 않는데도 불구하고 해당 명령이 계속해서 유지되는 경우에 차상급 상관에게 이를 주장해야 한다. 그리고 나서도 해당 명령이 재차 확인된다면 공무원은 이를 수행해야 하고, 이로써 자신의 책임은 면제된다. 그러나 자신에게 위임된 행위가 인간의 존엄성을 침해하거나, 형사처벌적이거나 또는 규정에 반하고 그리고 그 위법성 또는 규정위반이 공무원에게 인식되는 경우에 위 조항은 적용되지 않는다. 위 확인은 문서로 행해진다.

공무원은 '제복 입은 시민'

독일 제도와 문화에서의 이런 접근의 근간은 '누구든 시민'이라는 정신이 깔려 있다. 하지만 우리나라 공무원을 생각해 보자. 전통적으로 특별권력관계로 파악되어 왔고, 아직도 이런 인식이 크다(박균성, 2021: 10). 공무원이 되는 순간, 국가에 대해서 무제한의 포괄적인 의무를 진다고 본다. 심지어 자신의 기본권을 국가에 헌납하고 법으로 주어진 권리만을 행사할 수 있는 것으로 생각했던 것이 불과 얼마 되지 않는다. 하지만 이런 특별권력관계는 전형적인 군주제나 독재 치하에서의 공무원 관(觀)이라 말하지 않을 수 없다. 특별권력관계를 종식시키고 공무원의 근무 관계에도 법치주의가 원칙적으로 적용된다고 보아야 한다면, 이러한 변화에 따라 공무원의 근무 관계를 재구성해야 한다(박균성, 2021: 13).

독일에서는 공무원도 자신의 기본권을 행사하는 범위 내에서는 일반 시민으로서 기본권의 주체로 본다. 그래서 '제복 입은 시민'이라는 표현을 쓴다. 여기서 핵심은 '공무원이라는 직무냐 아니냐'이다. '표현의 자유' 같은 경우 공무원의 직무라면 중립성과 비당파성을 지켜야 하지만, 직무 이외에는 원칙적으로 정치적인 의사 표현과 활동이 보장되는 것으로 볼 수 있다. 당연히 공무원인 교사 또한 자유로운 정당 가입과 지지가 보장되며, 정치적 이념과 소속으로 인해 직장 내 불이익도 받지 않는다. 이는 독일 군인에게도 폭넓게 인정된다.

학교는 비판이 자유롭고, 지식을 창조하는 곳

독일의 이러한 제도와 문화에 혁혁하게 공을 세운 기반에는 '정치교육(Politische Bildung)'이 자리하고 있다. 양상과 수준은 다르지만, 우리 식으로는 '민주시민교육'으로 보면 된다. 독일 정치교육은 "민주적인 의식을 형성하고, 정치적인 삶에 성숙하게, 비판적으로, 적극적으로 참여하도록 동기를 부여하고, 그러한 능력을 갖도록 하는 교육이다(정기섭, 2021: 351)." 즉, 정치교육의 핵심을 '성숙', '비판', '참여'로 본다고 하겠다.

그렇다면 독일의 학교를 들여다보자. 「독일기본법」이나 「연방공무원법」과 함께 '주(州)의 입법권'이 중요한데, 학교의 제도적 모습은 여기에 잘 나타나 있다. 독일 중서부에 위치한 헤센 주의 경우 오랜 「학교법」 전통을 갖고 있는데, 교원의 정치적 중립성 규정을 주 「학교법」 제86조 제3항에 다음과 같이 적시했다.

"학교는 정치, 세계관, 사상 그리고 양심의 자유를 누린다."

이를 위한 교사의 수업은 정치, 세계관, 사상, 양심의 자유를 위해 정치적 중립을 의무화하되, 「독일기본법」과 연결해 국가의 인간상을 육성하는 교육의 공간으로 만들어 가고 있다. 즉, 학교 안에서 자유로운 비판과 지식을 창조하기 위해 정치적 중립을 보장하는 것이다. 우리 교육에서의 중립성이나 정치적 중립성과는 사뭇 다른 접근이다. 자유로운 지식 전달과 지식의 창조 공간인 학교에서 교사는 정치적 중립성을 유지하는 것이다.

정치교육의 방향타, 보이텔스바흐 합의

독일 교사의 정치기본권과 떼려야 뗄 수 없는 것이 '보이텔스바흐 협약'이다. 독일 정치학자 아이젠버그(Theodore Eisenberg)는 이렇게 말했다. "누구도 독재자로 태어나지 않는다. 마찬가지로 성숙한 시민도 하늘에서 떨어지지 않는다." 당시 독일 교사들도 정치교육의 준비가 부족했는데, 나치즘에 의한 과격한 정치교육의 왜곡과 정치교육과 관련된 발언과 활동이 매우 제한적이었기 때문이었다(김혜정, 2018: 14). 히틀러 독재를 겪은 독일이 어려운 상황을 뚫고 건강한 정치교육을 위해 교육 현장에서 강력하게 작동할 수 있는 사회적 합의를 만들어 낸 점은 우리에게 큰 시사점을 준다.

결국 수많은 논의 과정을 거쳐 1976년 바덴뷔템베르크 주 보이텔스바흐에서 있었던 학술대회에서 사회적 합의가 이뤄졌다. 학생 정치교육의 공동 지침을 마련하기 위해 교육 단체, 학교, 군, 정치체 등으로 확대되면서 정파를 초월해 합의된 안이 마련되었다. 합의된 세 가지 원칙은 아래와 같다.

- 제1원칙 : 강압적인 교화와 주입식 교육을 금지하고 학생의 자율적 판단을 중시한다(강압과 교화 금지).
- 제2원칙 : 논쟁적 주제는 수업 중에도 다양한 입장과 논쟁 상황이 그대로 드러나게 한다(논쟁성 재현 요청).
- 제3원칙 : 학생의 상황과 이해관계를 고려해 스스로 시민적 역량을 기를 수 있도록 한다(학생 이해 중심).

보이텔스바흐 협약의 근본 원칙은 일반화되었고, 적대적 대치와 위기 상황에 정치교육 혹은 민주시민교육이 꽃을 피우려면 어떻게 해야 할지를 잘 보여 주었다(Schiele, 전미혜 역, 2009: 15). 이 협약의 의의는 흔히 '정치교육의 신뢰 회복', '정치교육의 자주성과 전문성 증진', '정치교육의 교육화'로 정리된다(김혜정, 2018: 65). 이 협약으로 정치에 대한 자성과 숙고가 이뤄지고, 정치적 관심과 질적 향상을 가져오며, 정치교육이 본래 자리로 돌아오게 되었다는 것이다.

학생들이 비판적이면서 창의적인 생각을 가지려면, 다양한 정치적 상상력을 가지려면, 그런 교사와 그런 학교 제도와 분위기가 존재해야 한다. 교사의 정치기본권은 이를 위한 초석에 해당한다. 다원적 민주주의를 위해서는 교육에서 교사의 자율성과 주도성이 확보되면서 성숙해지는 것이 필요하다. "보이텔스바흐 협약은 전문 교수법의 '성숙 단계'의 특징으로 정치교육 토론의 완성으로 여겨진다."는 말이 그냥 이뤄진 것이 아님을 보여 준다.

폭넓은 보장이 원칙인 나라, 미국

「수정헌법」에 그려진 교사 정치기본권

세계에서 가장 자유롭다는 미국의 교사들은 어떨까? '자유의 여신상'으로 상징되는 미국은 모든 국민에게 정치기본권을 부여하고 있다. 연방정부나 주정부는 각각의 헌법을 가지고 있고, 정치기본권과 관련해 모든 국민이 누릴 수 있도록 일정한 행위나 입법을 할 수 없게 금지하거나 제한하고 있다.

특히, 「수정헌법」(1791년)[6] 이후에 만들어진 조항들은 촘촘하게 정치기본권을 보장하고 있다. 그 가운데 교사의 정치기본권과 직간접적으로 관련된 조항을 보면 아래와 같다.

- 수정헌법 제1조 : 종교, 언론, 출판, 집회의 자유, 청원 권한

---

[6] 미국 「수정헌법」은 최초 필라델피아 제헌의회(1787)에서 7개 조를 만든 이후, 중앙정부가 독재가 될 수 있다는 비판이 형성되면서 연방정부의 권한을 제한하기 위해 만들어졌다. 「수정헌법」은 수정 제1조에서 제27조로 이뤄져 있는데, 그 가운데 최초 10개 조는 '권리장전'으로 불리고, 나머지 17개 조는 이후에 만들어졌다.

- 수정헌법 제9조 : 국민의 권리에 관한 일반 조건
- 수정헌법 제14조 : 인권의 정의, 시민의 특권·면제, 적법 절차의 권리와 법 아래 평등 국가에 의한 침해 금지와 하원의원 정수 규정(1868년)
- 수정헌법 제15조 : 흑인 참정권 규정(1870년)
- 수정헌법 제17조 : 상원의원의 선출 규정(1913년)
- 수정헌법 제19조 : 여성 참정권(1920년)
- 수정헌법 제26조 : 18세 이상 선거권 부여(1971년)

이 가운데 「수정헌법」 제14조는 다음과 같이 규정하고 있다.

> **미국 「수정헌법」**
> 제14조 어떤 주도 미국 시민의 특권 또는 면제 권한을 제한하는 법을 만들거나 강제해서는 안 된다. 또한 어떠한 주도 적법한 절차 없이 개인의 생명, 자유 또는 재산을 박탈해서는 안 된다. 게다가 그 관할 내에 있는 어떠한 사람도 법의 평등한 보호를 거부해서는 안 된다.

해치법(Hatch Act)

하지만 미국에서도 공무원과 교원을 포함해 미국 시민을 옥죄는 법이 있었는데, 1939년 상원의원 해치(Carl Hatch)에 의해 발의된 「해치법」이 그것이다. '정치 행위 금지'는 상급자나 정치가의 공무원에 대한 정치 행위의 강요를 금지한다는 의미에서 공무원 보호를 목적으로 삼았었다(윤효상, 2025: 81). '유해한 정치적 행위 방지'를 목적으로 한 「해치법」은 투표권의 행사나 불행사를 방해하는 협박(제1조), 후보자 또는 정당의 지지 또는 반대를 이유로 한 이익의 공여나 박탈(제3, 4조), 연방 구제사업의 대상자로부터 정치헌금을 모금하는 행위(제5~7조) 등을 선거위반 행위로 열거하고, 결국 모든 국민을 대상으로 금지시켰다.

이렇게 역사적으로 미국에서 공무원의 정치참여를 금지하는 상황이 벌어졌고, 이 법이 이후 일본에 영향을 주고, 다시 우리나라의 공무원과 교원의 노동 3권과 정치기본권 제한에 영향을 주게 되었다고 볼 수 있다. 하지만 미국은 1960년대 이후로 「해치법」의 위헌성에 대한 문제가 제기되었고, 1980년대에 이르면 「해치법」에 대한 위헌 판결이 속속 나오게 되었다. 결국 1993년, 클린턴 대통령 시기(1993~2001)에 개정되면서 현재의 「해치법 개정법」이 되었다.

원칙적 보장

이 개정으로 현재 미국 공무원과 교원의 정치적 권리는 원칙적으로 보장된다. 허용되는 활동과 금지되는 활동을 나눠 살펴보면 아래와 같다(윤효상, 2025: 83).

<미국 교원·공무원의 허용되는 활동과 금지되는 활동>

범주	활동
허용되는 활동	· 투표자 등록 및 투표 · 비당파적 선거에서의 공직자 후보 · 투표자 등록 운동 지원 · 정치자금 행사 참여 · 정치 캠페인과 정당 기부 · 후보자 찬성/반대, 국민투표 문제, 「헌법」 개정이나 지방조례 캠페인 · 추천서 서명 및 회람 · 후보자 선거운동 연설 및 연설문 배포 · 정치클럽 혹은 정당의 직위 보유 · 정당 대표자 모임이나 전당대회 대의원 참석 · 정당 혹은 후보자를 위한 봉투 발송 · 개인 차량에 당파적 정치 스티커 부착 · SNS에서 후보자에 대한 '좋아요', '친구 맺기', '팔로우'
금지되는 활동	· 물품, 시간, 직함, 인력 등 정부 자원의 사용 · 근무 중 당파적 정치활동에 관여 · 정부청사에서 당파적 정치활동에 관여 · 근무 중 정치/캠페인 슬로건을 담은 배지 등의 착용 · 개인적으로 정치헌금을 간청, 승인, 수령 · 당파적 정치활동과 관련하여 다른 연방 공무원을 강요 · 당파적 선거의 공직 후보 · 선거에 관여하기 위해 직무상의 권위나 영향력 행사 · 공식 연설이나 기타 활동으로 당파적 정치 연설 · SNS에서 정치자금 포스트에 '좋아요' 혹은 '지지' 등의 댓글

미국의 교사 정치기본권에는 세 가지 특징이 있다.

첫째, '공공분야 근로자에 대한 노동제도로서 교사 정치참여 제도'라는 점이다. 교사가 근로자이기 때문에 정치기본권이 보장된다는 말이다.

둘째, '교사를 포함한 공공분야 근로자의 노동제도는 상당한 정도로 허용적 참여제도'라는 점이다. 교사 단체의 정치자금 모금이나 특정 후보 지지 활동이 자연스러운 일이 된 것도 제도화된 몫이 크다.

셋째, '교사의 정치참여 제도는 법적 제도'라는 점이다. 정치자금 모금에 관한 연방법, 연방공무원의 단체교섭권에 관한 연방 행정명령, 교사를 포함한 공공분야 근로자의 노동권에 관한 주법 및 각종 지침, 교원단체 자체의 각종 지침이나 규정, 대학 등을 포함한 교육기관의 자체 규정 그리고 위원회의 규정이 있다. 무엇보다 판례를 통해서 교사의 정치참여에 관한 법이 계속적으로 생성되고 있다.

미국에서 벌어진 일련의 과정을 보면, 우리나라 또한 교사의 정치기본권을 확보하고 만들어 가는 과정으로 볼 수 있다. '형성 중'이라는 말이 맞겠다. 다시 말해 교육 현장과 정치권의 끊임없는 노력이 요구된다.

정치에 적극적인 미국 교원단체

미국의 교원단체는 미국 내에서도 가장 활발한 정치참여를 하는 단체에 속한다. 전국교육연합회(NEA, The National Education Association, 회원 수 300만 명)나 미국교사연맹(AFT, American Federation of Teachers, 회원 수 180만 명)이 대표적인 단체이다. 우리나라의 교총, 전교조, 교사노조연맹과 같은 단체라고 볼 수 있다. 그 가운데 NEA가 가장 규모가 큰데, 이 단체에서 제시한 정치활동 지침을 살펴보자(윤효상, 2005: 84). 이 지침은 「수정헌법」 제1조에 기반하고 있다고 밝히고 있다.

- 개인 시간에 개인 자격으로 정치활동에 참여할 권리가 있다.
- 교사는 정치 모임에 자유롭게 참석하고, 집회 사진을 SNS에 게시할 수 있다(행진, 집회, 시위, 당 전당대회 등).
- 정치활동을 하는 단체에 기부할 수 있고, 후보자의 캠페인에 기부할 수 있고, 단체나 후보자를 위한 모금 행사에 참석할 수 있다.
- 선거 관련 캠페인에 완전하게 참여할 수 있고, 교사는 캠페인에 자원봉사를 할 수 있다.
- 교사는 공직에 출마할 수 있다. 일부 학군에서는 출마 계획이 있는 경우 학교에 통지해야 한다. 또한 단체 협약에 따라 교사가 선거운동을 위해 무급으로 휴직할 수 있다.
- 학교를 대변하거나 학교에 대해 발언해서는 안 된다.

실제 NEA를 포함한 교원단체들은 지원하는 후보의 당선을 위해 선거활동을 전개하거나 정치자금을 적극적으로 기부한다. NEA나 AFT는 선거 시기에 '정치활동위원회(PAC, Political Action Committee)'를 출범시켜 미국 전역에서 활동한다. 선거 교육, 후보자 선발 관여, 투표자 등록, 선거 자원봉사, 선거일 활동, 후원금 모금 등 그 활동 범위는 전방위적이다. 실제 1990년대 NEA의 지지를 받은 하원의원 후보 중 75%가 당선되어 그 정치적 영향력을 확인하기도 하였다. 또한 NEA와 AFT는 대선에서도 지지 의사를 명확히 표명했는데, 1972년에는 카터(Jimmy Carter), 1992년 선거에서는 클린턴(Bill Clinton)을 지지했고, 2009년에는 오바마(Barack Obama)를 지지했으며, 최근 트럼프(Donald Trump) 당선 이후 홈페이지에는 이런 입장문을 올렸다. 우리나라였으면 어땠을까?

"도널드 트럼프의 승리로 끝난 이번 선거 결과는 미국의 공평한 교육과 민주적 가치의 미래에 대한 우려를 다시 불러일으켰다."

(교육플러스, 2024.11.14.일자)

공직선거 출마를 장려하는 나라, 프랑스

정당 활동에 제한이 없다!

"프랑스 교사와 공무원은 정당 활동을 하는 데 제한이 없으며, 자유로이 정당에 가입하고 활동할 수 있다. 또한 선출직으로 진출하면 자동적으로 휴직이 되고, 선출직 임기를 마치면 자동으로 복직되는 권리를 가지고 있다."

(윤효원, 2025: 79)

프랑스는 다양한 영역에서 시민교육의 성격을 띤 교육이 활발하게 이뤄지는 나라이다. 1789년 프랑스혁명 이후, 콩도르세(Marquis de Condorcet)의 민중교육은 19세기를 거쳐 현대 프랑스의 시민교육으로 정착했다. 민중교육의 정신에는 모두에게 교육의 권리를 보장해야 한다는 생각이 깔려 있었다. 이후에도 교육을 통해서 민주주의와 사회적 권리의 확대 같은 사회 발전을 이룰 수 있다는 프랑스 근대교육에 시민교육의 위상이 자리 잡았다(이기라, 2019: 97). 우리나라의 3·1 만세운동, 4·19 혁명, 5·18 민주화운동과 두 번의 탄핵인 촛불혁명과 빛의 혁명을 생각하면 시사하는 바가 크다.

프랑스의 '표현의 자유'는 어떤가? 예술과 문화가 꽃필 수 있는 이유가 바로 이 표현의 자유에 있다. 프랑스에서 보장받는 교사의 정치기본권에 대한 이해의 시작도 바로 표현의 자유로부터 이뤄진다. 교사이든 공무원이든 누구나 표현의 자유를 보장받는다. 표현의 자유는 민주국가의 가장 기본적인 요소로, 프랑스에서는 모든 구성원이 표현의 자유를 향유할 수 있다.

이는 구체제(앙시앵레짐)를 혁파했던 프랑스혁명의 정신이 깃든 「프랑스 인권선언」에 정확히 적시되어 있다. 특히, 제10조는 표현의 자유를 보장한 조항인데, '법에 의해 설정된 공공질서를 교란하지 않는 한' 그 어떤 표현도 보장된다.

> **「프랑스 인권선언」(1789)**
>
> 제1조 인간은 권리에 있어서 자유롭고 평등하게 태어나 생존한다. 사회적 차별은 공동 이익을 근거로 해서만 있을 수 있다.
>
> 제2조 모든 정치적 결사의 목적은 인간의 자연적이고 소멸될 수 없는 권리를 보전함에 있다. 그 권리란 자유, 재산, 안전, 그리고 압제에의 저항 등이다.
>
> 제10조 누구도 그 의사에 있어서 종교상의 것일지라도 그 표명이 법에 의해 설정된 공공질서를 교란하지 않는 한 방해될 수 없다.

이러한 취지를 이어받은 「프랑스 공무원의 권리와 의무에 관한 법률」(1983) 제6조와 제18조는 표현의 자유를 그대로 인정하고 있다. 공무원에게 인정되는 의사 표현의 자유는 곧 피선거권을 향유할 수 있다는 법적 논리와 공감대가 형성되어 있다. 의사 표현의 자유를 가지기 때문에 일정한 선거에 출마할 수 있는 피선거권도 인정되는 것이다.

교사의 정치참여는 평등성과 동등성의 문제

1946년에 공무원에게 조합권과 파업권이 주어지고, 판사에게도 공무원조합권을 보장한 프랑스는 1958년 「프랑스 헌법」에 교사 정치기본권의 위치를 보다 분명히 알 수 있는 조항을 제시한다. 즉, 교사의 정치기본권을 평등과 다른 국민과의 동등성 차원에서 보장하고 있다. 모든 시민이 법 앞에서 평등하고, 선출직이라는 직업과 책무에 동등하게 접근하도록 하고 있다.

> **「프랑스 헌법」(1958)**
>
> 프랑스 국민은 1789년 인권선언에서 정의되고, 1946년 「헌법」 전문에서 확인 및 보완된 인권과 국민주권의 원리, 그리고 2004년 환경 헌장에 정의된 권리와 의무를 준수할 것을 엄숙히 선언한다. 프랑스 공화국은 상기의 원리들과 각 국민의 자유로운 결정에 의거하여 공화국에 결합하려는 의사를 표명하는 해외 영토들에게 자유, 평등 및 우애의 보편적 이념에 기초하여 그들의 민주적 발전을 위해 구상된 새로운 제도들을 제공한다.
>
> 제1조 ① 프랑스는 불가분적, 비종교적, 민주적, 사회적 공화국이다. 프랑스는 출신, 인종 또는 종교에 따른 차별 없이 모든 시민이 법 앞에서 평등함을 보장한다. 프랑스는 모든 신념을 존중한다. 프랑스는 지방 분권화된 조직을 갖는다.

> ② 법률은 남성과 여성이 선출직 및 그 임기 그리고 직업적, 사회적 책무에 동등하게 접근하도록 한다.

이러한 법적 보호와 사회적 신뢰 분위기로 프랑스의 교사들은 대부분 국가공무원으로서 선거권과 피선거권에 대해 어떠한 제약도 받지 않는다. 오히려 권장받는다. 교사가 선출직으로 진출하면 이 선출직 임명 기간 동안 휴직한다. 물론 임기가 만료됨과 동시에 다시 복직할 수 있다.

교사들이 차지했던 의석수를 보면, 1981년 총선에서는 491석 중 167석, 1997년 총선에서는 577석 중 150석이었다(전학선, 2013: 55–56). 이렇게 단일 직종으로 압도적 우위를 차지하는 데는 학부모의 신뢰가 원동력이고, 교사의 윤리의식과 교육에 대한 신뢰가 밑바탕에 깔려 있었다. 프랑스 현행 법률의 특징을 보면 사회적 신뢰가 어떤 것인지 엿볼 수 있다(윤효원, 2025: 80).

- **직접 규제 없음** : 정치활동을 '직접 규제하는 법의 규정'은 일부를 제외하고는 일반적인 교사와 공무원에게 존재하지 않는다.
- **표현의 자유로 인정** : 교사와 공무원의 정치활동은 '공무원의 권리인 표현의 자유'로 인정된다.
- **원칙적 자유** : 교사와 공무원의 정치활동은 원칙적으로 자유이며, 일정 한도를 초과한 경우에 한하여 판례법리인 '신중 의무'에 의한 제약이 가해진다.
- **징계와 형벌 불허** : '신중 의무' 위반에 대한 제재는 징계 처분뿐만 아니라 형벌을 부과하는 것이 허락되지 않는다.
- **징계 처분의 최소화** : 징계 처분의 대상으로 되는 것은 지위와 직무

의 성질 등의 여러 요소를 고려한 뒤, 공무의 좋은 운영을 해치는 것이라고 판단된 경우로 한정한다.

프랑스의 이런 상황은 이상에 불과할까? 우리도 민주화의 역사가 깊다. 교사의 수준도 세계 최고라고 평가받는다. 학부모와 우리 사회가 나서서 교사를 믿고 힘을 실어 주면 국민이 보장받아야 할 표현의 자유는 지금보다 더 증진되고, 자라나는 세대의 정치에 대한 건강한 관심은 더 늘어날 수 있지 않을까?

형사처벌을 절제하는 나라, 일본

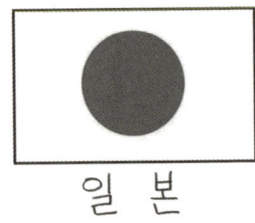

'교사 정치기본권' 제약은 있지만

교사의 정치기본권과 관련해서 일본은 우리나라와 비슷한 상황이라고 생각하는 사람이 많다. 그러나 중앙과 지방의 차이가 있지만, 일본은 교원과 공무원 모두 정당 가입과 정치자금 기부가 허용되고 있다. 심지어 지방공무원의 경우 선거운동까지 허용하는 곳이 있다.

물론 교원과 공무원의 정치활동은 법에 따라서 금지되어 있다. 일본 「공직선거법」 제136조와 제137조에 의하면 그 지위를 이용하여 선거운동을 하는 것이 금지되어 있고, 후보자 추천 및 후원 결성에 참가하는 등 선거운동으로 간주되는 행위 또한 금지되어 있다. 교육자는 학교 학생에 대해서도 지위를 이용하여 선거운동을 자유롭게 할 수 없다.

일본도 우리나라 못지않게 제한한다고 볼 것이다. 하지만 이런 제약에도 불구하고 정당 가입의 자유가 있고, 정치기부금과 정치기부금 세액공제까지 허용하며, 정치적 표현의 자유도 약간은 보장받는 점에는 일종의 특이점이 있다. 정치자금 모금회에 참여할 수도 있고, 모금회 파티권을 구입할 수도 있다(윤효상, 2025: 89).

교원의 정치활동을 제한하는 일본 법률은 「임시조치법」과 「교육공무원특별법」에 따른다. 「임시조치법」의 정식명칭은 「의무교육 제 학교에 있어서 교육의 정치적 중립의 확보에 관한 임시조치법」으로 의무교육과 정치적 중립 확보가 목적인 법이다. 「교육공무원특별법」은 국가공무원 규정을 따라 정치활동 금지를 명시하고 있다. 「국가공무원법」제120조는 '정치적 행위의 제한'이라는 이름으로 정당 또는 정치적 목적을 위해 기부금 관련 행위에 관여하거나 선거권 행사를 제외시키고 있고, 선거에 의한 공직 후보자도 될 수 없게 해 놓았다. 또한 정당이나 정치단체의 임원, 정치 지도자 등의 역할을 할 수 없게 했다. 「인사원규칙」에는 교사를 포함한 국가공무원이 알아야 할 '정치적 목적'과 '정치적 행위'에 대해 아래와 같이 제시했다.

<일본 인사원규칙 중 정치적 목적과 정치적 행위>

범주	사례
정치적 목적	·공직선거에서 특정 후보자의 지지 및 반대 ·특정 정당의 지지 및 반대 ·특정 내각의 지지 및 반대 ·정치 방향에 영향을 미치는 의도로 특정 정책 주장 및 반대 ·국가기관 등에서 결정한 정책의 시행 방해
정치적 행위	정치적 목적을 위한 행위 · 직명, 직권 등을 이용한 공사(公私)의 영향력 이용 · 부과금·기부금 등의 요구나 수령 또는 이러한 행위 관여 · 공직선거에서 투표 권유 운동 · 서명운동 기획·주재 등 · 시위운동 기획·지도 등 · 국가의 청사·시설 등의 이용

정치적 행위	정치적 목적을 가진 의견, 문서에 관한 행위 · 많은 사람들 앞에서 정치적 목적을 가진 의견을 말하는 것 · 정치적 목적을 가진 문서와 도화의 발행·배포·저작·편집 당연히 정치적 목적을 가진 것으로 여겨지는 행위 · 정치적 단체의 임원 등이 되는 것 · 특정 정당의 구성원이 되도록 권유운동을 하는 것 · 정당 기관지 등의 발행 및 배포

(윤효상, 2025: 88)

처벌을 절제한다는 것

일본 사법부는 교사나 공무원에 대해 최대한 형사처벌을 절제하려고 한다. 이는 2005년 일본 최고재판소의 판결이 계기가 되었다. 한 공무원이 휴일에 일본공산당중앙위원회가 발간하는 일간 기관지를 자택 부근의 맨션에서 배포한 사건이 있었다. 이 사건은 공무원의 정치적 행위를 전면 금지한 「국가공무원법」에는 위배되었지만, 표현의 자유도 중요하다고 판결했다. 또한 국민 의식의 깊이 등을 고려하여 공무원에 대해 근무 외 시간까지 전면적으로 정치활동을 금지하는 것은 범위가 지나치게 넓다고 지적하였다. 일본 최고재판소가 처벌 조항을 위헌이라고 하지 않으면서도, 그 행위가 처벌 규정의 구성 요건에 해당하지 않는다고 판단한 것이다.

시간을 거슬러 또 하나의 사건이 있었다. 1996년 교육 현장에서 '일장기 히노마루 게양'과 '기미가요 제창 지도 강화' 조례를 거부한 교사들에게 벌어진 일이었다. 이 사건에 대해 시간이 한참 지난 2011년 일본 최고재판소가 판결을 내렸다.

핵심은 국가 제창 시 기립 제창 행위가 교사의 역사관, 세계관, 신념 등에 직접 제약은 아니고, 간접 제약이 된다고 인정했다. 간접 제약의 양태, 직무명령의 목적과 내용을 비교 고려하여 제약을 허용할 수 있는 정도의 필요성과 합리성이 인정될 수 있다고 결론지었다. 현재 일본은 교사가 학생에 대해 정당을 가입하라고 하는 행위 등에 대해서만 유일하게 형사처벌을 하고 있다.

교사에게 '형사처벌'이라는 말을 쓰지 않는다

보통 사람들에게 '형사처벌'이라는 말처럼 무서운 말은 없을 것이다. 교사에게도 마찬가지다. 교육하는 교사에게 '법'도 먼 이야기지만 '형사처벌'은 너무 먼 말이다. 교사에게 형사처벌은 사형선고와도 같다. 우리나라의 교사 징계는 이중처벌 성격이 강해 입건이나 기소만으로도 징계가 진행된다. 연이어 직위해제나 해임, 파면도 빠르게 이루어진다.

형사처벌이란 구속되든 구속이 되지 않든, 벌금형을 받든 징역형을 받든, 기소유예나 선고유예를 받든, 이 모두를 포함해 '법에 의해 처벌을 받는 것'을 말한다. 특히, 형법상 범죄행위에 대한 제재를 말한다. 전과자가 되는 것이다. 형사처벌이 바로 '구속'이라고 생각하는 사람도 있지만 '입건'과 '구속'은 다르고, 둘 다 형사처벌에 해당한다. 그 중 입건은 검사나 경찰 등 수사기관이 사건을 정식으로 접수시켜 수사를 개시해 정식 형사사건이 되는 것으로, 입건이 되면 용의자에서 피의자 신분으로 바뀌게 된다.

일본의 사법 체계에서만큼은 교육을 존중하는 풍토가 있다. 일본 「교육기본법」 제14조(정치교육)가 "양식 있는 공민이 되기에 필요한 정치적 교양은 교육상 이를 존중해야 한다."고 한 점은 많은 시사점을 준다.

대학교수는 왜 자유로운가

무엇이든 할 수 있는 대학교수

선거철만 되면 대학교수들은 선거 캠프 여기저기에서 자유롭게 활동한다. 정치인들에게 자문을 하기도 하고, 공약을 만들기도 한다. 직접 출마하거나 장관이 되기도 하고, 기관장을 맡기도 한다. 평상시에도 정치적인 표현에 어떠한 제약 없이 온·오프라인에서 자유롭게 표현한다. 공무원 신분인 국공립대 교수더라도 마찬가지다.

2018년 대법원의 판결은 이 모습을 잘 보여 주는 사례다. 한 대학 시간강사인 피고인이 강의 시간에 학생들에게 대통령 선거 예비후보자에 대한 비판적인 신문 기사들을 복사해 배부했다. 이런 행위가 학문적 연구 결과의 전달이나 학문 탐구 과정에 해당하지 않고 특정 후보자의 낙선을 유도하는 행위로 볼 수 있을까? 대법원은 객관적으로 명백한 경우라고 보기 어렵다는 이유로, 시간강사의 위와 같은 행위는 선거운동에 해당하지 않는다고 판단했다(대법원, 2018: 1). 이 판결에서 알 수 있듯이, 법적으로 교수들은 거의 모든 정치기본권을 누리고 있다고 해도 과언이 아니다.

「헌법」 제22조 제1항, 제31조 제4항

「헌법」 제22조 제1항은 "모든 국민은 학문과 예술의 자유를 가진다."고 규정하고 있으며, 제31조 제4항은 "대학의 자율성은 법률이 정하는 바에 의하여 보장된다."고 적시하고 있다. 하지만 교사와는 달리 교수들에게 적용되는 하위 법률인 「고등교육법」, 「사립학교법」, 「교육공무원법」 등에 '학문의 자유'에 대한 조항이 전혀 존재하지 않는다. 여러 법률에서 교사의 정치활동을 금지시킨 것과 비교해 보면 매우 대조적이다.

대법원 판례에 따르면, 「헌법」상 기본권인 '학문의 자유'의 한 내용인 '교수(敎授)의 자유'는 대학 등 고등교육기관에서 교수와 연구자가 자신의 학문적 연구와 성과에 따라 가르치고 강의를 할 수 있는 자유를 말한다. 이는 교수와 연구자가 교육 내용과 방법 등에 있어서 어떠한 지시나 간섭·통제를 받지 아니할 자유를 의미한다(대법원, 2018: 3).

대학 안에서 교수만 자유로울까

'학문의 자유'는 '대학의 자유(Academic Freedom)'를 번역한 것이다. 따라서 학문의 자유는 교수만의 자유가 아닌 대학 구성원 모두의 자유인 것이다. 대학생, 대학원생, 대학 직원은 물론 강사들 또한 학문의 자유를 갖는다. 시간강사에 대한 대법원 판례를 보더라도 학문의 자유는 '교수'만의 자유는 아니다. '학문의 자유'가 '정치의 자유'로 확장되는 흐름이 '모든 국민'에게 해당되는지도 검토되어야 한다.

'학문의 자유'는 19세기 초 독일에서 처음 도입된 개념이다. 당시 학문의 자유는 교수와 학생 모두의 자유를 함께 의미했다. 이를 적극 도입한 미국 대학도 포괄적인 '대학의 자유'를 인정했다. UCLA에서 발표한 「대학의 자유 선언」을 보자.

"대학의 자유란 교수, 사서, 학생 그리고 초청자 등 대학 공동체에서의 지적인 독립성, 자유로운 연구 그리고 구속받지 않는 의사소통을 억압할 목적의 강압과 금지로부터의 자유이다." (대학신문, 2004.7.24.일자)

이런 이유로 대학교수에게는 정년보장제(Tenure)를 도입하고 있다. 대학교수에게 주어지는 특권인 정년보장제는 학문의 자유를 침해하는 다양한 것들로부터 교수를 보호하기 위한 것이다. 이는 학문의 자유가 곧 '정신적 자유'의 핵심이기 때문이다. 기존의 인식과 방법을 답습하지 않고 끊임없이 문제를 제기하거나 비판하면서 새로운 것들을 창조해 가는 교육활동의 본질을 고려할 때, 정신적 자유, 학문의 자유, 교육의 자유가 교사에게는 불필요한 것인가를 묻지 않을 수 없다.

교육 현장을 보면

어린이집을 포함한 유·초·중·고·특수학교 현장에는 다양한 직종이 있다. 여러 직종의 교육자들이 학생들을 대상으로 교육활동이나 교육행정 업무를 하고 있다. 이들의 정치기본권은 어떠한지 아래 표를 참고해 보자.

<교육 현장 직종별 정치기본권 여부 현황>

대상	정당 가입	정당 활동	정치 자금 기부	선거 운동	공직 출마	정치적 자유
대학교수	○	○	○	○	○	○
어린이집 교사	○	○	○	○	○	○
방과후학교 강사	○	○	○	○	○	○
학원 강사	○	○	○	○	○	○
초등 교사	×	×	×	×	×	×
중등 교사	×	×	×	×	×	×
유치원 교사	×	×	×	×	×	×
특수 교사	×	×	×	×	×	×

(송수연, 2025: 14 재구성)

이상하게도 '교사'라는 이름만 붙으면 정치기본권의 거의 모든 영역에서 배제된다. 물론 어린이집 교사는 그렇지 않다. 그리고 같은 학생들을 만나는 학원 강사나 방과후학교 강사는 모든 정치기본권을 보장받는다. 교육활동에 종사하는 사람을 이렇게 폭넓게 보았을 때, 이들 간에 정치기본권 편차가 얼마나 심각한지 알 수 있다. '학생 피해'를 이유로 교사의 정치기본권을 제한해야 한다는 논리도 설득력을 잃는다. 그 논리를 따른다면 대학교수는 물론 어린이집 교사, 학원 강사, 방과후학교 강사도 정치기본권을 박탈해야 하는 건 아닐까?

정당은 교사를 필요로 한다

정당은 누구나 참여할 수 있는 '민주주의의 꽃'

민주주의 국가에서 정당의 중요성은 두말할 필요가 없다. 현대의 정치 환경은 정당을 중심으로 이루어진다(김선화, 2020: 4). 정당이 있어야 독재 정부의 출현을 막고, 좋은 정책과 후보를 만들 수 있다. 정당을 통해 각종 선거를 치르고, 국민이 부여한 정당화된 권력을 획득할 수 있다. 특히, '복수정당제도'는 일당독재 정부의 출현을 원천적으로 막기 위한 헌법적 장치에 해당한다. 민주주의를 꽃피우는 핵심 지점에 정당이 있다는 말이다. 「헌법」은 정당에 대해 다음과 같이 적시하고 있다.

> 「헌법」
> 제8조 ① 정당의 설립은 자유이며, 복수정당제는 보장된다.
> ② 정당은 그 목적·조직과 활동이 민주적이어야 하며, 국민의 정치적 의사 형성에 참여하는 데 필요한 조직을 가져야 한다.
> ③ 정당은 법률이 정하는 바에 의하여 국가의 보호를 받으며, 국가는

> 법률이 정하는 바에 의하여 정당 운영에 필요한 자금을 보조할 수 있다.
> ④ 정당의 목적이나 활동이 민주적 기본질서에 위배될 때에는 정부는 헌법재판소에 그 해산을 제소할 수 있고, 정당은 헌법재판소의 심판에 의하여 해산된다.

「헌법」에서는 정당이 민주적이고 개방적어야 한다고 명시하고 있지만, 현행「정당법」은 교사를 거의 배제하고 있다. 정당 설립의 자유, 정당 활동의 자유를 제약하고 있고, 정당의 발기인과 당원이 될 수 있는 자격에서도 교사와 공무원을 거의 배제하고 있다(김하열, 2025: 101). 그런데 여기서 눈여겨볼 말은 「헌법」 제8조 제2항의 "국민의 정치적 의사 형성에 참여하는 데 필요한 조직을 가져야 한다."이다. 「정당법」에서 말하는 정당의 목적과 개념도 보자.

> **「정당법」**
> 제1조(목적) 이 법은 정당이 국민의 정치적 의사 형성에 참여하는 데 필요한 조직을 확보하고 정당의 민주적인 조직과 활동을 보장함으로써 민주정치의 건전한 발전에 기여함을 목적으로 한다.
>
> 제2조(정의) 이 법에서 "정당"이라 함은 국민의 이익을 위하여 책임 있는 정치적 주장이나 정책을 추진하고 공직선거의 후보자를 추천 또는 지지함으로써 국민의 정치적 의사 형성에 참여함을 목적으로 하는 국민의 자발적 조직을 말한다.

'국민의 이익을 위하여', '책임 있는 정치적 주장이나 정책'은 교사를 포함한 모든 국민이 자유롭게 정당을 통해 실현할 수 있어야 한다. '국민의 정치적 의사 형성에 참여'할 수 있는 주체는 '국민'이고, 교사도 당연히 '국민'이다. 「헌법」이 이러한 권리를 보장하고 있음에도 불구하고, 왜 다른 법률이 이를 가로막고 있는가? 이는 헌법적 가치와 실정법의 모순을 드러내는 지점이다.

정당의 역할과 기능 가운데 가장 핵심적인 일 중 하나가 공직선거에 후보자를 공천하는 일이다. 교사 직군을 정당의 공직선거 후보자로 공천하는 일은 직능 비례 관점에서 지극히 당연하고, 동시에 중요하다. 정당은 여론을 형성하고, 국민이 자신들의 주장에 동조하도록 쟁점을 개발하고, 정강에 따라 정책을 수립하여 홍보하고 실행하는 등의 역할과 기능을 수행한다. 이런 정당의 역할을 고려할 때 교육정책에 교사가 참여하는 것 또한 공식적으로 정당을 통한 방식일 때 가장 효과적이고, 실질적인 영향을 미칠 수 있다.

'정치적 의사 형성'의 꼭지들

교사에게 정당 가입과 활동이 왜 중요한가? 바로 '정치적 의사 형성' 때문이다. 정당을 통해 정치와 관련된 다양한 사안에 국민의 의견이 모여지고, 의제가 되고, 정치로 표현된다. 그렇다면 정치적 의사 형성에는 어떤 것이 있을까? 크게 네 가지 정도로 나눠 볼 수 있다.

1. **의견 표현** : 국민은 선거, 투표, 여론조사, 정책 토론 등을 통해 자신의 정치적 의견을 표현한다.

2. **정치활동** : 시민단체, 시민운동, 정치 관련 행사 등을 통해 자신의 정치적 의견을 실천하고 정책 변화를 촉구한다.
3. **정당 역할** : 정당은 국민의 정치적 의견을 수렴하고, 정책을 제안하며, 선거를 통해 정치적 의사를 표출하는 역할을 한다.
4. **국회의원 역할** : 국회의원은 정당을 통해 국민의 의사를 대변하고, 입법 활동을 통해 정책 결정에 참여한다.

이런 과정을 살펴보면 교사와 정당의 관계는 호혜적임을 알 수 있다. 교사가 의견을 표현하고, 정치활동을 하며, 정당 내 역할을 수행하거나 국회의원이 된다면, 교사들은 정당을 통해 대표성을 가진 제도적 정치 참여 통로를 확보하여 자신의 전문성과 교육 현장의 목소리를 정치에 반영할 수 있는 기회를 얻게 된다. 반대로 정당이 교사에게 문을 열고 다양한 활동을 한다면, 정당은 교육 전문성과 현장성을 가진 자원을 얻게 되고, 좋은 정책을 생산할 수 있게 되면서 정당 발전에도 도움이 된다. 왜 선진국의 풍토가 그러한지 이해할 수 있는 대목이다. 교사들이 정당에 가입하고, 참여하면 할수록 민주주의의 기반은 더욱 튼튼해진다.

교사는 교육 전문가이면서 학생들에게 시민으로서의 모범을 보여 주어야 하는 위치에 있다. 교사가 시민으로 바로 서는 모습 자체가 학생들에게 국민주권의 실현을 직접 보여 주는 효과가 있다. 특히, 교사의 의사가 반영된 교육정책은 학생과 학부모와 국민의 지지를 얻을 가능성이 높다. 실제로 교사들은 교육정책 형성에 반영해야 할 가치로 '민주성', '학습과 성장', '공공성'을 꼽았다(서용선, 2024: 169). 또한 교사의 정치참여는 정치적 양극화와 무관심을 극복하는 중요한 교육적 효과도 있다.

국가는 학교에서
'정치'를 잘 가르치라 하네

내가 쓴 '정치 교과서'

"다양한 법적·정치적 문제 상황이나 쟁점 사례들을 중심으로 실제적인 문제해결 과정을 거치면서 합리적인 의사결정 능력을 기르게 될 것이다. 민주주의의 기본 가치를 내면화하고, 시민의 권리와 사회적 책임을 인식하는 가운데 지역사회와 국가, 나아가 국제사회의 분쟁을 평화적으로 해결하는 민주시민으로서의 능력과 태도를 기를 수 있을 것이다."

(손병로 외, 2014: 4)

필자는 2014년 『고등학교 정치와 법』 교과서를 금성출판사에서 집필했다. 집필의 근거는 '2011 개정 교육과정', 즉 '국가 교육과정'이었고, 이는 정부의 고시에 따른 것이었다. 필자는 교과서의 머리말에 위와 같은 글을 썼다. 당시 필자가 맡았던 1단원의 제목은 '민주정치와 법'이었다. 다시 생각해 보면, '정치기본권이 없는 교사 시민'이 정당 가입이 가능한 정치기본권을 가진 '교복 입은 시민'을 위해 쓴 교과서였다. 그 가운데 '정치과정'을 다룬 부분에서 아래와 같이 기술하였다.

"민주주의 국가에서 정치과정이란 사회의 다양한 문제를 둘러싼 요구가 정책 결정 기구에 투입되어 정책으로 나타나는 모든 과정을 말한다. 사람들이 더불어 살아가는 국가라는 정치 공동체에는 다양한 문제가 나타나며, 개인이나 집단이 요구를 표출하면 정부는 정책을 통해 이를 해결한다." (서용선, 2014: 69).

학생들이 배우는 교과서 내용이지만, 위 내용은 교사 정치기본권에도 적용될 수 있다. 정치기본권이 보장되지 않은 상태에서 교사가 정치과정을 가르치는 현실은 그 자체로 정치과정의 문제를 드러낸다. 동시에 앞으로 이 권리를 어떻게 보장할 수 있는지에 대한 고민 또한 정치과정의 일부가 될 수 있다. 이러한 경향은 고등학교에만 국한되지 않는다. 초등학교와 중학교 교육과정 또한 학생들에게 정치참여를 권장하고 있다. 이는 민주주의 국가에서 정치를 가르칠 때 상식적인 교육 내용이자 방법이기 때문이다.

교사는 학교 안에서 종교적 신념을 전파하거나 주입식 교육을 해서는 안 된다. 하지만 학교 밖에서 종교 활동을 자유롭게 할 수 있는 것처럼, 정치활동도 마찬가지여야 한다. 교사 개인의 종교 활동이 직무인 교육과 직접 연결되지 않기 때문에 문제가 되지 않듯, 교사 정치활동의 자유 또한 같은 원리로 보장되어야 한다.

2022 개정 교육과정에서 '정치'

우리나라 교육은 공교육 체계를 기반으로 한다. 「헌법」 제31조는 '국민의 교육을 받을 권리'를 실질적으로 보장하며, 국가나 공공단체가 적극적으로 그리고 능동적으로 주도하고 관여하는 교육체계, 즉 공교육 제도를 구축하고 있다. 공교육 제도하에서 교육목표를 실현하기 위한 교육제도의 형성·감독은 국가의 권한이자 책무인 것이다(김하열, 2025: 687). 공교육 학교에서 이를 구체적으로 실현하고자 하는 일종의 청사진이 '국가 교육과정'이고, 현재는 '2022 개정 교육과정'을 통해 이뤄진다. 2022 개정 사회과 교육과정의 '정치' 과목에서는 학생들에게 그 성격을 아래와 같이 제시하고 있다(교육부, 2022b: 207).

> **가. (정치 과목의) 성격**
> 정치는 현대 민주주의 사회의 공동체 구성원에게 요구되는 시민 역량과 일상생활의 정치 생활에 능동적으로 참여하는 민주시민의 자질을 함양하기 위해 개설된 일반사회 영역의 진로 선택 과목이다.
> 정치는 학생들이 민주시민의 기본적인 소양이라고 할 수 있는 민주주의에 대한 이해를 기초로, 다양한 정치 현상을 분석하는 데 필요한 개념과 원리를 이해하고 이를 바탕으로 일상생활에서 접하는 정치적 쟁점 해결 과정에 요구되는 기능과 역량의 함양을 추구한다.
> 이를 위해 정치에서는 학생들이 민주주의 이념과 민주정치 및 민주주의의 운영 원리, 정당을 비롯한 다양한 정치참여의 주체, 선거, 국가권력의 구성 원리와 정부 형태, 국제 사회의 특징과 다양한 국제 문제를 탐구할 수 있도록 한다. 그리고 일상생활에서 민주주의의 원리를 실천하고 다양한 유형으로 정치에 참여하며 국제 문제 해결에 능동적으로 참여하는 능력을 함양할 수 있도록 내용을 구성한다.
> 정치를 학습하는 과정에서 학생들은 정치과정에 능동적으로 참여하여 공동체의 발전에 이바지하고 나아가 세계시민으로서 국경을 초월하는 문제의 해결에 관심을 가지고 적극적으로 참여하는 태도를 함양한다.

위에 제시된 '정치 과목의 성격'과 불완전한 정치기본권을 가진 교사를 대비해 보자. 정치기본권을 갖지 못한 교사가 학생들을 상대로 '민주주의 이념'과 '민주정치 및 민주주의의 운영 원리'를 가르쳐야 한다. 정당에 가입조차 못하는데, '정당을 비롯한 다양한 정치참여의 주체'에 대해 가르쳐야 한다. 휴가나 휴직 없이 피선거권을 행사하기 어려운 교사가 '선거와 국가 권력의 구성 원리와 정부 형태'에 대해 가르쳐야 한다. 정치적 표현의 자유가 없는 교사가 '일상생활에서 민주주의 원리를 실천하고 다양한 유형으로 정치에 참여'하도록 가르쳐야 한다.

이러한 현실은 2022 개정 교육과정이 지향하는 민주시민교육의 핵심 가치와 교사가 처한 현실 사이의 간극을 보여 준다. 「2022 개정 교육과정 총론」에도 학생들에게 정치를 잘 가르쳐야 한다는 메시지는 분명하게 담겨 있다(교육부, 2022a: 5).

> **추구하는 인간상**
> 라. 공동체 의식을 바탕으로 다양성을 이해하고 서로 존중하며 세계와 소통하는 민주시민으로서 배려와 나눔, 협력을 실천하는 더불어 사는 사람
>
> **핵심역량**
> 바. 지역·국가·세계 공동체의 구성원에게 요구되는 개방적·포용적 가치와 태도로 지속 가능한 인류 공동체 발전에 적극적이고 책임감 있게 참여하는 공동체 역량

「교육기본법」에서 민주시민교육

학교에서는 사회 과목을 포함한 여러 수업에서 '정치교육'을 담고 있는데, 이를 넓게 보면 모두 '민주시민교육'의 일환이라고 할 수 있다. 그렇다면 「교육기본법」에는 어떻게 되어 있을까? 「교육기본법」의 '교육이념' 부분에서는 민주시민을 육성하는 일을 매우 중요하게 명시하고 있다.

> **「교육기본법」**
> 제2조(교육이념) 교육은 홍익인간(弘益人間)의 이념 아래 모든 국민으로 하여금 인격을 도야(陶冶)하고 자주적 생활능력과 민주시민으로서 필요한 자질을 갖추게 함으로써 인간다운 삶을 영위하게 하고 민주국가의 발전과 인류공영(人類共榮)의 이상을 실현하는 데에 이바지하게 함을 목적으로 한다.

대한민국 교육의 기본은 '모든 국민으로 하여금 민주시민으로서 필요한 자질을 갖추게 하고 민주국가를 발전시키는 데 있다.' 그렇다면 이 일을 과연 어떤 사람들이 하고 있는지 생각해 봐야 한다. 법치란 국가가 법률에 따라 나라를 다스리는 것을 의미한다. 이러한 법치에는 '정치를 규제하는 법치'와 '정치를 구성하는 법치'로 나눌 수 있다(정태욱, 2002: 117-131). 「교육기본법」에 따라 교육하는 일 역시 법치이며, 교육은 '정치를 구성하는 법치'와 가깝다. 결국 「교육기본법」이 제대로 작동되려면 교사의 역할이 중요하다는 것은 상식에 가깝다. 교육에서 '정치를 구성하는 법치'를 실현하는 길은 '교사 정치기본권'을 온전히 보장하고 활용하는 일이라고 할 수 있다.

다양한 현장 속 질의응답 2

1. 교사들이 오랫동안 요구했다는데 변화가 없는 이유는 뭘까요? 교사의 정치기본권 확보를 위해 교사가 해야 할 일은 뭘까요?

정치권력이 강고하고, 오랫동안 정부 체계가 이를 제대로 성찰하지 못했다고 봅니다. 정권을 잡아 정부를 운영할 때, 교원을 포함한 공무원을 특별권력관계 속에서 바라보는 게 컸습니다. 쉽게 말해, 정치권력이 '말 잘 듣는 영혼 없는 사람'으로 교원이나 공무원을 간주한 것입니다. 이를 더 억압적인 형태로 체계화시켜 정부를 작동시키기 시작한 계기가 박정희 전 대통령의 5·16 군사쿠데타(1961년)와 국가재건최고회의(1963년) 때 만든 「국가공무원법」이었습니다.

교사가 해야 할 일은 이런 역사를 알리는 일, 법 개정을 위해 의견을 개진하는 일, 교사 정치기본권이 보장되었을 때 발생할 우려들을 사전 및 사후에 불식시키는 일, 독일의 보이텔스바흐 협약과 같은 새로운 사회 협약과 수업 영역까지 건강하게 정치교육을 하는 일 등이 있을 것입니다.

2. 현재는 '학교 밖 정치 자유'를 외치고 있는데 이걸로 충분한가요?

'첫술에 배부를 수는 없다.'는 말이 있습니다. '코가 하나 뚫리면 다른 쪽 코도 뚫린다.'는 말도 있습니다. 현재 여론과 정치권 동향을 보았을 때, '학교 밖 정치 자유'로 의제를 잡은 것은 매우 시의적절하다고 봅니다. '근무 시간 외'나 '학교 밖 자유'는 누가 보더라도 현재의 문제점을 공감하게 하고, 마땅히 정치기본권을 보장받도록 지지받을 수 있을 것입니다.

3. 다른 나라 교사들은 정치활동을 자유롭게 할 수 있나요? 외국과 주요 선진국의 진짜 모습은 어떠한가요?

정치기본권은 민주국가에서 공기와 같습니다. 다른 나라 교사들의 정치활동이 얼마나 자유로운가도 다양하다고 봅니다. 교사가 정당 가입이 자유롭고, 출마가 어느 정도 자유롭고, 일상과 선거 시기에 표현의 자유에 대한 제한이 없는 게 사실입니다. 우리와는 천지 차이입니다. 선진국은 '시민'이 먼저이고, 그다음 '교사'라고 보기 때문에 누구든 정치기본권을 가져야 한다고 인식합니다.

우리는 '교사가 어떻게?'라는 인식이 제도와 문화로 먼저 자리 잡아버렸습니다. 이를 시민권 논의에서는 '이중 시민권(dual membership of citizenship)'이라고 합니다. 민주공화국에서는 누구나 '시민으로서의 시민권'을 갖습니다. 최근 해외 정보가 많아지고, 국내에서 불합리한 측면이 누적되면서 '교사도 시민이지'라는 생각이 퍼져 가게 된 것으로 볼 수 있습니다.

4. 독일의 보이텔스바흐 협약처럼 교실에서도 정치 수업을 할 수 있나요?

지금도 부분적으로 실천하는 교사들이 있고, 더욱 무르익으면 가능해질 수 있으리라 기대합니다. 교사 정치기본권을 보장하는 흐름이 민주시민교육을 더 상승시킬 것입니다. 그러기 위해서는 더 단단한 합의가 필요합니다. 실제 「교육기본법」에는 우리나라 교육의 목적으로 '민주시민교육'이 적시되어 있고, 국가교육과정의 최종 목적도 '민주시민 육성'에 있습니다. 이미 1990년대 초 제6차 교육과정에서는 민주시민교육을 본격적으로 수업에서 실천하도록 했고, 실제 학교 현장에서도 '쟁점중심수업(issue-centerd learning)'을 실천하고 있는 교사들이 적지 않습니다. 보이텔스바흐 협약도 나치 독재에 대한 역사적 반성과 시민사회의 지속적인 노력, 교육적 실천 속에서 꽃피웠다는 점을 상기할 필요가 있습니다.

5. 교사들의 요구에 국회는 어떤 입법 노력을 했나요?

 2010년대 초반부터 현재까지 20여 차례에 가까운 크고 작은 국회 토론회와 간담회가 있었습니다. 2019년 국가인권위원회 제안이 나온 후로 교사 정치기본권에 대한 입법이 본격화되었습니다. 제21대와 제22대 국회에서 발의된 법안 내용과 특징에 대해서는 이 책 3장에 서술해 두었습니다. 실제 정치인들을 만나 보면 '교사 정치기본권 보장'에 대한 당위성에는 상당히 공감대가 높아진 걸 알 수 있습니다. 여기에는 이재명 대통령은 물론 그동안 여야 당대표나 대통령 후보들의 발언과 노력도 포함되어 있습니다. 다만 임계점에 도달하지 못했고, 화룡점정(畫龍點睛)이 이뤄질 수 있는 상황을 만들기 위해 모두의 노력이 필요한 시간에 접어들었습니다.

6. 현행 「국가공무원법」, 「정당법」, 「공직선거법」 등의 제약은 어떤 부분에서 가장 큰 걸림돌이 될까요?

 국회 상임위원회 내에 '법안심사소위원회'에 올라갈 수 있는지, 올라가더라도 통과될 수 있는지가 중요한 상황입니다. 위 법률을 포함한 개정안은 현재 '의원 발의' 상태입니다. 해당 상임위(교육위원회, 행정안전위원회) 내에 법안심사소위원회를 거쳐야 진전이 있습니다. 그렇다면 해당 상임위원회 여야 의원들의 정치적 판단과 행동이 중요합니다. 위원장, 간사 의원들이 법안심사소위원회에서 심사할 법안으로 올려야 하고, 법안심사소위원회에 들어가 있는 위원들이 통과시켜야 하는 상황입니다. 집권하고 있는 대통령과 정부 입장도 중요합니다. 과정 과정마다 크고 작은 걸림돌이 있을 수 있습니다. 이를 숙의해 정리하고, 구체적인 노력도 뒤따라야 할 것입니다.

7. 교사 정치기본권을 갖게 되면 학부모 민원이 늘어나지 않을까요?

이 질문은 시간을 앞서서 하는 질문으로 보입니다. 교사 정치기본권 보장이 확정되었을 때 학부모 민원이 어떻게 될지는 당시 상황을 종합적으로 살펴야 할 것으로 봅니다. 서이초 사태 전후로 학부모의 악성 민원이 많아진 상태에서 교사 정치기본권 보장까지 되면 교사를 더 적대적으로 대하면서 민원이 더 늘어나진 않을까 우려하는 목소리가 있습니다. 하지만 많은 학부모가 교사와 함께 갈 것이고, 서로 신뢰를 쌓아 가면 좋을 것 같습니다. 실제 적지 않은 학부모단체들이 교사 정치기본권을 지지하고 있고, 더 큰 차원의 교사와 학부모의 교육적 역할과 건강한 관계 설정에 대해 함께 노력해야 할 것으로 보입니다. 교육 당국도 이 점을 인식하고 미래지향적인 방안이 준비되어야 할 것입니다.

8. 교사의 정치기본권 확대 논의가 주로 '엘리트 정치'에 머무는 느낌도 있는데, 이 문제의 정당성은 얼마나 공유되고 있다고 보나요?

현재 교사 정치기본권 논의는 '대중 정치'와 '엘리트 정치'가 결합되어 있습니다. '대중 정치'가 시민사회 저변에서 오랫동안 움직여 왔고, '엘리트 정치'가 여기에 공감해 움직였다고 보는 게 맞습니다. 교원단체와 교원노조는 물론 노총을 비롯한 연대 단체가 오랫동안 주장하고, 집회나 기자회견 등을 통해 알려 왔습니다. 서이초 집회 때 교사들의 목소리에는 이 부분이 강하게 실려 있었습니다. 정부에서도 별 반응이 없다가 국가인권위원회(2019년)와 헌법재판소(2020년)의 결정이 전해지고, 서이초 사태 이후에 더 귀 기울이면서 국회의원을 비롯한 정치인들이 역할을 하는 상황입니다.

9. 교사의 정치기본권이 단계적으로 보장된다면, 어느 영역에서부터 시작될 가능성이 높다고 보나요?

행정의 관점에서 보면 '정치 후원금 문제'가 가장 먼저 이뤄질 가능성이 있습니다. 현재도 선거관리위원회에 기탁금 기탁은 가능한 상태입니다. 개인 정치인 후원이 막혀 있죠. 중앙정부 내 유관 기관들끼리 서로 미루고 있긴 하지만, 교원이든 공무원이든 '10만 원 후원'도 못 하게 하는 건 말이 안 된다는 여론이 커 가는 상태입니다. 여기에서 관건은 '특정'이라는 단어입니다. '특정 정당, 특정 정치인, 특정 후보'에 대한 우려는 교사는 물론 국민들을 무시하는 처사입니다. 아래와 같이 현재 후원이 가능한 공무원도 있습니다. 이 사람들과의 형평성 문제도 있을 수 있습니다. 이 사람들도 공무원인데 왜 '특정'한 사람에게 후원해도 되는지의 문제가 대두될 수 있습니다. 그래서 실제 이 부분을 열었을 때, 큰 부작용이 없을 것으로 예상됩니다.

- 대통령(비서실장 및 비서관과 전직대통령의 비서관)
- 국무총리(비서실장 및 비서관), 국무위원(비서실장 및 비서관)
- 국회의장·국회부의장 및 국회의원, 비서실장·보좌관·비서관과 교섭단체의 정책연구위원

- 처의 장(비서실장 및 비서관)
- 각 원·부·처의 차관(비서실장 및 비서관)
- 지방의회의원, 선거에 의하여 취임한 지방자치단체의 장

10. 학교에서는 정치를 잘 가르치라고 하지만, 정치를 잘 가르칠 수 없는 교사들의 조건을 어떻게 보아야 하나요?

국제적으로도 대한민국 교사의 수준은 매우 높다는 게 객관적인 평가입니다. 학창 시절 학업성취 수준이나 교직에 대한 열정만 보더라도 알 수 있습니다. 학교 현장에서는 민주시민교육이나 학생 선거 등 정치와 관련된 학교 활동에 교사들이 적극적으로 임하고, 창의적으로 실천하는 분들이 적지 않습니다. 하지만 정치기본권을 갖지 않은 상태에서 개인의 노력은 한계가 있기 마련입니다. 학교가 보다 살아 있는 교육을 하기 위해서는 교사 정치기본권 보장이 제도적으로 반드시 필요합니다. 개인의 실천이나 비공식적 접근은 지속 가능하지 않습니다. 우리 사회 수준에 걸맞게 제도화, 공식화되어야 교사들이 자신감 있게 교육활동을 펼칠 수 있습니다.

3장

'나침반'은 가리킨다

난생 처음 가보는 길일지라도 나침반은 유용하다.
그 자체가 길로 인도하는 안내자이기 때문이다.
_거니(Alan Gurney)

교사 정치기본권은 어디까지일까

좁게도 넓게도 볼 수 있다

정치기본권은 좁게도 볼 수 있고, 넓게도 볼 수 있다. 협의의 정치기본권 개념은 '참정권'이다. '국민이 국정에 직접 또는 간접적으로 참여하는 권리로 선거권, 피선거권, 공무원이 될 수 있는 권리 따위'를 말한다 (국립국어연구원, 2000: 5953). 교사의 정치기본권을 여기에 맞게 적용해 개념화해 보자. 좁은 범위로만 본다고 해도 교사 입장에서 굉장히 큰 변화일 것이다. '국정에 참여하는 일'과 '피선거권'이 보장되기 때문이다.

> "교사의 정치기본권은 국정에 직접 또는 간접적으로 참여하는 권리로 선거권, 피선거권, 공무원이 될 수 있는 권리를 말한다."

이제는 넓게 생각해 보자. 광의의 정치기본권 개념은 참정권 외에 '국민이 정치적 의견을 자유롭게 표명하거나 그 밖의 방법으로 국가의 의사 형성에 협력하는 일련의 정치적 활동권'이다. 이를 다시 교사의 정치기본권으로 적용해 보자.

"교사의 정치기본권은 교사가 정치적 의견을 자유롭게 표명하거나 그 밖의 방법으로 국가의 의사 형성에 협력하는 일련의 정치적 활동권이다."

이를 그림으로 그려 보면 아래와 같이 구분해 볼 수 있다. 교사 입장에서 국가의 정치적 의사 형성에 참여하는 것을 넘어서 정치적 의견을 자유롭게 표명할 수 있다면 더 큰 범위의 정치기본권이 보장되는 것이다. 이것이 바로 '기본권', 즉 기본적인 권리인 것을 잊지 말자.

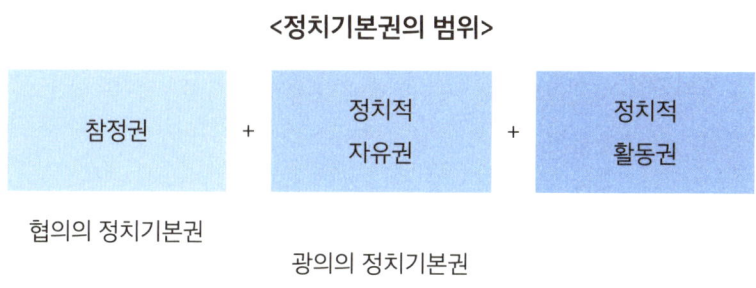

넓게 인정한 헌법재판소

헌법재판소에서는 정치기본권을 어떻게 볼까? 헌법재판소가 '정치기본권'이라는 용어를 사용한 시점은 1994년으로 거슬러 올라간다. '선거운동 기간을 제한하는 일'이 선거운동의 자유를 침해한 것이 아니라고 판결하면서부터 정치기본권 개념이 도입되었다(헌법재판소, 1994: 1-2). 당시 헌법재판소는 정치기본권을 '참정권'에 국한해서 해석한 것이다.

시간이 지나면서 이런 접근이 협소한 접근임을 인정하고 넓게 해석하기 시작했다. 그 해가 2011년이다. 즉, '정치적 의사를 자유롭게 표현하

는 것', '국가의 정치적 의사 형성에 참여하는 것' 등을 모두 정치기본권
으로 간주했다(헌법재판소, 2011: 9).

교사의 정치기본권 또한 참정권은 물론 정치적 자유와 정치적 활동까
지 넓혀 볼 필요가 있다. 헌법재판소에서 제시한 정치기본권을 교사 정
치기본권에 대입해 본다면, 교사 정치기본권의 범위가 어디까지인지 쉽
게 알 수 있을 것이다.

[교사의 참정권]
- **입후보권** : 국회의원, 지방의회의원, 지방자치단체장에 출마해 입후보하기
- **정책지원·자문권** : 국회·지방의회에 교육정책 지원·자문을 위해 파견·고용휴직하기

[교사의 정치적 자유권]
- **정치적 표현의 자유** : 정치적 의견을 언론, 단체, SNS 등에 의견 제시하거나 댓글 달기
- **정치적 언론의 자유** : 정치적 의견을 자유롭게 표명하기
- **정치적 출판의 자유** : 정치적 사상이나 의견을 수록한 도서를 자유롭게 출판하기
- **정치적 집회·시위의 자유** : 집회나 시위를 자유롭게 개최하거나 진행하기
- **정치적 결사의 자유** : 정치 목적을 위한 단체를 자유롭게 결성하기
- **정당 가입의 자유** : 지지하는 정당에 자유롭게 가입하기

[교사의 정치적 활동권]
- **선거운동 관련 활동** : 자유롭게 선거 관련 운동에 참여하기
- **정당 결성 관련 활동** : 정치 결사체를 만들어 정당을 창당하기
- **정당 활동 관련 활동** : 가입된 정당에서 다양한 정치활동 하기
- **시민운동 관련 활동** : 환경운동, 주거운동 등의 다양한 시민운동 하기
- **저항권 관련 활동** : 잘못된 사회 관행, 제도, 정책에 대해 저항하기

이 지점에서 다시 정치가 무엇인지 생각해 보자. 영국의 정치학자이자 사회학자인 스위프트(Adam Swift)는 정치를 '본유적인 것'과 '수단적인 것'으로 나눴다(Swift, 김비환 역, 2011: 290-314).

- 본유적 가치 1 : 자율성으로의 자유
- 본유적 가치 2 : 자아실현
- 본유적 가치 3 : 평등

첫 번째 본유적 가치인 '자율성으로의 자유'는 교사의 직업적 성격과 깊이 연결된다. 교사를 말할 때 흔히 '자율성'과 '전문성'을 겸비한 직업이라고 말한다. 하지만 교사 정치기본권을 말할 때면 그 자유는 사라진다. 무엇보다 가장 중요한 '정치참여로서의 자유'가 없다.

두 번째 본유적 가치인 '자아실현'은 교육의 궁극적 목적이다. 교사는 학생과의 상호작용 속에서 바로 학생들의 자아실현과 성장을 위해 노력한다. 그런데 정작 그들 자신이 정치기본권이 없다면 어떻게 될까? 자신의 자아를 온전히 실현할 수 없는 교사가 학생들의 자아실현을 말하는 것 자체가 어불성설이 된다.

세 번째 가치인 '평등'은 더 말할 나위도 없다. 정치적으로 교사의 평

등한 지위를 보장할 수 있는 법 제정 절차가 매우 중요한데도 불구하고 이를 63년이 지나도록 방치하고 있는 것이다.

정치에서는 본유적 가치와 동시에 수단적 가치 역시 매우 중요하다. 스위프트(Adam Swift)는 수단적 가치를 아래와 같이 밝혔다.

- 수단적 가치 1 : 좋은 혹은 올바른 결정
- 수단적 가치 2 : 시민들의 지적 또는 도덕적 발전
- 수단적 가치 3 : 정당한 것으로 인식하게 함.

최근 들어 흑인, 여성, 청소년이 영화나 드라마의 주인공으로 등장하는 사례가 늘어나고 있다. 예전에는 백인이 주인공인 것이 당연했던 세상에서 이러한 변화는 '좋은 결정'이고 '올바른 결정'이었음을 정치를 통해 인식하게 된다. 교사의 정치기본권 보장 역시 마찬가지다. 이것은 단지 교사에게만 의미 있는 것이 아니라 학생과 학부모, 나아가 우리 사회 전체와 미래 세대를 위해서도 좋은 결정이자 올바른 결정이 될 것이다. 이 책이 갖는 가치가 그러하듯, 교사 정치기본권과 관련된 논의와 공유가 활발해질수록 교사는 물론 시민들도 더 지적으로, 도덕적으로 성장할 수 있다. 지금은 이를 위해 노력하고 투쟁하지만, 차후에 세월이 흘러 돌아보면 교사 정치기본권 보장이 얼마나 당연한 일이었는지도 모두가 깨닫게 될 것이다.

정치 선진국의
교사 국회의원 비율 10%

정치 선진국은 어디일까

노르웨이, 뉴질랜드, 스웨덴, 아이슬란드, 스위스, 핀란드, 덴마크, 아일랜드, 네덜란드, 룩셈부르크, 호주, 대만, 독일, 캐나다, 우루과이, 일본, 영국, 코스타리카, 오스트리아, 모리셔스, 에스토니아, 체코, 포르투갈, 그리스

이 나라들은 2024년 기준 민주주의 지수 8.0을 넘는 정치 선진국이다. 1843년에 창간한 영국의 유력 시사 주간지인 『이코노미스트』 산하의 EIU(The Economist Intelligence Unit)는 매년 전 세계 민주주의의 질을 평가한다.[7] 평가 지표로 사용되는 것은 주로 민주적 권리와 제도에 관한 것인데, 세부 내용은 아래와 같다.

- 선거 과정과 다원주의

---

[7] https://www.eiu.com/n/campaigns/democracy-index-2024

- 정부의 원활한 작동
- 정치적 참여
- 정치적 문화
- 시민의 자유

여기서 민주주의 지수 등급을 4단계로 나누는데, 그 내용은 아래와 같다.

<민주주의 지수의 등급과 특징>

등급	점수	특징
완전한 민주주의	8점 이상	민주주의 체제가 제대로 실행되고 있음.
결함 있는 민주주의	6~8점	민주주의 체제가 제대로 실행되고 있으나, 결함이 존재함.
혼합된 체제	4~6점	권위주의와 민주주의가 혼합된 상태로 정치가 운영됨.
권위주의	4점 미만	독재 체제로 운영되며, 국민의 자유를 통제하거나 억압함. 일부 정부의 기능이 제대로 작동하지 않음.

수준 높은 정치, 신뢰받는 교사

앞서 보았지만, 독일은 국회의원 중 가장 많은 직업군이 교사이다. 연방의회 의원 662명 중 13~15% 내외인 80~100명이 교사이다(한겨레 온,

2022.5.31.일자). 그뿐만이 아니다. 1933년부터 1945년까지 나치 독재 치하와 제2차 세계대전을 겪은 후 '보이텔스바흐 협약'을 통해 정치와 민주주의의 중요성을 법과 제도와 문화로 만들어 오면서 학생과 교사 모두 정치 토론이 일상화되어 있다. 16세가 되면 지방선거에 투표하고, 18세 국회의원도 배출했다.

핀란드도 국회의원의 20% 정도가 교사이고, 직업군 1위에 해당한다. 현재 우리나라가 보여 주는 모습과는 아주 많은 차이가 있다.

프랑스는 교사 신분을 유지하면서도 국회 등 정치권에 진출할 수 있다. 정치활동 기간을 마치고 복직을 한다. 심지어 해당 교사의 경력에 합산시켜 준다. 승진에서도 우대하는 풍토가 자리 잡은 것이다.

프랑스 교사들의 국회의원 직업군 비율도 높지만, 더 중요한 것은 국민의 신뢰가 높다는 것이다. 왜냐하면 교사 출신 국회의원은 교육정책 관련 의사결정에 참여하여 교육체제와 문화 개선에 기여할 수 있기 때문이다. 지금보다 더 나은 정치, 지금보다 더 나은 정책이 가능하다면 마다할 이유가 없다. 또한, 교육 현장의 경험을 바탕으로 다양한 사회문제에 대해서도 더 의미 있는 의견을 제시할 수 있다.

대한민국 교사 출신 국회의원 비율은 1%

2024년 4월 10일, 대한민국 제22대 국회의원 선거에서 당선된 교사 출신 국회의원은 3명이다. 1명은 더불어민주당, 1명은 국민의힘, 1명은 조국혁신당 소속이다. 300명 가운데 3명이니까 1%이다. 이전 1~2명인 상황에 비하면 이 수치도 이제야 늘어난 것이다. 선진국의 교사 출신 국회의원 비율인 10%와 비교하면 30명은 되어야 한다.

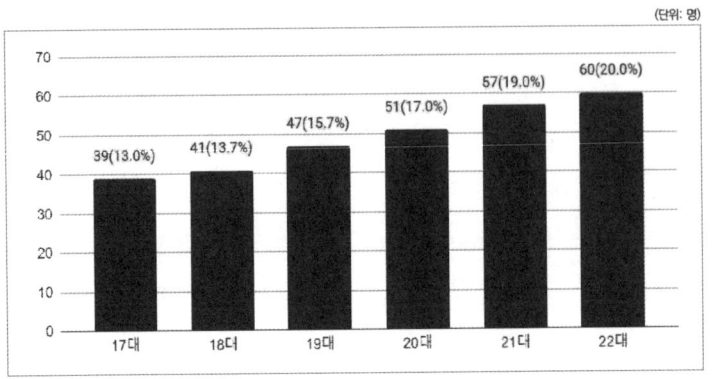

<여성 국회의원 당선자 수: 제17대~제22대 총선>
(단위: 명)

(중앙선거관리위원회, 당선인 통계)

먼저 2024년 제22대 총선에서 여성 국회의원 수는 60명이고, 비율은 20.2%까지 증가했다. 이것은 2004년 17대 총선에서 시작된 '여성할당제' 도입의 성과인데, 20년 동안 꾸준히 증가한 모습을 확인할 수 있다. 세부적인 특징으로는 더불어민주당 계열이 많고, 수도권에 편중되어 있으며, 재선 이상의 여성 의원 비율이 증가하는 경향이 있다(전진영·송진미·황선주, 2024: 3). 여성단체와 여론을 통한 시민사회의 지속적인 노력이 제도화로 이어지면서 여성 의원수가 증가하게 되었다는 점이 가장 중요하다.

OECD 회원국의 평균 여성 의원 비율은 33.8%에 이른다. 대한민국이 20년간 20.2%까지 비율을 높였다는 사실은 그간 제도와 사회 운동으로 얼마나 많은 노력을 기울였는지 알려 주는 지표라 하겠다. 이제는 여성할당제가 법적으로 제도화되었지만, 대한민국 여성 국회의원 수를 확보하기 위한 노력은 지금도 계속되고 있다. 현행 「공직선거법」의 권고대로 각 정당이 지역구 후보자 추천에서 30% 여성할당을 준수한다면 여성 의원 수가 최소 99명으로 늘어나게 된다(전진영·송진미·황선주, 2024: 4). 교사 정치기본권도 이제 시작이다.

교사 정치기본권 확보를 위한 노력

2025년 대선 시기의 노력

2024년 12월 3일, 비상계엄이 선포되고 탄핵 소추 및 인용이 이루어진 뒤 2025년 6월 3일 제21대 대통령 선거가 치러졌다. 그 격동의 시기에 '교사 정치기본권'이 대선 공약에 들어가고, 이를 둘러싼 중요한 두 번의 기자회견이 있었다.

하나는 5월 13일 스승의날을 앞두고 열린 5개 교원단체[8] 공동 기자회견이었고, 다른 하나는 5월 29일 대선을 앞두고 강경숙 의원실·교사정치기본권찾기연대가 개최한 '학교 밖·근무 시간 외 교사 정치활동 보장을 촉구하는 국회 기자회견'이었다. 그 기자회견에서 발표된 내용 중 중요한 대목을 소개하고자 한다.

---

[8] 가나다 순으로 '교사노동조합연맹', '새로운학교네트워크', '실천교육교사모임', '전국교직원노동조합', '좋은교사운동'이다.

"우리는 정치기본권이 보장된 교육 현장을 만들고자 합니다. 이는 단지 교사의 권리를 회복하는 일이 아니라, 교육의 민주성을 복원하고, 교육정책이 국민의 삶을 위한 방향으로 나아가도록 하는 전제 조건입니다. 대통령 후보들은 교사의 정치기본권 보장을 명확히 공약으로 제시하고, 당선 즉시 관련 법률의 전면 개정을 추진해야 합니다. 교사는 정치적 침묵의 대상이 아니라, 교육과 사회를 변화시킬 주체입니다. 교사의 정치기본권은 더 이상 미룰 수 없는 시대적 과제이며, 대한민국 민주주의의 수준을 가늠하는 잣대입니다." (강경숙 국회의원·교사정치기본권찾기연대, 2025: 1)

여기 5개 교원단체의 마지막 회견문 내용은 '교사 정치기본권'이 단지 '교사' 만을 위한 일이 아님을 분명히 보여 주고 있다. '교육의 민주성', '국민의 삶을 위한 교육정책'의 길로 제시하고 있다. 특히, 교사를 '교사와 사회를 변화시킬 주체'로 적시하고 있다. 기존에 볼 수 없었던 내용도 포함되었다. 그것은 장애인 교원의 목소리였다.

"장애인은 우리 사회에서 가장 배제되고 주변부로 밀려나는 존재입니다. 민주주의가 매우 잘 작동하는 사회에서도 장애인의 목소리는 배제되기도 합니다. 정치기본권을 평등하게 보장하는 대한민국을 꿈꿉니다. 장애인 교원의 목소리를 경청하는 것은 우리 사회 모든 이들의 목소리를 듣는 일입니다. 학교는 다양한 이들이 모여 민주시민교육을 꽃피우는 공간이며, 교실과 학교에서는 세상의 다양한 이야기를 할 수 있어야 합니다. 교사의 정치기본권 보장은 교사가 정책 결정에 참여해 교육정책을 바꾸는 것만을 의미하지 않습니다. 민주시민교육을 위해 다양한 구성원들이 다양한 의견을 나누겠다는 선언입니다."

(강경숙 국회의원·교사정치기본권찾기연대, 2025: 4)

위 회견문 내용은 장애인교원노조 위원장의 말이다. 장애인과 사회의 관계를 민주주의와 교육의 관점으로 비유하여 깊은 인상을 남겼다. 이는 교사의 정치기본권 보장이 단지 교사의 권리만을 말하는 것이 아니라, 장애인의 목소리에 귀를 기울이는 것처럼 소수자의 목소리를 존중하고 다양한 의견을 수렴하는 민주주의의 성숙 과정임을 일깨워 준 기자회견이었다.

짧지 않은 노력

정치기본권 확보를 위한 노력의 역사는 결코 짧지 않다. 1990년대에는 교원과 공무원의 노동 3권 보장을 위한 노력이 있었고, 2000년대의 헌법소원 제기와 국가인권위원회를 통한 권리 회복 노력은 본격적인 시작점이었다. 더 거슬러 올라가면, 그 꿈틀거림은 1987년 6월 민주항쟁에서 찾을 수 있다. 뜨거웠던 1987년, 민주화를 염원하던 시민들과 교육주체들은 공무원과 교원의 정치적 중립성에 대하여 1960년에 만들어졌던 「헌법」의 취지대로 돌아가게 하려는 노력을 기울였다.

당시 논의의 핵심은 교원과 공무원의 정치적 중립성이 국가 권력이나 정당 등 외부의 부당한 압력으로부터 영향을 받지 않도록 보호하는 차원에서 다루어져야 한다는 것이었다. 다시 말해 외부의 부당한 영향력을 막고, 그 행위를 처벌하려고 했던 「헌법」의 기본정신으로 돌아가자는 것이었다. 하지만 6월 민주항쟁이 '절반의 성공'과 '절반의 실패'로 마무리되면서, 안타깝게도 교사의 정치기본권 확보도 성공을 거두지 못했다.

2000년대에 들어서면서 다양한 노력이 이뤄졌다. 2003년과 2004년에는 교원의 정당 가입과 선거운동 참여 등에 대해 헌법소원이 이뤄졌다. 2001년 국가인권위원회 출범 이후에는 교원의 사상과 양심, 표현의 자유를 침해하지 말라는 진정을 넣는 등 제도권 내 투쟁으로 이어졌다. 국회를 대상으로 한 노력도 있었다. 2020년 10월에는 '교원의 정치기본권 보장을 위한 공직선거법 및 국가공무원법 개정 촉구 청원'을 접수하여 한 달이 채 안 되는 시간 동안 국민동의청원서 10만 명을 달성하기도 했다(국민동의청원서, 2020: 1). 자세한 내용은 뒤의 「참고 자료 3」에 실었다. 이를 계기로 교사의 정치기본권 관련 법 개정 논의가 본격적으로 시작되었다. 이 법안에 대한 설명은 뒤에 제시했다.

2011년 교육부는 재판 전 징계! 검찰은 1,920명 기소!

교사의 정치기본권 운동사에 2011년은 끔찍한 한 해였다. 이 시기는 이명박 정부 시기였는데, 교사와 공무원이 정당 후원금을 냈다는 이유로 벌금을 받고 해임이나 정직 등 중징계를 받는 일이 발생했다. 아래는 당시 재판부의 판결문 일부이다.

"피고인들이 ○○당으로부터 받은 가입 원서와 당비 자동납부신청서를 작성하고 당원 번호를 부여받은 점으로 미뤄 당에 가입하고 매달 금원을 이체한 사실이 인정된다. … 피고인들은 정당에 가입해 당비를 납부하는 등 합법적인 재정 지원이나 직접 기부 행위가 전면 금지돼 있다. … 후원금일지라도 법률이 정하지 않은 방법으로 금원을 납부한 행위는 타당하지 않다. … 가입 여부만으로 당원으로서 직접적인 활동을 했는지 여부를 알 수 없고 피고인들의 금원 이체는 당원이 아닌 후원회원 자격의 후원금인 것으로 봄이 상당하다. … 이들이 가입 원서를 작성한 시점으로부터 공소시효(3년)가 완료됐다." (매일노동뉴스, 2011.12.29.일자)

당시 교육부의 이름은 '교육과학기술부'였는데, 당시 장관은 이주호 장관이었다. 교육과학기술부는 정당에 후원한 교사들을 징계하라고 교육감들을 압박했고, 검찰은 「정치자금법」 위반으로 교사들을 무더기 기소했다(경향신문, 2011.7.5.일자). 그 수는 1,920명에 달했다. 실제 교원의 징계 권한은 교육감 권한인데, 당시 교육과학기술부의 시정 명령은 교육지방자치에 위배된다는 지적도 나왔다. 게다가 최종 판결이 나오기 전에 선제적으로 징계가 내려져 적절성 논란이 일었다.

이런 상황은 2014년 헌법소원으로 연결되었다. 물론 헌법재판관 전원일치로 「정당법」과 「공직선거법」에 대해 '합헌' 결정이 내려졌다. 법의 한계 속에서 헌법재판소는 교사의 정치기본권을 전혀 인정하지 않은 것이다.

2017년, 헌법재판 청구 모금에 1,068명 참여

2017년은 교사의 정치기본권 운동사에서 획을 긋는 시기였다. 교사의 정치기본권을 보장하지 못하는 법률에 대한 헌법재판 청구에 교사들이 모여들었다. 당시 모였던 교사의 수가 1,068명이었다(EBS, 2018.2.28.일자). 이 과정에서 '교사정치기본권찾기연대'라는 단체가 만들어졌고, 이를 중심으로 전국의 교사들이 헌법소원을 위한 재판 비용 마련에 힘을 보탰다.

특히 헌법소원 청구인이 9명 있었는데, 이들 모두 신규교사였다는 점은 지금 생각해도 매우 놀라운 일이었다. 헌법소원의 청구 기간은 그 사건이 발생한 날로부터 1년 이내, 그리고 기본권 침해 사유를 안 날로부터 90일 이내였기 때문이다. 이들은 발령받은 첫해에 바로 국가를 상대로 소송을 제기했고, 2018년 9명의 이름으로 헌법재판을 신청했다.

'신규교사가 얼마나 정치기본권을 침해받았다고 생각할까?' 의문을 가질 수도 있지만, 교육계의 뿌리 깊은 관행에 신규교사들이 경종을 울린 것이다. 이 사건은 이후 젊은 세대 교사들에게 큰 영향을 주고 있으며 교사의 정치기본권을 둘러싼 인식의 전환을 이끄는 계기가 되었다.

「국가공무원법」 제65조 제1항, 일부 위헌 판결

그 결과가 2020년 4월 23일에 나왔다. 판결 결과는 역사적이었다. 교사가 정치단체 결성에 관여하거나 이에 가입하는 행위를 금지한 「국가공무원법」 제65조 제1항 등에 대해 헌법재판관들은 6대 3으로 '위헌'을 결정했다. 교사에 대한 정치기본권 침해가 위헌이라는 판결이 처음으로 이루어진 획기적인 사건이었다.

물론 「국가공무원법」과 「정당법」의 정당 가입 금지 조항은 합헌이 나왔지만, 일부라도 위헌 판결을 받은 것은 교사 정치기본권 역사상 가장 큰 진전이었다. 구체적으로 정당 외 정치단체의 결성과 가입 제한이 풀리는 순간이었다. 당시 이석태, 김기영, 이미선 헌법재판관 등이 낸 판결문을 자세히 볼 필요가 있다.

"근무 시간 외의 집단 행위는 학생들에게 간접적·사실적 영향만 미침에도 이를 이유로 기본권 행사를 제한하는 것은 기본권 박탈이며, 교원이 받게 되는 정당 설립·가입의 자유에 대한 제약과 민주적 의사 형성 과정의 개방성과 이를 통한 민주주의의 발전이라는 공익에 발생하는 피해가 매우 크다." (헌법재판소, 2020: 2)

그런데 문제는 정부였고, 악마는 디테일에 있었다. 2020년 9월, 인사혁신처가 주도해 「국가공무원법 개정안」을 내면서 공무원이 가입할 수 없는 정치단체의 범위를 구체적으로 명시했다. 아래는 그 주요 내용이다.

"(2. 주요 내용) 공무원이 결성에 관여하거나 가입할 수 없는 정치단체의 범위를 후원회, 창당준비위원회, 선거운동 기구, 그 밖에 특정 정당 또는 선출직공무원, 법률에 따른 공직선거에서의 당선인·후보자·예비후보자 등 특정인을 지지하거나 반대하는 것을 목적으로 하는 단체 등으로 구체화함." (인사혁신처, 2020: 1)

이 조항은 헌법재판소의 위헌 결정을 존중하기보다는, 정치단체 활동을 다시 법률로 제한하려는 시도로 받아들여졌다. 하지만 연대 측과 교사들은 이에 대하여 국회 청원으로 맞섰고, 국회에서도 해당 개정안을 추진하지 않도록 의견이 모아졌다. 이런 노력은 이어서 2020년 10월 13일부터 11월 12일까지 공무원과 교사의 정치기본권 보장에 대한 법률 개정 국회 청원으로 진행되었고, 이를 바탕으로 관련 법 개정안들이 다수 발의되기에 이르렀다.

그러나 이 법안들은 여전히 국회에서는 본격적인 심사가 이뤄지지 않은 채 계류 중이다. 법 개정안은 발의되었지만 2025년 현재 국회 회기가 2번 지날 때까지도 이 법안을 심사해야 할 국회 행정안전위원회나 교육위원회 내 법안심사소위원회에 안건으로 상정되고 있지 않다.

이런 지난한 노력들이 모아져 여기까지 왔다. 국회는 헌법재판소의 부분 위헌 결정을 발판 삼아 인사혁신처가 상정한 개정안을 철회시켰고, 이는 정치적 중립성의 원래의 의미를 회복하려는 중요한 움직임이었다. 그러나 여전히 교사의 정치기본권을 실질적으로 보장하기 위한 힘들고 어려운 싸움은 진행 중이다.

• 참고 자료 3 •

공무원·교원 정치기본권 보장 관련 법률 개정에 관한 청원(2020)

국민 동의 청원서

등록 일자	2020.10.13.		
동의 기간	2020.10.13.~2020.11.4.	국민 동의 수	100,000
청원자	성명	전호일	
제목	공무원·교원 정치기본권 보장 관련 법률 개정에 관한 청원		
청원 원문			

[청원의 취지]
공무원·교원도 국민입니다. 공무원·교원도 기본권의 주체인 국민의 한 사람으로서 직무와 관련된 경우가 아니라면 온전하게 정치적 기본권을 향유할 수 있어야 합니다.

[청원의 이유 및 내용]
※ 법률 개정 청원 주요 내용

1. 정당법: 제22조(발기인 및 당원의 자격) 공무원 제외 단서 삭제
2. 공직선거법: 제9조(공무원의 중립 의무 등) 공무원의 지위 및 직무 관련만 정치 중립
3. 정치자금법: 제8조(후원회의 회원), 제22조(기탁금의 기탁) 공무원 제외 단서 조항 삭제

4. 국가공무원법: 제65조(정치 운동의 금지), 제66조(집단 행위의 금지) 삭제
5. 지방공무원법: 제57조(정치 운동의 금지), 제58조(집단 행위의 금지) 삭제

대한민국 「헌법」 제7조는 "공무원은 국민 전체에 대한 봉사자이고, 국민에 대한 책임을 지며, 공무원의 신분과 정치적 중립성은 법률이 정하는 바에 의하여 보장된다."고 규정하고 있습니다.

공무원의 정치 중립 의무 규정은 1960년 3월 15일 정·부통령 선거에 공무원이 노골적으로 관권선거에 동원되어 선거 부정이 극에 달해 이에 분노한 학생과 시민에 의해 4·19 혁명을 완성하며 공무원을 정치적 홍보 도구로 악용해 왔던 자유당 이승만 정권에 대하여 반성하고, 공적 업무를 수행하는 과정에서 특정 정치집단이나 세력을 대변하거나 이해관계 반영에 따른 문제들을 차단하기 위하여 1960.06.15. 「헌법」 조문을 신설하였습니다.

즉, 업무 수행에 중립을 유지할 수 있도록 하는 「헌법」 조문임에도 불구하고 현실에서는 이를 역해석하여 「공무원법」, 「공직선거법」 등 각종 법률로 공무원·교원의 표현의 자유와 정치적 기본권 행사를 원천적으로 봉쇄하고 있어 이는 「헌법」이 보장하는 국민의 기본권을 본질적으로 침해하는 것이기에 UN, ILO 등 국제단체는 물론 헌법재판소, 국가인권위 등에서도 이를 시정할 것을 촉구하고 있습니다.

국제적 사례를 살펴봐도 영국, 독일, 프랑스, 캐나다, 호주, 오스트리아, 뉴질랜드, 덴마크, 스위스, 심지어 일본까지 공무원·교원의 정치적 자유가 폭넓게 인정되고, 어느 나라도 공무원·교원이 정당에 가입하거나 정당 활동을 했다는 이유로 형사처벌을 받거나 징계를 받지 않습니다. 프랑스는 공무원·교원 신분을 보유한 채 국회의원 활동을 하다가 공무원·교원으로 복귀할 수 있고, 국회의원 재직 기간은 공무원·교원 경력으로 환산됩니다.

공무원·교원도 국민입니다. 공무원·교원도 기본권의 주체인 국민의 한 사람으로서 직무와 관련된 경우가 아니라면 온전하게 정치적 기본권을 향유할 수 있어야 합니다.

이 문제에 교원단체는 보수, 진보가 없다

탄핵 후 대통령 선거 시기의 교원단체들

2025년 6월 3일 제21대 대통령 선거와 제44회 스승의날을 앞둔 5월 13일, 6개 교원단체들은 정부서울청사 앞에 모여 공동 기자회견을 했다. 교사노동조합연맹, 교사정치기본권찾기연대, 새로운학교네트워크, 실천교육교사모임, 전국교직원노동조합, 좋은교사운동(가나다 순)이 함께 참여했다. 이 기자회견에서 가장 눈에 띄는 부분은 회견문 말머리에서 박정희 정권 시기의 문제를 핵심적으로 짚은 것이다.

"대한민국에서 교사는 정치적으로 침묵할 것을 강요받아 왔습니다. 그 뿌리는 1961년 군사쿠데타 이후 박정희 정권이 교육을 국가 통제의 수단으로 삼은 데 있습니다. 이 시기 도입된 교련과 학도호국단, 그리고 정권의 이념 주입은 교사의 정치적 권리를 박탈하는 제도적 근거가 되었고, 그 유산은 오늘날까지 이어지고 있습니다. 「국가공무원법」, 「정당법」, 「정치자금법」, 「공직선거법」 등은 교사로 하여금 정당에 가입하지 못하고, 정치적 표현을 하지 못하며, 정치후원금도 낼 수 없고, 선거에 출마조차 하지 못하게 만듭니다. 이처럼 교사는 정치적 존재로 살아갈 수 없으며, 이는 「헌법」이 보장하는 시민권의 본질을 훼손하는 것입니다."

(6개 교원단체 공동 기자회견, 2025: 2)

'정권의 이념 주입'과 '교사 정치기본권 박탈'이 역사적으로 어떻게 연결되어 있는지 짚고 있는 이 대목은 교원단체들이 역사 인식을 깊게 하고 있다는 것을 보여 주는 증거이다. 또한 앞서 이야기한 대로, 정치적 존재로서 교사의 「헌법」상 시민권 보장'에 대한 부분도 명확히 짚고 있다. 그 결과에 대해서 이렇게 회견에서 밝혔다.

"교사의 정치기본권을 박탈한 결과, 교육정책 결정 과정에서 교사는 철저히 배제되었고, 그 피해는 교육의 질 저하와 정책 신뢰도 붕괴로 이어졌습니다. 교육 전문가인 교사가 빠진 정책은 현실과 동떨어질 수밖에 없으며, 그로 인한 부담은 오롯이 학생과 학부모에게 돌아가고 있습니다. 특히 민주시민을 양성해야 할 교사 스스로 시민으로서의 권리를 누리지 못하는 구조는 교육의 본질을 훼손합니다."

교사노동조합연맹의 입장

조금 거슬러, 2025년 4월 21일 교사노동조합연맹(이하 '교사노조연맹') 은 대통령선거 교육정책 의제를 발표했다. 총 5개 의제 중 '대과제'로 명명될 만큼 큰 비중을 차지한 제1번 의제는 '한국노총 채택 정책의제' 중 하나로 채택될 만큼 상징성과 무게감이 뚜렷했다. 이 제1번 의제는 '교원의 정치기본권 회복 및 보장'이다.

[현황 및 문제점]

- 18세 청소년에게 선거권과 피선권이 보장되도록 국민의 정치기본권이 확대된 조건에서, 한국의 학교에선 정치적 자유가 허용된 청소년(고교)을 교육하는 중등 교원의 정치기본권을 전면 박탈하고 있음. 이는 정치적 자유가 허용된 대학생을 교육한다는 이유로 대학 교원에게 정치적 자유를 허용한 것과 모순됨.
- 유·초등 교원의 경우, 교육과정상 아동에게 교육활동상 정치적 의사를 표현할 기회도 없고, 표현하여도 아동에게 미치는 영향이 거의 없는데, 아동에게 영향을 미친다는 검증되지 아니하는 논리로 유·초등 교원의 정치적 자유를 박탈하고 있음. 이는 어린이집 등 영유아 보육교사에게는 정치적 자유가 전면 허용되고 있다는 점에서 합리적인 근거가 없는 정치기본권의 박탈임.

[정책 및 제도 개선 요구]

- **정치후원금 허용** : 정치후원금 기부는 정치적 의사 공표가 아니므로 교원·공무원에게 최소한의 권리로서 부여 필요.
- **교육감 및 지방의회 선거 휴직 출마 허용** : 대학 교원과 달리 유·초·중등 교원에게도 대학교수에 준하는 피선거권 보장 필요. 특히 교육감 선거에서는 우선 보장 필요.
- **국가기관(의회 포함) 고용 휴직 허용**
- **업무 시간 밖의 정치적 의사 표현의 자유 허용** : 현행법상 교원·공무원은 업무 시간 외 개인 SNS 활동과 같은 기본적인 표현의 자유마저 제한됨.
- **예비 경선 참여 및 정당 가입 허용** : 공무원·교원이 당내에서 이루어지는 국민경선에 참여할 수 있도록 정당에서 결정할 수 있는 권리 보장.

(교사노동조합연맹, 2025: 3)

교사노조연맹의 입장에서 가장 큰 특징은 학생 정치기본권과 교수 정치기본권, 어린이집 교사기본권과 비교해, 교사 정치기본권이 얼마나 심각한지를 구체적으로 드러냈다는 점이다. 나아가 교사의 정치기본권 보장이 교육과정에서 아동에게 미치는 영향에 대한 검증되지 않은 논리를 지적하였다.

전국교직원노동조합의 입장

비슷한 시기인 2025년 4월 24일에 전국교직원노동조합(이하 '전교조')은 '2025년 우리가 찾은 민주주의! 가자, 교육의 봄으로' 라는 제목으로 21대 대선 요구안을 발표했다(전국교직원노동조합, 2025: 2). 10개의 요구안 중에 '교사 정치기본권 보장' 은 네 번째 순위에 배치되었다. 웹자보를 보자(전국교직원노동조합, 2025: 2).

전교조가 제시한 네 번째 요구안의 제목은 '교사 정치기본권, 노동기본권 보장'이며, 웹자보 이미지에는 'SNS 좋아요', '정당 가입', '후원금', '모의 투표 수업'을 제시하였다. 이에 대한 세부적인 핵심 내용은 아래와 같다.

[현황]
교사의 정치기본권과 노동기본권이 보장되지 않음으로써 교육의 자율성과 전문성 훼손, 민주시민교육의 왜곡, 교권 약화가 나타남. 교육정책 결정 과정에서 교사의 실질적 참여가 배제됨으로써 교육의 자율성과 전문성이 심각하게 침해됨. 교사는 교육정책의 주체임에도 정치적·노동적 표현과 집단적 행위가 제한되어 의견 개진과 정책 비판이 차단되고 있으며, 이는 교육 현장의 혼란과 교육 질 저하로 직결됨. 교사의 정치기본권 부재는 민주시민교육의 근간을 위협함. 정치적 권리를 부정당한 교사가 정치적 권리를 가진 학생을 가르치는 구조는 교육적 정당성 상실을 초래함. 모의 선거 수업과 시사 교육조차 제한되면서 학생의 정치적 판단력과 시민성 함양이 저해되는 결과를 초래함.

[실현 방안]
교원의 정치·노동기본권 보장과 교육 환경 개선을 위한 정책과제로는 먼저 교육정책 결정 과정에서 교사의 실질적 참여를 제도적으로 보장함으로써 현장의 목소리를 반영할 수 있는 구조 마련이 필요함. 이를 위해 정책 협의체에 실질적 권한을 부여하고, 형식적인 운영에서 벗어나 실질적 정책 결정 파트너로 기능하도록 개선이 요구됨. 교원의 정치적 표현과 정책 비판의 자유를 보장하기 위해 「국가공무원법」 개정을 통한 정치적 중립 개념의 명확화 및 제한 완화가 필요하며, 교사에게 시민으로

서의 정당 가입과 정치활동, 선거운동 등 정치기본권을 전면적으로 허용하기 위한 「정당법」, 「공직선거법」 등의 개정이 필수적임.

(전국교직원노동조합, 2025: 10)

전교조 요구안의 가장 큰 특징은 정치기본권과 노동기본권을 연계했다는 점이고, 정치기본권을 통해 '교권'이 보장되고 '민주시민교육'이 작동될 수 있음을 강조했다는 점이다. 나아가 이를 통해 교사가 '교육정책의 파트너'로 자리매김할 수 있음을 분명히 하였다. 또한 '정치적 중립'에 대한 개념을 명확히 재정의할 필요성을 제기하고, 지나치게 포괄적으로 적용되어 온 정치활동 제한 규정의 완화를 요구했다.

한국교원단체총연합회의 입장

한국교원단체총연합회는 2025년 4월 28일, 제21대 대통령 선거를 앞두고 교육 공약 요구안을 발표하는 기자회견을 열었다. 총 10개 공약 요구 중 네 번째에 위치한 정치기본권은 아래와 같다.

교사도 국민입니다! 교원의 정치기본권 보장

· 사적 영역의 정치적 의사 표현 허용 및 정치후원금 기부 제한 폐지
· 교원의 공무담임권 보장 : 면직 없이 공직선거 출마, 선출직 공무원 재임 기간 동안 휴직 처리 보장
· 정당 가입 및 선거운동 금지는 단계적 폐지

세부 내용으로 살펴보면 매우 자세하게 기술되어 있다.

[사적 영역의 정치적 의사 표현 허용 및 정치후원금 기부 제한 폐지]
- OECD 국가 중 교원의 정치기본권을 전면 인정하지 않는 유일한 국가로, 유엔과 국제노동기구 등이 교원의 정치적 자유 확대와 차별 개선 권고
- 교원의 학생 교육활동 등 공적 업무와 관련해서는 정치적 중립이 엄격히 지켜져야 하지만 업무와 무관한 사적 영역에서의 정치적 의사 표현 금지, 정치후원금 기부 금지 등 모든 활동을 제한하는 것은 지나치게 과도한 기본권 침해이므로 개선 필요
- 정치인의 SNS에 댓글을 쓰거나 '좋아요'를 클릭한 경우조차 고발돼 징계
- 중앙선거관리위원회는 교사가 선거운동 또는 선거에 영향을 미치는 내용의 글을 가족, 친척과 공유하는 경우라도 위법성을 조각하는 규정이 없다고 밝힘.

[교원의 공무담임권 보장]
- 대학교수에 비교해 유치원 교원, 초·중등 교원은 공직선거 출마 시 선거일 전 90일까지 면직해야 하고, 선출직 공무원과의 겸직이 안 되는 등 차별적 요소가 있음. 교육 전문성을 지닌 교원의 공직 진출을 원천 차단함으로써 현장성 있는 교육 입법과 정책 수립에 한계
- 선거 입후보 시 면직 조항 적용을 제외하고 입후보 시기와 선출직 공무원 재임 기간 동안은 휴직으로 처리
  ※ 정당 가입 선거운동 참여 제한에 따라 단기적으로는 교육감 선거에 한정하여 실질적인 효과 기대, 여타 공직선거에서는 무소속으

로 입후보 시 가능

[정당 가입 및 선거운동 금지는 단계적 폐지]
- 교원의 정당 가입 및 선거운동 일체를 금지하는 것은 과도한 기본권 침해임.
- 교원에 대한 모든 정치활동을 동시에 허용함으로써 발생할 수 있는 혼란이나 우려를 고려해 사회적 공감대를 형성해 가며 단계적으로 실시
- 교원에 대한 모든 정치활동을 전면 금지한 현행 「정당법」에 대한 2014년 헌법재판소 결정에서 9명의 재판관 중 4명이 위헌 의견을 밝힘.

(한국교원단체총연합회, 2025: 23)

꼭 알아야 할 법 개정 5원칙

　국가인권위원회는 2019년 '공무원·교원의 정치적 자유 보장에 대한 권고'라는 이름으로 하나의 결정문을 발표했다(국가인권위원회, 2019a). 이는 교사 정치기본권 보장을 위한 매우 중요한 결정문이다. 자세한 내용은 뒤의 「참고 자료 4」에서 살펴볼 수 있다.

　이 결정문에서 국가인권위원회는 현행 「국가공무원법」, 「지방공무원법」, 「정당법」, 「정치자금법」, 「공직선거법」을 개정해야 한다고 보았다. 핵심은 그동안 공무원·교원의 정치기본권을 면밀히 구분하지 않고, '정치적 중립성'이라는 추상적 우려를 근거로 정치기본권을 전면 금지해 왔다는 점이다. 이 결정문의 내용을 자세히 보면, 향후 교사의 정치기본권 보장을 위한 법 개정의 원칙이 보인다. 어떤 측면에서는 이것이 교사 정치기본권 보장의 사법적·정치적·공론적 원칙이자 방향이 될 수도 있을 것이다.

1. 포괄위임 입법 금지의 원칙

이 원칙은 '개인의 정치적 표현의 자유'라는 중요하고도 보편적인 내용을 반드시 법률에 명시해야 한다는 취지를 담고 있다. '교사의 정치적 표현의 자유' 또한 「국가공무원법」이나 「교육기본법」 등의 법률에 구체적으로 적시되어야 한다(국가인권위원회, 2019a: 11). 즉, 이 원칙은 '법률이 위임하는 사항과 범위'를 구체적으로 한정하지 않은 채, 특정 행정기관에 입법권을 일반적·포괄적으로 위임하는 것은 허용되지 않는다는 의미이다.

다시 말해, 하위 법령인 대통령령, 총리령·부령, 대법원 규칙, 헌법재판소 규칙, 중앙선거관리위원회 규칙 등으로 위임하면 안 된다는 뜻이다. 법률로 규정될 내용과 범위는 기본적인 사항들을 가능하면 구체적이고 명확하게 정하여 누구라도 그 법률로부터 하위 법령에 규정될 내용을 예측할 수 있어야 한다. 이는 법체계의 기본 원리에 해당하는 것으로, 행정기관이 자의적으로 규정해서는 안 된다는 점을 분명히 보여 준다.

2. 명확성의 원칙

이 원칙은 '교사의 정치적 표현의 자유와 선거운동'에 대한 제한을 둘 때 적용되는 원칙이다. 이는 「국가공무원법」 제66조 제1항의 "그 밖에 공무 외의 일을 위한 집단행위"라는 규정과도 관련이 깊다. 대법원과 헌법재판소는 '직무 전념을 해태하는 행위', '공익에 반하는 행위'를 이에 해당하는 것으로 해석했다. 그러나 교사 집단이 직무 전념에 해태한다는 것이 무엇인지, 공익에 반하는 것이 무엇인지 명확히 규정하지 않으면 매우 자의적인 잣대가 될 수 있다.

「공직선거법」 제9조와 제85조 역시, "선거 결과에 영향을 미치는 행위", "선거에 대한 부당한 영향력의 행사"라고 표현되어 있는데, 매우 추상적이고 포괄적인 표현이 아닐 수 없다. 고의나 목적, 행위의 양태 등이 구체적으로 명시되어 있지 않기 때문에 교사들이 시민으로서 가지는 선거운동의 자유를 자의적으로 제한할 위험이 크다는 점을 시사한다.

이 원칙은 '죄형 법정주의'에서 파생된 것이다. 법률이 금지하는 행위의 구성 요건과 그 법적 결과를 가능하면 명확하게 규정해야 해당 행위에 대해 처벌할 수 있다는 원칙이다. 국민은 자신이 어떤 행위를 하면 처벌받는지를 법률을 통해 예측할 수 있어야 한다.

교사의 집단적인 행위를 죄로 삼고 처벌하려면 교사의 지위에서 한 것인지, 근무 시간이나 근무 장소에서 이루어진 것인지, 공적인 사안인지, 어느 정도의 정치성을 띠는지 등이 명확해야 한다는 것은 상식적인 일이다. 그러나 실제로는 교사의 정치적 중립성의 훼손 정도와 제한의 상관관계를 구체적으로 검증하기는 매우 어려운 것이 사실이다. 이러한 상황에서는 정부나 사법기관 같은 권력기관이 자의적으로 해석하고 적용할 위험이 크다는 점에서 더욱 신중한 접근이 필요하다.

3. 수단의 적합성 원칙

이 원칙이 가장 강조되는 대목은 '교사의 정당 가입' 문제에서다. 국가인권위원회가 바로 이 원칙을 제시하며, 정당 가입의 원칙을 아래처럼 제시했다.

① 민주주의가 정착된 대부분의 주요 국가에서 공무원의 정당 가입

을 금지하고 있는 경우를 찾아볼 수 없는 점에서 공무원의 정당 가입이 허용된다고 하여 정치적 중립성이 훼손되거나 공무원에 대한 국민의 신뢰가 낮아진다고 볼 수 없다.

② 반대로 우리의 정치 현실과 역사에서 공무원의 정치활동이 거의 전면적으로 금지되어 왔지만 공무원의 정치적 중립이 준수되어 왔다고 보기도 어렵다.

③ 공무원은 소속 상관의 직무상 명령에 복종하여야 하는데, 역사적으로 정권의 권력자에 의해 공무원이 정치와 선거에 동원되고, 공무원 조직의 상층부를 구성하고 있는 선출직 공무원의 정당 가입 및 정당 관련 활동을 허용하면서 그 아래 직군 공무원의 정당 가입을 금지함으로써 공무원의 정치적 중립을 유지하는 데 큰 역할을 하리하고 기대하는 것 또한 합리적이지 못하다.

(국가인권위원회a, 2019: 21-22)

교사의 정당 가입을 전면 제한하고 있는 현행법 조항은 정치적 중립성과 직무 관련성이라고 해도 기본권을 과도하게 제한하고 있다. 따라서 전면적인 제한이 아니라 '덜 침해되는 수단'을 충분히 고려할 수 있다. 예를 들어, 정당의 주요 당직을 맡지 못하게 하거나 정당 가입 범위를 세분화할 수도 있다. 또한 정당 가입의 허용을 전제로 교직 수행 중인 근무 시간에는 정당과 관련된 활동을 금지할 수도 있다.

교사는 공직자인 동시에 국민이자 시민이다. 다시 말해 국민 전체에 대한 봉사자인 동시에 기본권 주체인 국민이라는 '이중적 지위'를 가지고 있다. 교사의 정치적 중립 의무는 실제 공직 수행의 영역에 한정되는 일이다. 교사가 기본권의 주체인 국민으로서 행하는 정치활동까지 금지해서는 안 된다. 선진국을 비롯해 민주주의를 표방하는 국가들이 교원과 공무원의 정당 가입을 금지하고 있는 경우를 찾아볼 수 없는 이유가 바로 이 때문이다.

수단은 목적을 달성하는 데에 필요하고 효과적이어야 한다. 특히, 법과 정치가 활성화된 곳일수록 더욱 그러하다. 그런데 아이러니하게도 교사들에게는 '교육이라는 이름으로' 누군가에 의해 정치적 권리가 제한되고 처벌해 온 것이다. 교사의 정치기본권은 「헌법」 제7조가 규정한 직업공무원 제도의 중립성과 공정성을 확보하기 위해 필요한 범위 안에서, 그것도 지극히 최소한으로만 제한할 수 있다.

4. 법익의 균형성 원칙

이 원칙은 '입법으로 보호하려는 공익'과 '침해되는 사익'을 저울질했을 때, '사익보다 공익이 더 커야 한다'는 원칙이다. 사익이 있다고 해서 공익이 없는 법은 만들어서는 안 된다. 당사자들의 불이익 정도가 크면, 더 완화된 수단을 선택하는 것이 바람직한 방향이다. 어떤 법을 만들거나 적용할 때는, 그 법이 궁극적으로 달성하고자 하는 공익은 무엇인지, 다른 국민들에 대한 이익이나 불이익은 무엇인지 함께 고려되어야 한다. 그렇다면 교사 정치기본권을 제약하는 법은 어떠한가?

「국가공무원법」 제66조 제1항은 "공무 이외의 일을 위한 집단행위 중 공익에 반하는 행위"를 금지하고 있는데, 여기에 이 '법익의 균형성' 문제가 포함되어 있다. 과연 '공익'이 무엇을 의미하는가? 만약 권력기관이나 정권을 잡은 세력의 사익과 연관되어 있다면 이것은 법익의 균형이 무너진 것이다.

또한 민주적 의사 형성과 의사결정 과정의 개방성을 보장하기 위하여 '정당의 자유를 최대한 보호하고 있는' 「헌법」제8조 제1항을 생각해 보자. '교사의 정당 가입 금지'로 인해 어떤 공익을 얼마만큼 침해하고 있는지 파악해 보아야 한다. 그리고 그것이 최소한의 민주적인 기본 질서를 위반할 정도인지 살펴보아야 한다(국가인권위원회a, 2019: 22).

교사의 정당 가입을 금지해서 얻는 공익은 그 효과에 있어서 매우 불확실하고 추상적이다. 교사의 정당 가입을 당연하게 여기는 다른 나라들에서 반대로 이것을 제한한다고 했을 때 어떤 반응일까를 생각해 보라. 「헌법」이 보호하는 정당 가입의 자유를 박탈함으로써 발생하는 교사의 정치기본권 침해는 결코 가볍지 않다. 또한 정치적 소양을 키워야 할 예비 시민인 학생들의 입장에서 볼 때도 교사의 정치활동을 원천적으로 금지하는 것은 사회적으로 큰 손실이다.

이 원칙은 또한 교사의 정치적 표현과 관련된 문제가 발생했을 때, 사익과 공익에 대한 비례성 심사가 필수적임을 뜻한다. 공교육 체제에서 교사는 그 자체로 우리 사회의 공공성과 미래의 상징이다. 교사가 정치적 표현을 하거나 정당에 가입하는 것이 사회적으로 긍정적 시너지를 내는지 여부는 객관적으로 반드시 검토해야 한다. 선진국이 앞장서서 교사의 정치기본권을 보장하는 이유 역시, 그로 인해 얻는 법적·사회적인 이익이 크기 때문임을 우리는 반드시 기억해야 한다.

5. 과잉 금지의 원칙

과잉 금지의 원칙은 '비례의 원칙'으로도 불린다. 법률이 국민의 기본권을 제한할 때, 그 제한이 정당하고 필요한 수준을 넘지 않아야 한다는 의미로 기본권 제한이 과도하지 않고, 공익과 사익의 균형을 이루는지를 따지는 기준이다.

'개인의 정치적 표현의 자유'와 '정치 후원' 문제는 이 원칙과 밀접하게 관련되어 있다. '과잉 금지의 원칙'이라는 말 그대로 교사에게 정치기본권으로서 '정치적 표현의 자유'나 '정치 후원'이 제한될 때, 그것이 기본권을 지나치게 과잉 제한하는 것은 아닌지를 살펴야 한다는 것이다.

예를 들어, SNS상의 '좋아요' 댓글 달기조차 제한하는 것은 과잉 금지의 원칙에 명백히 위배될 수 있다. 교사의 신분에 따른 영향을 행사하지 않고서도 시민의 지위에서 개인적인 정치적 표현을 허용할 수 있는 방안은 충분히 존재한다.

또한 정치후원금은 정치자금에 대해 음성적인 수수를 원천 봉쇄하겠다는 의지에서 비롯된 것인데, 오히려 교사들이 정치후원금을 자발적으로 기부하는 행위는 정치자금을 더욱 투명하고 합법적으로 만드는 데 기여하는 것은 아닐까? 이러한 정치 후원 문화는 자연스럽게 교육으로 이어질 것이고, 학생들이 참정권을 갖게 되었을 때 선진국처럼 정치 후원 문화가 더 확산될 가능성을 높일 수도 있다. 민주시민 의식의 성숙이라는 관점에서도 교사가 정치후원금을 내는 일이 비난받을 일은 아니다. 오히려 누군가가 그것이 왜 잘못이 아닌지를 분명히 말해 줄 필요가 있다.

국민의 기본권을 제한하는 법이 「헌법」상 정당화되기 위해서는, 지금까지 제시한 목적의 정당성, 수단의 적합성, 침해의 최소성, 법익의 균형성, 과잉 금지라는 다섯 가지 원칙 모두를 충족시켜야 한다. 이러한 조건을 갖추지 못한 기본권 제한은 헌법적으로 인정될 수 없다. 결국, 교사가 SNS에 댓글 하나 달거나 10만 원의 정치후원금을 내는 것조차 금지당하는 현실은 너무나 후진적이다.

• 참고 자료 4 •

국가인권위원회 결정: 공무원·교원의 정치적 자유 보장에 대한 권고
(2019.2.25)

주문

1. 국회의장에게 공무원·교원이 그 직무와 관련하여 정치적 중립성을 훼손시키지 않는 범위에서 시민으로서의 정치적 기본권을 보장받을 수 있도록 「국가공무원법」 등 관련 법률을 개정하는 것이 바람직하다는 의견을 표명한다.

2. 인사혁신처장, 행정안전부장관, 교육부장관 및 중앙선거관리위원회위원장에게 공무원·교원의 시민으로서의 정치적 자유를 과도하게 제한하지 않도록 「국가공무원법」, 「지방공무원법」, 「정당법」, 「정치자금법」, 「공직선거법」 등 관련 소관 법률 조항의 개정을 추진하고, 관련 하위 법령을 개정할 것을 권고한다.

Ⅳ. 결론

이상과 같은 이유로 「국가인권위원회법」 제25조 제1항에 따라 주문과 같이 권고하기로 결정한다.

1. 「헌법」의 공무원·교원에 대한 정치적 중립 선언

「헌법」 제7조가 공무원을 국민 전체에 대한 봉사자로 규정하고, 법률로써 공무원의 신분을 보장하는 이유는 공무원이 정치권력의 영향으로부터의 독립하여 정권 교체에 따른 혼란을 겪지 않고 일관성 있는 공무 수행을 지속하게 함으로써 정치적 중립성을 이루고자 하는 것이다.

또한 「헌법」 제31조 제4항은 교육의 정치적 중립성을 선언하고 있는바, 이는 교육이 정치권력으로부터 부당한 간섭을 받지 아니할 뿐만 아니라, 교원이 정치활동에 개입하지 않아야 한다는 것을 의미한다.

2. 공무원·교원의 정치적 자유

공무원·교원의 정치적 자유에 관한 쟁점은 ①정치적 의사를 자유롭게 표현할 수 있는 권리 ②정당에 가입하여 활동할 수 있는 권리 ③자유롭게 선거운동을 할 수 있는 권리로 나눌 수 있다.

다수 의견은 공무원·교원에게 위 세 가지 권리를 모두 허용하여야 한다는 취지로 관련 법률의 개정을 권고하고 있는 바, 본인은 공무원·교원이 그 직무와 관련하여 정치적 중립성을 훼손시키지 않는 범위에서 정치적 의사를 자유롭게 표현할 권리를 보장받을 수 있도록 해야 한다는 것에 대하여는 의견을 같이한다.

국회가 움직인다

법안 발의 전 징후들

그동안 국회를 포함해 정치인들이 교사 정치기본권 문제에 대하여 전혀 관심을 갖지 않은 건 아니다. 교원과 공무원을 포함한 정치기본권 문제에 관심을 가지면서 토론회를 열기도 하고, 입법 활동도 꾸준히 이어져 왔다. 교사 정치기본권 보장을 위한 입법 가능성은 국회에서 열린 토론회와 입법조사처의 보고서에 등장하기 시작했다. 2017년 더불어민주당 박주민 의원과 이재정 의원이 주최한 '공무원·교원의 정치기본권 보장 입법토론회'가 열렸다. 토론회 축사에서 밝힌 정치인의 견해를 따라가 보자.

"표현의 자유는 인간에게 주어진 천부적인 기본권입니다. 타인의 자유를 침해하지 않는 한 모든 인간에게는 자유롭게 자신의 의사를 표현할 권리가 부여됩니다. 이는 정치적 의사를 표현하는 데도 예외일 수 없습니다.

공무원의 정치적 중립성을 명시한 대한민국 「헌법」 제7조 역시 표현할 권리를 보장하는 우리 「헌법」의 가치와 궤를 같이합니다. 「헌법」 제7조가 정치적 중립성을 '지켜야 한다'가 아닌 '보장된다'로 끝맺었음에 우리는 주목해야 합니다.

하지만 하위 법은 「헌법」 제7조의 가치를 곡해했습니다. 정권의 압력으로부터 공무원의 정치적 중립을 보호하려던 개정 취지와 달리, 현재는 '공무원의 정치적 중립성 보장'이 공무원이 개인적 신분에서 행하는 정치참여를 제한하는 근거로 작동합니다.

한국 공무원의 정치적 표현의 자유 지수가 세계적으로 최하위권을 맴돈다는 통계는 과장된 수치가 아니었습니다. 저는 공무원의 정치적 중립 의무란 '신분상의 의무'가 아닌 '직무상의 의무'라고 봅니다. 그러므로 공무 수행에 영향을 미치지 않는 범위에서는 공무원도 국민의 권리인 정치기본권을 행사할 수 있어야 한다고 생각합니다." (박주민, 2017: 1-2)

국가인권위원회와 헌법재판소의 움직임

국회에서 이러한 논의가 이어지던 와중에 2019년 국가인권위원회 결정과 2020년 헌법재판소 판결은 적지 않은 영향을 미쳤다. 앞서 소개한 국가인권위원회 결정은, 이는 단순한 권고가 아니라 정부에게 이를 수용하라는 공식적인 결정이었다. 하지만 8개월 뒤 정부는 불수용 의사를 밝혔고, 국가인권위원회는 다시 보도자료에 이렇게 적시했다.

"국가인권위원회(위원장 최영애)는 2019년 2월 25일 인사혁신처장, 행정안전부장관, 교육부장관 및 중앙선거관리위원장에게 '공무원·교원의 시민으로서의 정치적 자유를 과도하게 제한하고 있는 「국가공무원법」

등 관련 소관 법률 조항의 개정을 추진할 것 등'의 권고에 대해 해당 부처들이 '불수용' 했다고 밝혔다.

인권위는 권고에서 공무원·교원이 공직수행의 담당자이면서 동시에 시민으로서의 지위를 갖기 때문에 기본권 주체가 됨은 「헌법」 및 국제규약, 판례 등에 비추어 의문의 여지가 없다고 판단했다.

정치적 기본권은 ①정치적 의사를 자유롭게 표현하고, ②자발적으로 정당에 가입하고 활동하며, ③자유롭게 선거운동을 할 수 있는 것을 내용으로 하고 있으므로 주로 「헌법」 제21조의 표현의 자유에 기초한다. 표현의 자유와 정치적 자유가 민주사회가 운영되는 데 가장 기초적인 권리이므로 공무원의 정치적 중립을 위하여 정치적 표현의 자유를 제한할 필요성이 인정되는 경우라 하더라도, 제한하는 법률 규정은 강한 명확성을 요구받으며 과잉 금지의 원칙 심사도 엄격해야 한다고 봤다.

다른 나라의 경우와 비교해도, 미국 등 주요 OECD 국가들은 일반적으로 공무원의 정치활동을 폭넓게 허용하고 있는 데 반하여 우리나라는 공무원이 자신의 직무와 관계없이 시민적 지위에서 행한 정치적 표현 행위까지 과도하게 제한하여, 발전된 민주주의 국가의 인권 보장 수준 및 선진적인 정치제도와 사회·문화적 관용 수준에 미치지 못하고 있는 것으로 파악됐다." (국가인권위원회, 2019b: 1)

1년 후인 2020년, 헌법재판소는 '공무원의 정당 가입 제한은 합헌이나 그 밖의 정치단체의 결성과 가입 금지에 대해 명확성 원칙'이라는 위헌 결정을 냈다.

국회 입법조사처의 움직임

같은 해인 2020년, 국회 입법조사처도 관련 보고서를 냈는데, 그 이름은 '교원의 정치적 자유 제한과 헌법재판소 결정: 쟁점과 입법과제(김선화, 2020)'였다. 그러면서 앞선 헌법재판소의 판결 중 중요하게 부각된 '정당 외 정치단체 결성 및 가입 금지에 대한 판단'을 아래와 같이 정리했다.

"(헌법재판소는) 불명확한 개념을 사용하여 법 적용을 받는 자에 대해 위축 효과를 가져오고 자의적 법 집행 우려가 있다고 하였다. 그러므로 과잉 금지의 원칙에 대해서는 더 이상 판단할 것이 없이 위헌이라고 판단하였다. 헌법재판소가 교원의 정치단체 결성과 가입에 대한 포괄적인 전면 금지를 위헌이라고 판단한 것은 매우 중요한 변화라 할 수 있다. 그러나 이 결정을 정당 외의 정치단체 결성과 가입이 전면 허용된 것으로 보기는 어렵다고 할 수 있다. 위헌으로 판단한 결정 이유를 보면, 그 밖의 정치단체 결성과 가입에 대해서는 명확성 원칙을 이유로 하였다."

(김선화, 2020: 2)

그러면서 국회 입법조사처는 입법부에 다음과 같은 고민이 필요하다고 제안하였다.

"입법부는 「헌법」의 기본권 보장과 공무나 교육의 중립성 요구 규정 간의 조화로운 구현을 위하여 과도한 기본권 제한은 폐지하여 기본권을 최대한 보장하면서도 직무상의 정치적 중립성은 준수할 수 있는 입법정책을 고민할 필요가 있다."

(김선화, 2020: 4)

서이초 사태가 발생하고 두 달이 지난 2023년 9월 8일에는 '교육정책과 교육입법의 전문성을 강화하라! : 교사 정치기본권 회복이 필요한 이유'라는 토론회가 열렸다(한국노총·한국노총중앙연구원·교사노동조합연맹·더불어민주당, 2023). 더불어민주당 도종환, 강민정, 강득구, 이수진(환경노동위) 의원이 공동 주최로 이름을 올렸다. 특히, 당시 더불어민주당 당대표였던 이재명 의원의 축사가 게시된 점도 고무적이었다. 아래는 이재명 대표의 축사 중 일부분이다.

"'교권 회복'의 목소리가 높아지고 있습니다. 그러나 교권 회복은 비단 선생님만의 문제가 아닐 것입니다. 학교 구성원 모두의 권리를 보호하고 존중하는 것이 바로 진정한 교권 회복일 것입니다. 최근 발생한 서이초 사태는 전 국민에게 큰 충격을 주었습니다. 진상을 명백히 밝혀야 한다고 외치며 무려 30만 명의 선생님들이 거리로 나오셨습니다. '변화'를 원하는 간절함을 보았습니다. 선생님들의 목소리가 전해질 수 있도록, 현장의 중요성이 반영될 수 있도록 더 나은 환경을 만들어 가야 합니다.

더 나은 미래를 위해, 더 나은 교육을 위해 교권 정상화가 반드시 필요합니다. 나라의 미래인 학생의 교육을 책임지는 선생님의 의견을 바로 세울 수 있어야 합니다. 자유롭게 표현하고 결정하는 과정에 참여할 수 있어야, 우리 아이들도 바르고 건강하게 성장할 수 있습니다. 선생님들의 기본권을 보장하고, 법적으로도 보호할 수 있는 방안을 마련하겠습니다. 또한 교실 안 선생님들의 의견을 담을 수 있도록 보장해야 합니다. 교육에 대한 사회적 인식도 변화되어야 합니다. 학생과 학부모, 선생님 모두 존중받을 수 있는 환경을 마련하여, 모두가 안전하고 행복한 교육을 위해 교육정책의 개선을 반드시 이루겠습니다." (이재명, 2023: 9-10)

본격적인 법안 발의

'교사 정치기본권 보장'의 실질적인 시작은 법 개정에 있다. 이를 위해서는 국회에 관련 법이 발의되어야 하고, 발의된 법이 심사를 거쳐 통과되어야 한다. 그동안 교육계와 시민사회에서 줄기차게 목소리를 외쳐왔지만, 정작 국회는 이를 외면하기 일쑤였다. 그때만 해도 법안 발의가 될 수 있을지 모두 의심을 가졌다. 아무리 용기 있는 정치인이라고 해도 쉽게 법안을 발의할 엄두를 내지 못했다.

왜 그랬을까? 지금 생각해 보면 당시 국회의원들의 인식과 사회적 공감대가 지금보다 훨씬 더 낮은 수준이었다고 볼 수밖에 없다. 학부모의 여론도, 언론 환경도 좋지 못했고, 일부 교원노조나 교원단체를 제외하면 교사들도 이 문제를 '내 문제'라고 크게 받아들이지 못했던 탓도 크다. 하지만 지난 제21대 국회와 현재의 제22대 국회는 달랐다.

제21대 국회('20-'24년) 상황

발의된 법안은 총 10건

2020년 제21대 국회가 들어서면서 양상이 바뀌기 시작했다. 국회의원들이 앞다퉈 법안 발의에 나섰다. 교육계와 시민사회의 노력과 투쟁의 성과 덕분이었다. 교사 출신 국회의원도 탄생했고, 교사 정치기본권에 대한 상당한 식견을 가진 국회의원들이 나타난 것이다. 더불어 이에 공감하는 국회의원들의 수도 상당히 늘었다.

이 시기 발의된 법안 수는 10건이고, 여기에는 적지 않은 국회의원들이 공동발의에 나섰다. 법안이 발의된 날짜와 공동 발의한 국회의원들을 한 번쯤 기억했으면 한다.

<제21대 국회, 교사 정치기본권 관련 법안 발의 현황>

의안 번호	법률안	발의 날짜	발의자
4667	교원의 노동조합 설립 및 운영 등에 관한 법률 일부개정법률안 (민형배 의원 대표발의)	2020.10.26.	민형배, 배진교, 서동용, 송재호, 신정훈, 양정숙, 이규민, 이용빈, 이해식, 임호선, 장경태, 주철현, 허종식 의원(13인)
4674	정당법 일부개정법률안 (민형배 의원 대표발의)	2020.10.26.	민형배, 배진교, 서동용, 송재호, 신정훈, 양정숙, 이규민, 이용빈, 이해식, 임호선, 장경태, 주철현, 허종식 의원(13인)
4675	정치자금법 일부개정법률안 (민형배 의원 대표발의)	2020.10.26.	민형배, 배진교, 서동용, 송재호, 신정훈, 양정숙, 이규민, 이용빈, 이해식, 임호선, 장경태, 주철현, 허종식 의원(13인)
4676	공직선거법 일부개정법률안 (민형배 의원 대표발의)	2020.10.26.	민형배, 배진교, 서동용, 송재호, 신정훈, 양정숙, 이규민, 이용빈, 이해식, 임호선, 장경태, 주철현, 허종식 의원(13인)
4671	국가공무원법 일부개정법률안 (민형배 의원 대표발의)	2020.10.26.	민형배, 배진교, 서동용, 송재호, 신정훈, 양정숙, 이규민, 이용빈, 이해식, 임호선, 장경태, 주철현, 허종식 의원(13인)

19789	교육공무원법 일부개정법률안 (강민정 의원 대표발의)	2023.2.2.	강민정, 민형배, 김용민, 최강욱, 윤영덕, 장경태, 김승원, 이수진, 심상정, 유정주, 이용빈, 정필모, 강득구, 김한규, 문정복, 민병덕, 양이원영, 위성곤, 도종환, 김성환, 이수진(비), 조오섭, 임호선, 황운하, 박찬대, 김주영 의원(26인)
19790	정당법 일부개정법률안 (강민정 의원 대표발의)	2023.2.2.	강민정, 민형배, 김용민, 최강욱, 윤영덕, 장경태, 김승원, 이수진, 심상정, 유정주, 이용빈, 정필모, 강득구, 김한규, 문정복, 민병덕, 양이원영, 위성곤, 도종환, 김성환, 이수진(비), 조오섭, 임호선, 박찬대(24인)
19791	공직선거법 일부개정법률안 (강민정 의원 대표발의)	2023.2.2.	강민정, 민형배, 김용민, 최강욱, 윤영덕장경태, 김승원, 이수진, 심상정, 유정주, 이용빈, 정필모, 강득구, 김한규, 문정복, 민병덕, 양이원영, 위성곤, 도종환, 김성환, 이수진(비), 조오섭, 임호선, 박찬대(24인)

19792	정치자금법 일부개정법률안 (강민정 의원 대표발의)	2023.2.2.	강민정, 민형배, 김용민, 최강욱, 윤영덕, 장경태, 김승원, 이수진, 심상정, 유정주, 이용빈, 정필모, 강득구, 김한규, 문정복, 민병덕, 양이원영, 위성곤, 도종환, 김성환, 이수진(비), 조오섭, 임호선, 박찬대(24인)
24301	교원의 노동조합 설립 및 운영 등에 관한 법률 일부개정안 (이수진 의원 대표발의)	2023.9.7	이수진(비), 서영교, 김주영, 김정호, 이용빈, 김종민, 신동근, 이학영, 송옥주, 최혜영 의원(10인)

(의안정보시스템, https://likms.assembly.go.kr/bill/main.do_제21대 검색)

법안의 특징들

발의된 법안은 「정당법」, 「정치자금법」, 「공직선거법」, 「교원노조법」이 각 2건씩이고, 「국가공무원법」, 「교육공무원법」이 1건씩이다. 대표발의한 의원과 그 건수를 보면 민형배 의원 5건, 강민정 의원 4건, 이수진(비례) 의원 1건이다. 민형배, 강민정 의원은 관련 법안을 종합적으로 개정하는 방식으로 접근했고, 이수진 의원은 1건만 다뤘다.

공동 발의한 의원 수도 눈에 띈다. 한 법안당 10인에서 26인까지 적지 않은 의원들이 함께 이름을 올렸다. 이 중 중복된 의원들도 있지만 모두 합하면 160명에 다다른다. 이는 전체 국회의원 300명 중 절반 이상에 해당하는 숫자다. 소속 정당별로 보면 대부분 더불어민주당이고, 정의당의원들도 함께 참여했다. 발의된 법안의 특징들을 간략히 보면 다음과 같다.

「정당법」 개정안

- 민형배 의원안

① 제22조 제1항 각 호 외의 부분 본문 중 "공무원 그 밖에 그 신분"을 "그 신분"으로 하고, 같은 항 각 호 외의 부분 단서를 삭제하며, 같은 항 각 호를 삭제함.

② "제53조(위법으로 발기인이나 당원이 된 죄), 제22조(발기인 및 당원의 자격) 제1항 단서의 규정을 위반하여 정당의 발기인이나 당원이 된 자는 1년 이하의 징역이나 100만 원 이하의 벌금에 처한다."를 삭제함.

- 강민정 의원안

① 유·초·중등 교원이 정당의 발기인이나 당원이 될 수 있도록 하되, 정당의 발기인 또는 당원이 된 유·초·중등 교원이 그 직을 수행하면서 학생에게 정치적·파당적 또는 개인적 편견을 전파할 수 없도록 금지 규정을 둠(안 제22조).

「정치자금법」 개정안

- 민형배 의원안

① 공무원과 사립학교 교원 등의 정당 가입 제한을 폐지하는 「정당법 일부개정법률안」의 내용에 따라 현행법상 해당 규정을 인용하고 있는 관련 조문을 정비하려 함(안 제22조제1항).

• 강민정 의원안

① 교원이 정당의 당원이 될 수 있게 「정당법」을 개정함에 따라 이에 맞춰 사립학교 교원도 기탁금을 기탁할 수 있도록 함(안 제22조).

「공직선거법」 개정안

• 민형배 의원안

① 공무원 및 사립학교 교원 등이 그 직을 가지고 입후보할 수 없도록 제한한 규정을 삭제함(안 제53조 제1항 제1호·제3호 및 제7호 삭제).

② 공무원 등이 할 수 없는 당내 경선운동과 선거운동을 '그 지위를 이용하여 당내 경선운동 또는 선거운동을 하는 경우'로 한정함(안 제57조의 6 제1항 및 제60조 제1항 각 호 외의 부분 본문).

③ 공무원 등이 할 수 없는 행위로 '정당·후보자에 대한 홍보 행위를 하는 경우'로 한정함(안 제86조 제1항 제1호).

④ 공무원 및 사립학교 교원의 정당 가입 제한을 폐지하는 내용으로 「정당법」 제22조 제1항을 개정하는 「정당법 일부개정법률안」의 내용에 따라, 해당 규정을 인용하고 있는 현행법의 규정을 정비함(안 제53조 제1항 제1호 단서, 같은 항 제7호 및 제60조 제1항 제4호 단서).

• 강민정 의원안

① 사립학교 교원의 선거 참여 확대를 위해 제53조 제1항 제7호를 삭제함(제53조 제1항 제7호 삭제).

② "7. 「정당법」 제22조 제1항 제2호의 규정에 의하여 정당의 당원이 될 수 없는 사립학교 교원"을 삭제함.

「교원노조법」 개정안

• 민형배 의원안

① 현행법에 교원의 정치활동 금지 규정을 삭제함으로써 교원이 권력에 의해 강요되는 부당한 정책과 지시를 거부하고 국민의 봉사자로 거듭날 수 있도록 함(안 제1조 및 제3조 삭제).

② "제3조(정치활동의 금지) 교원의 노동조합(이하 "노동조합"이라 한다)은 어떠한 정치활동도 하여서는 아니 된다."를 삭제함.

• 이수진 의원안

① 제3조(정치활동의 금지)를 삭제함(위 민형배 의원안과 같음).

② 제6조 제1항 중 "경제적·사회적 지위 향상"을 "경제적·사회적 지위 향상 및 교육정책"으로 함.

③ 제7조(단체협약의 이행) 교육부장관, 시·도 교육감 및 사립학교 설립·경영자는 제6조 제1항에 따라 체결된 단체협약의 내용이 법령·조례·교육 규칙·정관·학교 규칙의 제·개정 또는 예산의 편성을 요하는 경우에는 제·개정 또는 편성 절차를 지체 없이 이행하여야 함.

「국가공무원법」 개정안

• 민형배 의원안

① 공무원이 정당이나 그 밖의 정치단체의 결성에 관여하거나 이에 가입할 수 없게 함으로써 정치활동을 포괄적으로 금지하는 조항을 삭제하고 공무원의 지위를 이용하여 선거에 관여하는 행위에 대해서는 제한함(안 제65조 제1항·제4항 삭제 및 제2항).

② 공무원의 집단 행위 금지 조항을 삭제함(안 제66조 삭제).

③ "제66조(집단 행위의 금지) 제1항 공무원은 노동운동이나 그 밖에 공

무 외의 일을 위한 집단행위를 하여서는 아니 된다. 다만, 사실상 노무에 종사하는 공무원은 예외로 한다."를 삭제함.

「교육공무원법」 개정안

• 강민정 의원안

① 교원의 정치적 기본권을 침해하고 있는 현행법의 제한 규정을 개정함으로써 교원의 정치적 기본권 회복을 도모하고자 함(안 제53조).

② 「국가공무원법」 제65조(정치운동 금지) 및 제84조(벌칙)에서 교원 적용을 배제함.

제22대 국회('24-'28년) 상황

총 15건, 21대 국회보다 늘었다

2024년에 출범한 제22대 국회에서는 교사 정치기본권과 관련하여 발의된 법안도 늘고, 강도도 강화되었다. 주로 국회 교육위원회 소속 의원들이 주도해서 발의했다. 특히, 서울시의회 교육위원장 출신인 김문수 의원과 교사 출신 국회의원인 강경숙, 백승아 의원이 주도했다. 나아가 공무원 정치기본권 보장을 위한 법안까지 합하면, 전체 발의 건수는 훨씬 더 많아진다. 현재 임기가 3년 정도 남은 상태이기 때문에, 제21대 국회와는 달리 추가 발의는 물론 법안 심사를 위한 기회나 여유가 충분한 상태이다.

법안 발의 현황을 꼼꼼히 보고, 발의 내용과 공동발의를 한 국회의원들의 이름도 살펴보면 좋겠다.

<제22대 국회, 교사 정치기본권 관련 법안 발의 현황>

의안번호	법률안	발의 날짜	발의자
791	공직선거법 일부개정안 (김문수 의원 대표발의)	2024.6.21	김문수, 이수진, 이재강, 양부남, 박해철, 이용우, 이재관, 문금주, 조계원, 양문석, 위성곤, 민형배 백승아, 박지원, 이광희, 문대림 의원(16인)
792	정당법 일부개정안 (김문수 의원 대표발의)	2024.6.21	김문수, 이수진, 양부남, 이재강, 이용우, 이재관, 문금주, 조계원, 양문석, 위성곤, 민형배, 백승아, 박지원, 이광희, 문대림 의원(15인)
796	정치자금법 일부개정안 (김문수 의원 대표발의)	2024.6.21	김문수, 이수진, 이재강, 양부남, 이용우, 이재관, 문금주, 조계원, 신영대, 양문석, 위성곤, 민형배, 백승아, 박지원, 이광희, 문대림 의원(16인)
803	국가공무원법 일부개정안 (김문수 의원 대표발의)	2024.6.21	김문수, 이수진, 이재강, 양부남, 이용우, 이재관, 문금주, 조계원, 양문석, 위성곤, 민형배, 백승아, 박지원, 이광희, 문대림 의원(15인)
1799	정치자금법 일부개정안 (백승아 의원 대표발의)	2024.7.16	백승아, 박해철, 서미화, 민병덕, 박지혜, 문진석, 김윤, 한창민, 용혜인, 조계원, 허영, 김성환, 정혜경, 황정아, 민형배 의원(15인)
1800	공직선거법 일부개정안 (백승아 의원 대표발의)	2024.7.16	백승아, 박해철, 서미화, 민병덕, 박지혜, 김윤, 한창민, 용혜인, 조계원, 이기헌, 허영, 김성환, 정혜경, 황정아, 민형배 의원(15인)

번호	의안명	발의일	발의자
1801	정당법 일부개정안 (백승아 의원 대표발의)	2024.7.16	백승아, 박해철, 서미화, 민병덕, 박지혜, 김윤, 한창민, 용혜인, 조계원, 이기헌, 허영, 김성환, 정혜경, 황정아, 민형배 의원(15인)
1802	교육공무원법 일부개정안 (백승아 의원 대표발의)	2024.7.16	백승아, 박해철, 서미화, 민병덕, 박지혜, 김윤, 한창민, 용혜인, 조계원, 김성환, 허영, 정혜경, 황정아, 민형배 의원(14인)
1830	사립학교법 일부개정안 (백승아 의원 대표발의)	2024.7.17	백승아, 박해철, 서미화, 민병덕, 박지혜, 김윤, 한창민, 오세희, 용혜인, 조계원, 허영, 김성환, 정혜경, 황정아, 민형배 의원(15인)
1831	교육공무원법 일부개정안 (백승아 의원 대표발의)	2024.7.17	백승아, 박해철, 서미화, 민병덕, 박지혜, 김윤, 한창민, 오세희, 용혜인, 조계원, 김성환, 허영, 정혜경, 황정아, 민형배 의원(15인)
1832	지방교육자치법 일부개정안 (백승아 의원 대표발의)	2024.7.17	백승아, 박해철, 서미화, 민병덕, 박지혜, 김윤, 한창민, 오세희, 용혜인, 조계원, 김성환, 허영, 정혜경, 황정아, 민형배 의원(15인)
10518	정당법 일부개정안 (강경숙 의원 대표발의)	2025.5.14	강경숙, 정혜경, 김재원, 이병진, 김문수, 황운하, 서왕진, 신장식, 용혜인, 윤종오, 전종덕, 차규근, 정춘생, 한창민, 이해민, 백승아 의원(16인)
10519	지방교육자치법 일부개정안 (강경숙 의원 대표발의)	2025.5.14	강경숙, 이병진, 김문수, 황운하, 서왕진, 신장식, 용혜인, 윤종오, 전종덕, 정춘생, 차규근, 한창민, 이해민, 백승아 의원(14인)

10520	사립학교법 일부개정안 (강경숙 의원 대표발의)	2025.5.14	강경숙, 이병진, 김문수, 황운하, 서왕진, 신장식, 용혜인, 윤종오, 전종덕, 차규근, 정춘생, 한창민, 이해민, 백승아 의원(14인)
10521	교육공무원법 일부개정안 (강경숙 의원 대표발의)	2025.5.14	강경숙, 이병진, 김문수, 황운하, 서왕진, 신장식, 용혜인, 윤종오, 전종덕, 정춘생, 차규근, 한창민, 이해민, 백승아 의원(14인)

(의안정보시스템, https://likms.assembly.go.kr/bill/main.do_제22대 검색)

법안의 특징들

제22대 국회에서 발의된 법안들은 제21대 국회에 제출된 법안들과 비교해 보면 그 특징이 두드러지지는 않고 비슷비슷하다. 이 말을 달리 보면, 교사 정치기본권의 법 개정을 통한 제도화의 방향과 내용은 어느 정도 정해져 있다는 말이 된다. 쉽게 말해 법을 통한 제도화의 틀은 이미 답이 나와 있다.

우선 제22대 국회에서 발의된 15건의 법안을 분류해 보면 「정당법」(3건), 「정치자금법」(2건), 「공직선거법」(2건), 「국가공무원법」(1건), 「교육공무원법」(3건)이 포함되어 있다. 제21대 국회에서는 발의했던 '교원노조법'이 제22대 국회에서는 아직 발의되지 않았다. 이는 교사 정치기본권 법 개정이 노동조합 관련 법안과 연결되지 않고 있다는 특징을 보여 준다. 다만, '공무원 정치기본권' 관련 법 개정안에는 여전히 포함되어 있다. 또 다른 주목할 특징은 「지방교육자치법」(2건), 「사립학교법」(2건)이 포함되었다는 점이다. 여기에는 교육감 선거 출마 자격과 관련된 내용,

그리고 사립학교 교원의 정치적 권리 확대와 관련된 내용이 강화된 점을 확인할 수 있다.

「정당법」 개정안

- 김문수 의원안

① 제22조 제1항 중 "공무원 그 밖에 그 신분을 이유로"를 "그 신분을 이유로"로 하고, 같은 항 단서 및 각호를 각각 삭제함. 제53조를 삭제함.

- 백승아 의원안

① 유·초·중등 교원이 정당의 발기인이나 당원이 될 수 있도록 하되, 정당의 발기인 또는 당원이 된 유·초·중등 교원이 그 직을 수행하면서 학생에게 정치적·파당적 또는 개인적 편견을 전파할 수 없도록 금지 규정을 둠(안 제22조).

- 강경숙 의원안

① 제22조 제1항 제1호 단서 중 "「고등교육법」 제14조(교직원의 구분) 제1항·제2항에 따른 교원"을 "「교육공무원법」에 따른 교원"으로 하고, 같은 항 제2호를 삭제함.

「정치자금법」 개정안

- 김문수 의원안

① 제8조 제1항 단서 중 "기부를 할 수 없는 자와 「정당법」 제22조(발기인 및 당원의 자격)의 규정에 의하여 정당의 당원이 될 수 없는 자"를 "기부를 할 수 없는 자"로 함.

- 백승아 의원안

① 사립학교 교원이 선거 후보 등록 등을 위한 기탁금을 기탁할 수 있도록 하여 교원의 정치참여를 확대하고자 함(안 제22조).

「공직선거법」 개정안

- 김문수 의원안

① 공무원 등 정치적 중립을 지켜야 하는 자가 그 지위를 이용하여 선거에 대한 부당한 영향력의 행사 기타 선거 결과에 영향을 미치는 행위를 금지함(안 제9조 제1항).

② 공무원이 선거에 입후보하는 경우 선거일 전 90일까지 사퇴하도록 한 제한 규정을 삭제함(안 제53조 제1항). 공무원 등은 그 지위를 이용하여 선거운동을 할 수 없도록 함(안 제60조 제1항 본문 등).

- 백승아 의원안

① 사립학교 교원의 공직선거 입후보를 제한하는 내용을 삭제하여 교원의 정치적 기본권 회복을 도모하고자 함(제53조 제1항 제7호 삭제).

「국가공무원법」 개정안

- 김문수 의원안

① 공무원이 정당이나 그 밖의 정치단체의 결성에 관여하거나 이에 가입할 수 없도록 한 제한 규정을 삭제함(안 제65조 제1항).

② 공무원은 그 지위를 이용하여 선거운동을 할 수 없도록 함(안 제65조 제2항).

「지방교육자치법」 개정안

- 백승아 의원안

① 제23조 제1항 각호 외의 부분에 단서를 다음과 같이 신설하고, 같은 항 제2호 중 "지방공무원 및 「사립학교법」 제2조의 규정에 따른 사립학교의 교원"을 "지방공무원"으로 함. 다만, 제2호에 해당하는 직 중 「교육공무원법」 제2조 제1항에 따른 교육공무원인 경우는 제외함.

② 제47조 제1항 단서를 다음과 같이 하고, 같은 항에 각 호를 다음과 같이 신설함. 다만, 교육감 선거에서 다음 각호의 어느 하나에 해당하는 경우에는 그러하지 아니하다. 1. 해당 지방자치단체의 교육감이 그 직을 가지고 입후보하는 경우, 2. 「교육공무원법」 제2조 제1항에 따른 교육공무원이 교육감 선거에 입후보하기 위하여 같은 법 제44조 제1항 제13호에 따라 휴직하는 경우, 3. 「사립학교법」 제2조에 따른 사립학교 교원이 교육감 선거에 입후보하기 위하여 같은 법 제59조 제1항 제4호의 2에 따라 휴직하는 경우

③ 제49조 제1항 전단 중 "제60조"를 "제60조(「공직선거법」 제60조 제1항 제4호 본문에 따른 국가공무원과 지방공무원 중 「교육공무원법」 제2조 제1항에 따른 교육공무원 또는 「사립학교법」 제2조에 따른 사립학교 교원이 제47조 제1항에 따라 선거에 입후보하는 경우는 제외한다)"로 함.

- 강경숙 의원안

① 제47조 제1항 단서 중 "해당 지방자치단체의 교육감이 그 직을 가지고 입후보하는"을 "다음 각호의 어느 하나에 해당하는"으로 하고, 같은 항에 각호를 다음과 같이 신설함. 1. 해당 지방자치단체의 교육감이 그 직을 가지고 입후보하는 경우, 2. 「교육공무원법」 제2

조 제1항에 따른 교원을 제외한 교육공무원이 교육감 선거에 입후보하기 위하여 같은 법 제44조 제1항 제13호에 따라 휴직하는 경우

② 제49조 제1항 전단 중 "제60조까지"를 "제60조(같은 법 제60조 제1항 제4호 본문에 따른 국가공무원과 지방공무원 중「교육공무원법」제2조 제1항에 따른 교원을 제외한 교육공무원이 제47조 제1항에 따라 선거에 입후보하는 경우는 제외한다)까지"로 함.

「교육공무원법」 개정안

• 백승아 의원안

① 교원의 정치적 활동을 제한하고 있는 '정치 운동의 금지' 및 '정치 운동죄' 조항을 교원에게 적용하지 않도록 함(안 제53조).

② 제44조 제1항에 제13호 및 제14호를 각각 다음과 같이 신설하고, 같은 조 제3항 전단 중 "대학에"를 「유아교육법」 제2조 제2호에 따른 유치원, 「초·중등교육법」 제2조에 따른 학교 및 대학에"로 함. 13.「공직선거법」 제53조 제1항에 따라 선거에 입후보하려는 경우, 14.「지방교육자치에 관한 법률」 제47조 제1항에 따라 선거에 입후보하려는 경우, 제45조 제1항에 제12호를 다음과 같이 신설함.

③ 제44조 제1항 제13호 및 제14호의 사유로 인한 휴직 기간은 해당 선거일 전 5개월부터 선거일 후 2개월까지의 기간 이내로 함.

• 강경숙 의원안

① 제44조 제1항에 제13호 및 제14호를 각각 다음과 같이 신설함. 13.「지방교육자치에 관한 법률」에 따른 교육감 선거에 입후보하려는 경우, 14.「지방교육자치에 관한 법률」에 따른 교육감 선거 관련하

여 선거운동을 하려는 경우

② 제45조 제1항에 제12호를 다음과 같이 신설함. 12. 제44조 제1항 제13호 또는 제14호의 사유로 인한 휴직 기간은 해당 선거일 전 5개월부터 선거일 후 2개월까지의 기간 이내로 함.

「사립학교법」 개정안

- 백승아 의원안

① 제59조 제1항에 제4호의2 및 제4호의3을 각각 다음과 같이 신설하고, 같은 조 제3항 및 제4항을 각각 제4항 및 제5항으로 하며, 같은 조에 제3항을 다음과 같이 신설함. 4의 2. 「공직선거법」 제53조 제1항에 따라 선거에 입후보하려는 경우, 4의 3. 「지방교육자치에 관한 법률」 제47조 제1항에 따라 선거에 입후보하려는 경우

② 제1항 제4호의 2 및 제1항 제4호의 3의 사유로 인한 휴직 기간은 해당 선거일 전 5개월부터 선거일 후 2개월까지의 기간 이내로 함.

- 강경숙 의원안

① 제59조 제1항에 제4호의 2 및 제4호의 3을 각각 다음과 같이 신설함. 4의 2. 「지방교육자치에 관한 법률」에 따른 교육감 선거에 입후보하려는 경우, 4의 3. 「지방교육자치에 관한 법률」에 따른 교육감 선거 관련하여 선거운동을 하려는 경우

② 제1항 제4호의 2 또는 제4호의 3의 사유로 인한 휴직 기간은 해당 선거일 전 5개월부터 선거일 후 2개월까지의 기간 이내로 함.

복지국가 필수품, 정치기본권

인류와 사회는 끊임없이 변화해 왔다. 그런데 교사 정치기본권은 왜 변하지 않았을까? 실제 우리 사회의 지난 50년을 돌아보면 그야말로 눈부신 속도로 급격한 발전을 이루어 왔다. 경제적 성장으로 인한 물질적 자원은 물론, 교육 수준과 정보 접근성의 향상으로 인지적·사회적 자산도 함께 증가해 왔다. 정치학자 잉글하트(Ronald Inglehart)는 인류의 발전을 다음과 같이 정리했다.

<인류 발전의 영역별 모습>

	인류 발전		
	사회경제적 영역	문화적 영역	제도적 영역
인류 발전에 앞선 과정	근대화	가치 변화	민주화
인류 발전의 구성 요소	사회경제적 자원	자기표현의 가치	시민적·정치적 자유
인류 발전에 대한 공헌	자신의 선택에 따라 행동하는 대중의 능력을 강화	자신의 선택에 따라 행동하는 대중의 우선성 증가	자신의 선택에 따라 행동하는 대중의 권리 확장
중요한 주제	인간 선택의 확장(점증하는 인류애적 사회)		

(Inglehart & Welzel, 지은주 역, 2011: 14).

제도적 영역에서 '민주화 과정'은 '시민적·정치적 자유'라는 구성 요소를 가지고 있고, '권리의 확장'으로 인류 발전에 공헌했다. 하지만 교사 정치기본권은 발전의 예외였다. 우리나라는 복지국가 제도를 가진 나라이고, 125조 원의 복지 예산을 쓰는 나라인데도 말이다.

'복지(wel-fare)'의 또 다른 말인 '행복(well-being)'을 생각하면 '경제적 궁핍' 외에도 '정치적 억압'과 '심리적 구속'으로부터의 해방까지 포함한다는 사실 역시 중요하다. 철학자 루소(Jean-Jacques Rousseau)는 이렇게 말했다. "인간은 자유롭게 태어났지만, 어디서나 쇠사슬에 매여 있다." 인간은 본래 자유로운 존재이지만, 사회적 규범과 구조에 의해 속박된다는 것이다. 그래서 시민이 지닌 '일반의지'를 통해 '사회계약'을 맺어 '자유'와 '평등' 같은 '기본권'을 보호받을 수 있어야 한다고 역설했다(견진만, 2024: 39).

우리나라는 복지국가 제도를 가진 국가

복지국가는 국민의 복지 증진을 통치의 목적으로 하는 국가를 뜻한다. 우리나라는 이미 복지국가의 지향을 가지고 그 실현을 위해 지속적으로 노력하는 국가이다. 이는 우리 「헌법」에 이미 명시되어 있으며, 다양한 제도와 정책을 통해 더 충분한 복지국가로 가는 일을 시대적 과제로 삼고 추진 중이다. 전문가들은 대체로 '경제'와 '민주화'라는 두 축에서 성공한 국가로 알려진 우리 사회가 지난 세월 강도 높게 교육과 문화적 수준을 높여 왔기 때문에, 조금 더 노력한다면 복지국가의 제도와 문화를 온전히 구현해 낼 수 있을 것으로 평가하고 있다(강경선, 2013).

잘 알려져 있듯이, 1948년 「건국헌법」 당시부터 우리 「헌법」은 복지국가를 지향했다. 선진국이 오랜 세월 축적시켜 온 현대 복지국가 헌법을 모델로 해서 우리 「헌법」을 만들었기 때문이다. 아래와 같이 「헌법」 전문과 조항에는 복지국가 이념을 반영한 규정들이 많이 들어 있다. 전문부터 보자.

"…정치·경제·사회·문화의 모든 영역에 있어서 각인의 기회를 균등히 하고, 능력을 최고도로 발휘하게 하며, 자유와 권리에 따르는 책임과 의무를 완수하게 하여, 안으로는 국민 생활의 균등한 향상을 기하고 밖으로는 항구적인 세계평화와 인류 공영에 이바지함으로써 우리들과 우리들의 자손의 안전과 자유와 행복을 영원히 확보할 것을 다짐하면서…"

(대한민국 「헌법」 전문 중 일부)

또한 「헌법」 제30조에는 이렇게 명시되어 있다. "모든 국민은 인간다운 생활을 할 권리를 가진다." 이어지는 제2항은 "국가는 사회보장의 증진에 노력하여야 한다."라고 되어 있다. 이것이 비록 도덕적·정치적 의미의 선언에 머무른다 하더라도 그 상징적 의미는 크다.

복지국가는 실질적 국민주권을 보장한다

복지국가는 전통적인 기본권 보장 강화는 물론 절차적 법치주의, 사회적 기본권 보장, 정당제도 발달, 국제평화주의를 기본 원리로 한다(정재황, 2023). 그런데 여기서 주목할 부분이 바로 복지국가는 '실질적 국민주권주의' 혹은 '국민주권 민주주의'를 실현한다는 것이다. 교사도 국민이기에 이 원리에서 예외가 될 수 없다.

국민주권 민주주의는 세 가지 원리가 있다(박혁, 2018: 15). 첫째, 국민의 의사가 왜곡 없이 정치적으로 대표되는 '대표의 원리', 둘째, 국민이 위임해 준 권력이 국민에 의해 끊임없이 견제·통제될 수 있는 '견제의 원리', 셋째, 공적 의사결정에 참여해 함께 토론하고 논의할 수 있는 '숙의의 원리'가 그것이다.

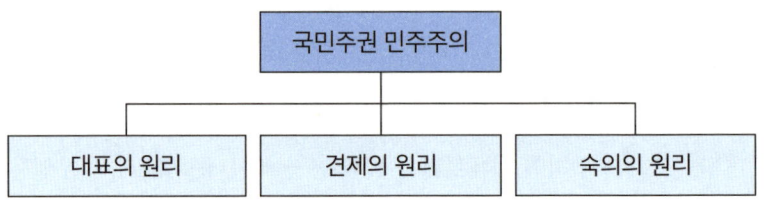

(박혁, 2018: 15)

헌법재판소 또한 아래와 같이 밝혔다.

> "전체 국민이 진정한 주권자가 되기 위해서는 전체 국민이 국가의 최고 의사의 결정권을 단순히 보유하고 있을 뿐만 아니라 그 결정권을 구체적으로 행사까지 하여 실제로 국가 의사를 결정하고 집행하는 것이 보장되어야 한다." (헌법재판소 1988헌가6)

선진 복지국가들은 '시민 지향'이라는 가치적 특수성을 바탕으로 민주주의 체제에 대한 확고한 신념을 공유하고 있다(견진만, 2024: 81). 이러한 맥락에서, 교사도 시민으로서 복지국가의 발전과 민주주의의 심화를 위해 정치기본권을 보장받아야 할 이유가 분명하다.

국민이자 교육 현장의 전문가인 교사들이 국민의 대표가 되거나 대표가 되려는 사람을 지원하는 일, 교사가 권력을 견제하고 통제하는 일, 교사가 공적인 의사결정 과정에 참여하여 자유롭게 토론하고 논의하는 일은 우리 사회에서 당연하고도 중요한 일이다. 교사가 '국민'이라면, 마땅히 '실질적이고 온전한 주권자'가 되어야 하는 이유가 여기에 있다.

자유롭고 평등하고 충분한 보장

우리나라는 1970년대 이후 현재까지 교사의 정치기본권과 관련하여 '부정'과 '억압' 상태에 머무르고 있다. 교사의 정치적 의사 표현은 금지되거나 엄격하게 제한된다. 이러한 수준은 앞서 본대로 인도, 인도네시아, 필리핀과 비슷하다.

인도의 경우 「중앙공무행동규정」 제5조 제1항 '정치와 선거의 참여'에는 "공무원은 정당의 당원이나 정치에 참여하는 기타 단체의 조직원이 될 수 없으며, 정치적 운동이나 활동에 어떠한 형태로는 원조나 지원을 할 수 없다."라고 되어 있다.

인도네시아의 경우 「국가공무기구법」 제87조에는 "정당에 가입하거나 정당에서 역할을 맡는 행위는 불명예 면직의 사유에 해당한다."고 구체화시켜 두었다.

필리핀의 경우 「헌법」 제2장 제4조는 "공무를 맡은 간부나 직원은 당파적인 정치적 캠페인에 직접 혹은 간접으로 개입해서는 안 된다."고 되어 있다. 구체적으로 '필리핀 공무위원회'에 따르면 "필리핀 공무원은 선거운동과 당파적인 정치활동을 할 수 없다."고 정치기본권을 박탈시켜 두고 있다(윤효원, 2025: 95-97).

이들 나라의 공통점은 제국주의의 식민지 지배를 받았다는 것이다. 민주주의 관점에서 보면 '저발전 권위주의 국가들'이기도 하다. 교사나 공무원을 국민으로부터 분리하여 특수한 계급이나 신분으로 규정하는 전근대적인 제도와 관행을 갖고 있다(윤효원, 2023: 121). 하지만 이제 우리나라는 '선진국이자 충분한 민주주의 국가'이다.

2023년 당시, 서이초 사태를 계기로 전국적으로 분출된 교사들의 목소리는 그 방증이라 할 수 있다. 당시 집회에 모였던 교사들의 수가 100만 명이 넘은 것으로 알려졌다. 이제 단순한 문제 제기의 단계를 넘어서, 제도와 정책을 바꾸기 위한 실질적 행동에 나서야 할 때다. 단계별로 수준을 높이든, 사회적 합의를 거쳐 선진국 수준으로 높이든 교사 정치기본권 보장은 더 이상 미룰 수 없는 시대적 과제이다.

공무원의 정치기본권 보장 방식은 국가별로 크게 세 가지 유형이 있다고 한다. 이 유형은 단계별로 접근하든, 단기간에 선진국 수준에 도달하든 제도 개선을 위한 중요한 기준으로 참고할 만하다.

1단계 '정치 표현-정당 가입-정치 후원' 보장

가장 먼저 할 일은 일본처럼 정당 가입과 정치후원금을 허용하는 일이다(윤효원, 2023: 124). 정당은 대의민주주의 국가에서 가장 중요한 제도이자 기구이다. 민주주의와 권력 분립을 실현하기 위한 필수적인 요소가 바로 정당이다. 우리나라처럼 정당을 통해 민주주의를 실현하는 국가에서는 시민이라면 누구나 정당에 가입해서 활동할 수 있는 기본 권리가 보장되어야 한다.

또한 정당이나 정치인에게 후원하는 일은 정치 발전을 위한 기본 중의 기본이다. 국민의 후원금으로 정치를 하는 일, 그리고 투명하게 정치를 하는 일은 정치후원금으로부터 시작된다. 이것은 여야, 진보·보수의 문제도 아니다. 국민이라면 예외 없이 정치 후원을 할 수 있어야 한다.

1단계에서 눈여겨볼 나라가 대만이다. 대만은 '행정 중립'은 지키되, 정치기본권을 폭넓게 보장하는 방향으로 제도를 개혁해 왔다. 우리나라도 교사와 공무원이 일반 국민과 마찬가지로 평등하게 「헌법」상 기본권을 보장받는 정치 선진국 수준으로 제도 개혁을 달성해야 할 시점이다.

2단계 '피선거권' 보장

2단계는 중간 단계로 정치기본권 중 피선거권을 확보하는 단계이다. 이 단계에서 가장 중요한 과제는 대만처럼 '행정 중립'이라는 개념을 정확히 합의하고 정착시키는 일이다(윤효원, 2023: 124). 그동안 공직 출마를 막아 온 애매한 정치적 중립성 개념은 '한국형 행정 중립' 관점을 도입함으로써 혼란을 피하고, 현재 우리 사회의 민주주의 수준과 시민의식을 흐름을 제도에 반영하는 계기가 될 수 있다. 교육으로 민주시민을 육성하는 교사가 공직선거에 출마할 수 있는 권리를 갖는 것은 사회를 위한 책임 있는 선택이 될 수 있다. 이를 위해 교사의 피선거권은 충분히 보장되어야 한다.

그 가운데 핵심은 '휴직'이나 '휴가'를 통해 출마할 수 있는 권리를 보장하는 것이다. 낙선이 되어도 다시 교직으로 돌아올 수 있고, 당선이 된 뒤에는 임기를 마치고 교사로 돌아올 수 있어야 한다. 아래 표는 선진국에서 공무원의 정치기본권을 어떻게 보장하고 있는지 그 선택지를 보여 주고 있다.

<선진국 공무원의 정치기본권 보장 현황>

국가	정치적 표현의 자유	정당 가입의 자유	피선거권 (휴가, 휴직)	정치 기부금 자유	정치 기부금 세액공제
영국	○	○	△	○	×
미국	○	○	△	○	×
네덜란드	○	○	○	○	○
독일	○	○	○	○	○
프랑스	○	○	○	○	○
스웨덴	○	○	○	○	○
덴마크	○	○	○	○	○

(윤효원, 2023: 123)

공직은 일반적으로 '국가기관이나 공공단체의 일을 맡아 수행'하는 일이지만, 실제로 교사가 선출직 공직을 맡는다는 것은 아래와 같이 또 다른 의미가 있다.

첫째, 학생·청소년과 기성세대를 연결한다. 이는 교사라는 사회적·상징적 존재를 통해 문화의 전승은 물론 세대 간 소통을 통한 사회 변화의 기회를 만드는 일이다.

둘째, 학교와 사회를 연결한다. 우리나라 학교는 고립된 섬처럼 여겨져 왔다. 하지만 교사들이 선출직 공직자가 되면 학교는 더 열린 사회화의 공간으로 변화하여 학생들이 보다 넓은 세상을 배울 수 있게 되고, 지역사회 역시 학교와 유기적 협력을 통해 함께 성장하고 발전할 수 있는 길이 열리게 된다.

셋째, 정치 신인의 발굴과 등장이다. 정치인의 건강한 성장 부재와 질적인 역량 제고가 되지 않은 점은 우리나라 정치의 고질적인 문제였다. 첨예한 여야 대립과 소모적인 정쟁 등이 반복되는 상황에서 교사군의 정치 진입은 새로운 변화를 가져올 수 있다. 프랑스가 대표적인 예에 해당한다.

3단계 자유롭고 평등한 보장

교사로서, 시민으로서 표현의 자유와 정치활동이 일반시민과 사실상 평등하게 보장되어야 하는 단계이다. 우리가 부러워만 하는 나라들, 즉 스웨덴, 덴마크, 독일, 네덜란드, 프랑스 등의 정치 선진국이 가지고 있는 교사와 공무원 행동강령을 도입하면 가능한 일이다. 특히, 이 나라들은 '국민으로서 교사 각 개인의 정치적 권리'와 '직업인으로서 교사의 직무상 의무'를 분리하여 접근한다(윤효원, 2023).

이 단계에 도달한 나라들에게서 나타나는 가장 큰 특징은 법령과 규정에서 교사의 "정치적 중립성"이라는 표현을 찾아보기가 어렵다는 사실이다. 오히려 다음과 같은 용어가 지켜야 할 것들이다. 우리나라 교사들에게는 이런 가치가 없을까? 있다. 그리고 지켜낼 수 있다. 이제 '정치적 중립성' 대신 다음와 같이 '불편 부당성'이나 '책임성'을 외쳐야 할 때다.

- 불편 부당성(impartiality)
- 독립성(independence)
- 이해충돌 금지(no conflict of interest)
- 정실주의 금지(no favoritism)
- 신뢰성(reliability)
- 사려 깊음(carefulness)
- 책임성(responsibility)
- 전문성/직업정신(professionalism)

우려되는 지점과
민주주의 기본 갖추기

우려되는 지점 1. 학생 피해

교사 정치기본권이 보장되면 학생들에게 피해가 있을 거라고 우려하기도 한다. 진짜 그럴까? 다른 나라에서도 교사 정치기본권을 보장하는데, 이것 때문에 학생들이 피해를 본다는 근거는 없다. 오히려 민주주의가 성숙하고, 민주시민교육을 발전시킨다는 보고는 많다. 유명한 철학자 칸트(Immanuel Kant)의 말을 빌려 보자.

"인간은 오직 교육에 의해서만 인간이 될 수 있다. 인간은 교육이 인간에서 만들어 내는 것 외에 다른 아무것도 없다. 유의해야 할 바는 인간이 오직 인간들에 의해서 교육되면, 그 인간들 역시 교육되어 있다는 사실이다."
(Kant, 백종현 역, 2018: 92-93)

칸트는 교육과 인간과의 관계를 넘어 공교육은 '미래의 시민을 위한 최상의 학교'이고, '교육체계의 근간은 세계인이어야 한다'고도 했다(Heater, 김해성 역, 2007: 435-436). 오히려 교사의 정치활동의 자유는 학생

성장과도 연결된다. 학생이 피해를 본다는 주장에는 학생의 성장과 발달할 권리는 간과되고 있다. 교사는 공무원에 불과하고, 가르치는 대상이 미성숙한 학생이라는 이유가 작동해 보장받아야 할 기본권이 제한받고 있다고 볼 수 있다(김연순, 2014: 79). 정치 쟁점을 수업까지 가져온 독일의 보이텔스바흐 협약과 독일 문화는 그렇지 않음을 역사적으로 그리고 실천적으로 이미 알고 있는데도 말이다.

대한민국은 「헌법」에 기반한 나라이고, '민주공화국'을 표방하는 국가이다. 자유와 평등, 인간의 존엄을 최고의 가치로 두는 '민주주의'를 지향하고 있다. 또한 주권이 국민에게 있는 '공화국'이기 때문에, 국민 사이에 서로 다른 생각과 의견이 있을 때 이를 지속적으로 함께 논의하고 진전시켜 나아가야 한다.

한국에서 교사들은 63년 동안 정치적 자유와 평등을 보장받지 못하다가 이제야 이것을 시민의 이름으로 요구하는 것이다. 또한 학생들이 피해를 본다는 주장을 포함한 어떠한 의견이라도 함께 논의하고 결정해 나가자는 것이다. 교사에게 정치기본권이 주어진다고 해서 실제 학교가 정치적 이념으로 극심한 혼란을 겪고, 학생들에게 피해를 주고, 갈등과 대립의 장이 될 거라는 건 기우일 수 있다. 그러한 우려 역시 하나의 의견으로 인정하고 토론은 할 수 있어야 한다. 그래야 더 성숙한 민주주의로 나아갈 수 있다.

우려되는 지점 2. 정치적 이해득실

교사 정치기본권에 대해 각자의 관점과 입장에서 이해득실을 따지는데, 여기에 정치적 이해관계까지 얽어지면 난감한 상황이 지속될 수 있다.

'교사 정치기본권'을 두고 어떤 이해관계가 있을까? 후원금 측면을 보자. 여야 혹은 보수와 진보 정치인에게 교사들의 정치후원금이 들어온다면, 진영이나 이념에 따라 그 액수가 크게 차이 날까? 이걸 걱정한다면 후원금 제도 자체를 고민해야 할지 모른다. 현재는 '이익집단의 입법 로비' 문제보다 '소액 기부의 활성화'나 '법인 및 단체 기부 확대'가 더 중요한 시점이다.

정치적 의사 표현의 자유를 제한하는 규제 지향적 제도 아래에서 이익집단의 악용, 적극적이지 못한 정치참여, 정치자금 기부에 대한 부정적 인식이 좋은 취지의 제도를 바람직하지 못하게 작동하게 하고 있다(김정도, 2011: 133). 또한 법인 및 단체의 기부 금지는 정경유착의 가능성을 제거하고자 하는 취지에서 만들어졌지만, 기업이나 이익단체, 노동단체와 시민단체 등이 정치적 의사를 표출할 수 있는 수단을 제한하고, 개인 재산이 많은 후보자가 상대적으로 선거에서 유리한 위치를 점하도록 하는 등의 문제를 야기하고 있는 것이 현실이다(한국형사·법무정책연구원, 2020: 382). 국회 상임위원회 중 교육위원회에 국회의원들이 가길 꺼리는 첫 번째 이유가 여기에 연결되어 있다.

우려되는 지점 3. 한꺼번에 하려는 과욕

세 번째는 왜 '교사'만 정치기본권을 요구하느냐는 문제 제기다. 교감, 교장, 교육청·교육부 직원, 중앙·지방 공무원도 같이 해야 하는 게 맞지 않냐는 의견이다. 교감과 교장 모두 '교원'이기에 이들을 당연히 포함께서 논의할 수 있다. 핵심은 정치기본권 보장을 위해 '교사'와 '공무원'을 구분해야 하는지다.

숫자로 보자. 2024년 12월 31일 기준으로, 유·초·중등 교원 수는 509,242명이고,[9] 공무원 수는 교원 362,448명을 포함한 1,170,764명이다.[10] 일단 교원과 공무원을 합쳐 정치기본권을 보장한다면, 최소 100만 명이 넘는 숫자이다. 공무원은 중앙공무원과 지방공무원은 물론 기타 공무원으로 나뉘어져 있다. 따라서 각 직군의 역할과 특성에 따라 정치기본권 논의의 방식도 달라질 수 있다. 그림을 보자(정부조직관리정보시스템 공무원정원 분석표).

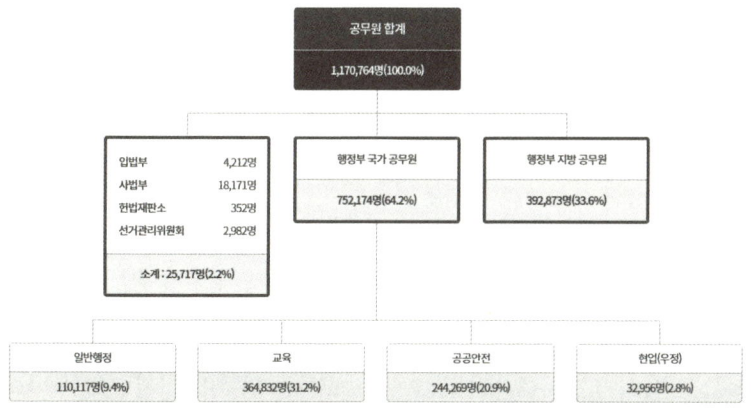

269p-정부조직관리저보시스템 공무원정원 분석표.png

국민을 위한 공공서비스로서 공무원의 역할이 다양하다는 것을 알 수 있다. 가장 많은 비중을 차지하는 것은 국가공무원 752,174명이고, 지방공무원도 392,873명에 이른다. 또 한 축으로 교육부나 교육청 그리고 학

---

9 교육통계서비스 https://kess.kedi.re.kr_유초중등 교원 수
10 정부조직관리정보시스템 https://www.org.go.kr_공무원 정원

교 행정실에서 근무하는 교육공무원도 364,832명에 이른다. 장기적이고 근본적으로는 모두 정치기본권을 보장받을 대상인 것은 분명하다.

하지만 교사 정치기본권이 우선적으로 보장되어야 하는 이유는 '전문직 노동자'로서의 정체성뿐만 아니라, '우리 사회에서 학생을 가르치며 민주시민으로서의 모범을 보여야 하는 교사'이기 때문이다. 이를 해결해야 할 국회와 정부 입장에서도 학부모와 국민의 여론은 이를 판가름할 중요한 향배가 될 것이다. 결국 민주주의를 보다 넓고 깊게 뿌리내리도록 하기 위해서는 정치기본권에 대한 국민 인식의 전환과 새로운 문화 형성이 무엇보다 중요할 것이다.

민주주의 사회라면

민주주의는 신화적 사고를 지나 과학적 사고의 시대를 사는 현대인에게 가장 발전된 정치제도이다(설진성, 2022: 286). 민주주의에는 기준과 제도가 있다. 그리고 이 기준과 제도를 잘 운영하기 위해서는 시민이 필요하고, 교육이 필요하다(김성천, 2023: 24). 교사는 민주주의, 시민, 교육이라는 입체적 스펙트럼의 한가운데에 자리하는 존재이다. 민주주의의 기준과 제도를 다시 한번 보자. 그리고 교사들이 이 기준과 제도에서 빗겨나 있어야 하는지 판단해 보자.

<민주주의의 기준과 제도>

민주주의의 기준	민주주의의 제도
· 시민이 대표자(의원, 대통령 등)를 선출하는 선거가 주기적으로 실시되는가?	· 공정한 선거제도 · 독립된 선거 관리 제도

· 주기적 선거를 통해 정부와 집권당이 평화적으로 교체되는가?	· 선거를 통한 정부 교체 · 정부 인수 제도
· 정부가 개인의 자유와 권리를 실질적으로 보장하는가?	· 인권 보장 제도 · 권리 구제 제도
· 개인, 시민단체, 언론 등이 정부를 자유롭게 비판하고 감시하는 활동이 보장되는가?	· 표현의 자유 제도 · 언론의 자유 제도 · 정보 공개 청구 제도
· 선거 이외에 정부의 입법과 정책결정 과정에 시민의 참여를 보장하는가?	· 시민의 정치참여 제도 · 국민투표, 국민발안, 국민소환 제도

(김성천, 2023: 24에서 재인용)

기준과 제도도 중요하지만, 민주주의를 위한 문화적 기반은 더 중요하다. 어떤 문화를 갖추어 나가야 할까?

첫째, '겸손과 타협의 문화'이다. 교사 정치기본권을 놓고 당사자의 목소리는 물론 이를 해결할 정치권과 정부는 무엇보다 겸손한 태도로 끊임없이 타협해 나가야 한다. 민주주의는 원래 인간의 불완전성을 가정하는 제도이자 시스템이다. 그래서 아무리 똑똑한 사람도 잘못을 범할 수 있고, 아무리 선한 사람도 권력을 쥐면 부패하고 타락할 수 있다고 가정한다. 누구의 주장도 완벽하지 못하기 때문에, 서로 대화하고 토론하고 비판하는 과정을 거칠 때 더 나은 정책을 만들고, 더 좋은 제도를 채택할 수 있다.

둘째, '사회자본(social capital)'을 키워 가야 한다. '사회자본'이란 사회적 신뢰, 준법정신, 타인을 위한 배려, 공공재를 아끼는 마음, 애국심, 그리고 어려운 사람을 도와주는 이타적인 행동 등을 포함한다. 교사 정치기본권은 이러한 사회자본을 형성하는 데 매우 중요한 역할을 한다. 교사의 정치기본권이 보장되면 자라나는 학생들이 더 건강한 정치 문화를 익힐 수 있다. 이들이 자라서 민주시민으로서 우리 사회와 국제사회에 미칠 긍정적 파급력은 결코 작지 않을 것이다.

셋째, 민주주의가 성숙하려면 '공공정신의 함양'이 필요하다. 교사 정치기본권은 교사 개개인의 이익이나 교사들의 집단이기주의에 기반해서는 안 된다. 「헌법」정신과 민주주의와 교육철학에 기반해야만 지속가능하고, 이후 공무원 영역까지 정치기본권을 확대할 수 있는 토대가 될 수 있을 것이다. 알다시피, 국가나 사회는 그것을 구성하는 시민 모두의 공공재다. 그 공공재의 생산과 유지에 아무도 관심을 두지 않는다면 성숙한 민주주의 사회는 꿈꾸기 힘들다.

교사 정치기본권이 꽃필 수 있으려면 민주주의 발전에 필요한 이러한 문화적 기반이 골고루 잘 갖추어져 있어야 가능하다. 이런 문화를 키워 가는 일은 위정자들만의 몫이 아니다. 교사 한 사람 한 사람, 국민 한 사람 한 사람이 주인의식을 갖고 변화를 만들어 나갈 때, 비로소 정치기본권은 살아 숨 쉬는 권리가 되고, 우리 사회의 민주주의는 한 걸음 진전될 것이다.

좋은 교사, 좋은 교육,
좋은 정치를 향하여

우리는 이솝우화인 『토끼와 거북이』 이야기를 잘 안다. 빠른 토끼와 느린 거북이의 경주 이야기다. '느려도 꾸준한 거북이'와 '눈을 붙이다 곯아떨어진 토끼'라는 대비된 모습은 선과 악으로 보이지만, 경주의 경쟁자가 아니라 함께 살아가는 존재로 본다면 좋은 토끼가 되고, 좋은 거북이가 될 일이다. 각자 모습대로 살다가 서로 힘을 합치기도 하고, 경쟁할 때가 되면 그때 경쟁하면 된다.

정치와 교육도 얼핏 무관한 것처럼 생각할 때가 많다. 무려 63년 동안 교사들은 정치기본권에 대한 보장을 받지 못했으니 그런 관행이 당연한 상식처럼 받아들여질 수도 있다. 하지만 정치계의 '국회의원'과 교육계의 '교사'의 관계에 대해 생각해 보자. 의사, 변호사, 교수 출신 국회의원은 그동안 많았다. 노동자, 청소년, 청년, 이주배경 출신 국회의원도 있어야 한다. 좋은 의사이면서 좋은 국회의원을 생각하듯이, 좋은 교사이면서 좋은 국회의원도 될 수 있다. 좋은 교육과 좋은 정치는 만나야 하는 일이다.

정치가 사회를 설계하는 일이라면, 교사는 교육을 통해 그 사회를 지탱하는 기반을 다진다. 좋은 정치는 좋은 교육에서 시작되고, 좋은 교육은 더 나은 정치를 낳는다.

유네스코 2050 보고서

위와 같은 모습을 '교사의 변혁적 역할'이라고 말한다. 미래 교육에서 그 중요성을 본격적으로 다룬 보고서가 있다. 2021년 유네스코에서 발간한 이 책의 제목은 『함께 그려보는 우리의 미래: 교육을 위한 새로운 사회계약』이다. 이 책에서 교사에 대해 이렇게 말한다.

"교육을 위한 새로운 사회계약에서 교사들은 중심에 있어야 하며, 교사라는 직업은 교육과 사회의 변혁을 일으킬 새로운 지식에 불을 지피는 집단적 노력으로 재평가되고 다시 상상되어야 한다." (UNESCO, 2021: 90)

그러면서 유네스코는 앞으로 미래 사회에서 교사가 어디까지 나아가야 하는지도 밝힌다. 아래 이야기는 교사 정치기본권과 관련해서도 주목해야 할 말들이다.

"학교를 둘러싼 교육 생태계는 학습 공간의 네트워크로 구성되어야 한다. 교실 학습과 학교 내 학습, 그리고 그 너머의 방과후 활동 사이의 구분은 흐려지거나 사라지는 것이 낫다. 교사는 이러한 네트워크가 유지되도록 하는 연결 관계의 디자인과 구축에 핵심 역할을 한다. 하지만 이를 효과적으로 수행하기 위해서는 교사의 마음가짐과 정체성, 신분에 변화가 필요하다. 새로운 교육 생태계와 학습 공간의 네트워크에서 교사가 주최자(convenors)로서 사회적·제도적 역할을 하게 되면, 교사와 교사들의 팀은 교육의 미래를 형성하는 핵심 주체로 등장하게 될 것이다." (UNESCO, 2021: 92)

여기서 나아가 의사결정과 공공 영역에서의 교사의 모습도 그려 낸다. 교사 정치기본권에 가로막힌 현재 상황을 생각하면, 이런 상황이 오기는 올까 하는 부러움과 의문이 동시에 든다.

"교사가 되는 것은 교직 내에서 지위를 얻는 일일 뿐 아니라 주요 교육적 사안과 공공정책 마련에 공적 입장을 갖는 일이기도 하다. 이러한 참여는 교사 자신의 이해관계를 방어하는 것에 국한되기보다는 교사의 목소리와 지식을 보다 큰 사회적·정치적 영역에 제시하는 것이어야 한다." (UNESCO, 2021: 101)

듀이는 왜 『민주주의와 교육』을 썼을까

좋은 교육과 좋은 정치를 말할 때 빠지지 않는 인물이 있다. 바로 『민주주의와 교육』을 쓴 듀이(John Dewey)다. 듀이는 교육 분야에서도 잘 알려졌지만, 철학이나 정치 분야에서도 인정받았다. 20세기 철학자 중 세 명[11] 안에 손꼽히는 철학자였고, 정당을 창당하는 등 다양한 정치활동도

---

[11] 세계 철학회장을 지낸 로티에 따르면, 실존철학의 하이데거(Martin Heidegger), 분석철학의 비트겐슈타인(Ludwig Josef Johann Wittgenstein)과 더불어 듀이를 21세기의 위대한 철학자로 평가하고 있다.

이어 왔다(Rorty, 1979: 5). 나아가 그는 실제로 교사 경험도 있고, 정치인 경험도 있다. 듀이는 민주주의를 담고 있는 정치·경제·사회제도가 재건·재조직되는 일을 철학적인 작업으로 풀어 내려고도 했다. 이런 명언을 우리 곁에 남겼다.

"교육은 사회적 과정이자 성장이다. 교육은 삶을 위한 준비가 아니라 삶 그 자체이다. … 민주주의는 단순한 정부 형태가 아니라 근본적으로 공동생활의 양식이요, 경험을 전달하고 공유하는 방식이다." (Dewey, 1916: 105)

위 말을 자세히 보자. 누가 위 말을 가장 주의 깊게 듣고 행동해야 할까? 바로 교사다. 교사는 우리 학생들의 내일을 빼앗는 존재가 되어서는 안 되고, 삶을 가르치고 함께 살아가야 하는 존재가 되어야 한다. 학생들의 다양한 관심을 발현시키고 지적인 자유를 가져오게 하는 데 핵심 주체는 누가 뭐래도 교사다. 철학자였던 듀이가 교육의 재건, 민주주의의 재건, 철학의 재건을 부르짖은 이유는 바로 교육이야말로 인간과 사회의 문제를 다루는 본질이기 때문이었다. 듀이가 말하길, "사회란 수많은 사람들이 공동 노선에 따라, 공동 정신으로, 공동 목적에 관심을 가지고 움직이기 때문에 서로 결합되어 있다(Dewey, 1900: 10)." 그래서 사회생활에 진정으로 참여할 수 있도록 필요한 교육 지원을 하는 일은 실제로 살아 있는 민주적인 참여를 통해서만 가능하다(Garrison & Reich, 김세희 외 역, 2021: 194). 교육에서 가장 중요한 존재는 역시 학생이다. 그리고 바로 그 곁에서 학생들이 성장하도록 돕는 이가 교사인 것이다. 작은 사회인 학교에서 '창조적 민주주의'를 만들어 내는 사람이 바로 교사인 것이다(서용선, 2011: 270).

이제 족쇄를 풀 때

정치기본권은 인간 존재와 삶을 규정한다. 교사는 인간이자, 시민이자, 국민이다. 기본권에는 자유권, 평등권, 참정권, 청구권, 사회권 등이 있다. 이런 기본권은 누구나 보장받는다. 교사 역시 예외일 수는 없다. 교사의 정치기본권도 보장받아야 한다. 「헌법」에서는 기본권 제한에 대해서도 규정하고 있는데, 그것이 최소한으로 이뤄지도록 한다. 교사의 정치기본권도 마찬가지다. 제한이 있다면 최소한으로 이뤄져야 한다. 「헌법」 제37조 제2항에는 이렇게 되어 있다.

> **「헌법」**
> 제37조 ② 국민의 모든 자유와 권리는 국가안전보장·질서유지 또는 공공복리를 위하여 필요한 경우에 한하여 법률로써 제한할 수 있으며, 제한하는 경우에도 자유와 권리의 본질적인 내용을 침해할 수 없다.

2025년을 사는 오늘, 교사의 정치기본권이 '어떤 국가안전보장', '어떤 질서유지', '어떤 공공복리'에 제한되는지 해당 법률들은 반드시 검토되어야 하고, 개정되어야 한다. 그 조문의 앞과 뒤를 보라. 앞에는 "① 국민의 자유와 권리는 「헌법」에 열거되지 아니한 이유로 경시되지 아니한다."고 적시되어 있다. 국가안전보장, 질서유지, 공공복리를 말하기 전에 나오는 「헌법」 조항이다. 교사 스스로 그리고 교사를 둘러싼 많은 사람들이 이해했으면 하는 바람이다. 뒤를 보면, 기본권을 제한하는 경우에도 "자유와 권리의 본질적인 내용을 침해할 수 없다."고 되어 있다. 교사 정치기본권의 자유, 교사 정치기본권의 권리는 본질적인 내용이다. 이제 교사를 위해서라도, 학생들을 위해서라도, 교육과 우리 사회를 위해서라도 족쇄를 풀 때이다.

자유, 연대 그리고 참여

교사들이 품고 있는 고민은 작지 않다. 그 속에는 교사로서 어떻게 살아가고, 앞으로 나아가야 할지 진지한 질문이 담겨 있다.

> 세상은 우리 교사들을 전문가라고 말하면서도 전문가로 인정할지 말지를 고민하고, 또 정치적 중립성을 지키라고 말하면서 선거 외에 정치적인 권리를 인정하지 않아 왔다. 그렇지만 이제 우리 교사들은 온갖 치열한 정치적 다툼이 벌어지고 있는 소용돌이의 한복판에 서게 되었다. 이런 현실은 아이러니하게도 학생들에게 권리 행사를 제대로 하도록 가르칠 수밖에 없는 구조를 만들어 냈다고 할 것이다.
> (교육정책디자인연구소 시민모임, 2020: 151)

학교는 민주 시민성을 갖춘 새로운 세대를 양성할 수 있는 최고의 근현대 제도로 불린다. 자라나는 세대들이 학교를 통해 민주주의의 가치와 작동 원리를 경험하게 된다. 여기서 교사는 학생들에게 민주주의 정치제도를 가르치고, 민주 시민성의 본을 보이고, 학생들이 민주주의의 가치를 실현하도록 이끄는 존재이다(설진성, 2022: 286). 교사는 전문가이자 노동자이고, 그 전에 인간이고, 국민이고, 시민이다. 특히, 시민 개념을 강조하면 교사는 '가르치는 시민'이라고 해야 맞다. 하지만 지금까지 교사들은 정치에서만큼은 자유롭지 못했다. 정치에 참여할 수 없었다. 참여를 해야 정치공동체와 관계를 맺게 된다(신진욱, 2008: 108, 129).

하지만 한 가지 기억할 것이 있다. 연대의 마음이다. 연대는 '동등한 사람들 사이의 사회적 결합'이기 때문에(신진욱, 2008: 118), 교사는 정치기본권을 두고 연대할 수 있어야 한다. 교사들 사이의 연대도 중요하다. 교사의 생각을 한 가지로만 보면 안 된다. 지역별, 성별, 급별, 전공별로 생각이 다양하다. 아마도 교사의 숫자만큼 다양할 것이다. 학교 안의 교장, 교감과도 연대가 필요하다. 또한 다른 공무원과도 연대해야 한다.

중요한 또 다른 연대의 축은 학부모와 언론이다. 어떤 학부모라도 자녀가 학교에서 잘 성장하기를 바란다. '교육이 잘되는 연대'가 학부모와 교사가 손잡을 지점이다. 언론과의 연대도 필요하다. 언론은 객관적인 상황을 알리고, 여론을 형성하는 데 중요한 역할을 한다. 우리나라가 OECD 국가 중 유일하게 교사 정치기본권을 보장하지 않는 나라임을 널리 알려야 한다. 학생 정치기본권과의 불균형을 알리고, 이를 어떻게 균형을 맞추어 나갈 것인가에 대한 논의를 이끌어 내기 위한 연대가 필요하다. 그 모든 과정에서 연대는 민주주의를 키우는 힘이 된다.

마지막을 머리말에서 언급한 넬슨 만델라의 『자유를 향한 머나먼 길』의 마지막 문단으로 마무리하려고 한다.

"나는 자유를 향한 머나먼 길을 걸어왔다. 나는 주춤거리지 않으려고 노력했다. 나는 도중에 발을 잘못 내딛기도 했다. 그러나 커다란 언덕을 올라간 뒤에야 올라가야 할 언덕이 더 많다는 것을 발견하게 된다는 비밀을 알았다. … 자유는 책임이 따르기 때문에 나는 오로지 잠시 동안만 쉴 수 있을 뿐이다. 나의 머나먼 여정은 아직 끝나지 않았기 때문에 나는 감히 꾸물거릴 수가 없다." (Mandella, 김대중 역, 2020: 896-897)

'정치적 자유와 참여'를 얻기 위해서 지금 우리에게 가장 필요한 건 무엇일까? 필자는 정치적 연대의 힘을 말하고 싶다. 연대로 자유를 외칠 때 교사 정치기본권은 단단해진다. 연대로 참여할 때 교사 정치기본권은 넓어진다.

다양한 현장 속 질의응답 3

1. 정치기본권이 없는 상황에서 교사들이 할 수 있는 정치참여 방법이 있나요?

현실 정치는 정당과 선거 혹은 정책 의사 형성이 중심입니다. 현재로선 교사들이 정당과 선거에 정책적으로 자문하는 정도의 일이 있을 수 있고, 교원단체나 교원노조를 통한 입법 제안과 의견 개진을 할 수 있습니다. 교사 개개인에게 쉬운 일은 아니고, 한계도 있습니다. 물론 그 외 정치참여 방법도 있을 수 있지만 제한적인 것이 사실입니다. 부분적으로나마 현재 상황에서 정치에 참여할 수 있는 방법은 서명이나 SNS 활동, 정책토론회 참석이나 정책 자문 등의 방법도 있고, 서이초 집회처럼 내용과 방식에 따른 집회와 시위도 있을 수 있습니다. 이런 개인 활동에는 어려움과 한계가 있기에 교원단체나 교원노조에 가입해서 집단적으로 의사 표현을 하는 방법이 현재 가장 위력적입니다.

2. 교사 정치기본권을 확보하면 무엇이 달라질까요? 학교생활도 변할까요? 부작용은 안 생길까요?

확신하건대, 교사들의 자존감이 더 올라가고 주인의식을 갖게 될 것입니다. 나아가 학교 정책이나 사업도 이전과 다른 태도와 방식으로 접근하면서 학교가 살아나는 경험을 할 수 있을 것으로 기대합니다. 당연히 학교생활도 달라질 것입니다. 정치 현안에 눈치 보는 행동이나 숱하게 제약시키는 공문과 메시지, 관행으로부터도 다른 시각과 태도가 나타날 것으로 예상합니다. 이는 학생들에게도 긍정적인 영향을 줄 것으로 봅니다. 예를 들면, 16세 정당 가입을 촉진시키고, 19세 선거운동에 대해 보다 적극적인 교육활동으로 이어지게 될 것입니다. 학생과 청소년, 나아가 우리 사회를 잘 대변하는 좋은 정치인이 조기에 탄생하는 밑거름 역할도 하게 될 것입니다.

이 과정에서 어려움과 부작용도 예상됩니다. 규범이 바뀌고 생활양식이 바뀌는 일이기 때문에, 전통 대 변화의 흐름, 고착된 인식과 적응의 차이 속에서 혼란과 갈등이 있을 수 있습니다. 하지만 정치기본권은 숙의와 토론을 더 강화하는 것이기에 이런 어려움도 학교 공동체 안에서 풀어 나갈 수 있을 것으로 봅니다.

3. 교사로서 정치기본권 회복을 지원하고 지지할 수 있는 방법은 어떤 게 있나요?

현재 교사 정치기본권에 대한 다양한 기자회견이나 대화 혹은 토론이 언론이나 SNS상에 적잖게 올라와 있습니다. 여기에 댓글로 의견을 개진하거나 '좋아요', '구독'을 해도 좋을 것 같습니다. 또한 더 적극적으로 나서서 글을 쓴다거나 유튜브 활동을 하면서 지평을 넓히는 일도 괜찮다고 생각합니다. 학교 안팎으로 교사들이 소규모 모임을 만들고, 교원단체나 교원노조에 가입해 힘을 실어 주는 것도 좋은 방법입니다. 법 개정 촉구와 관련된 다양한 활동도 이어 가면 실효적일 수 있습니다. 무엇보다 체계적인 학습이나 활동을 소규모든 대규모든 기획해 교사들의 노력하는 모습을 사회에 노출할 필요도 있습니다. 직접 행동을 한다면 집회나 행사에 적극 참여하고 발언하는 것도 중요한 방법일 수 있습니다.

4. 교사 정치기본권 확보를 반대하는 학부모를 어떻게 설득하면 좋을까요? 만약 보장되면 학부모 민원은 줄어들 수 있을까요?

학부모들에게는 대한민국의 교사 정치기본권 수준이 'OECD 꼴치'임을 알리고, 최소한 'OECD 평균' 수준으로 끌어올리는 게 필요하다는 점을 역설해야 합니다. 또한 이 과정이 결국 우리 아이들과 교육에 크게 도움이 된다는 점을 강조하면 좋을 것 같습니다. 우리 아이들에게는 더 폭넓은 세상에 대한 정보와 진로를 제공할 수 있고, 우리 교육에는 더 건강한 정치교육과 민주시민교육이 가능해진다는 점을 해외 사례 등을 통해 알려 주어도 좋을 것 같습니다. 학부모들도 교육 주체이기에 선거 축제, 모의 선거, 학교 민주주의 활동 등을 공동으로 기획하고 추진하는 일도 함께 만들어 가면 상호 신뢰가 더 쌓일 수 있습니다.

5. 발의된 관련 법안들은 진짜 통과될 가능성이 있나요?

정치는 현실에 발을 딛고 상상을 구체화하는 일입니다. 그래서 정치적 과정과 결과를 쉽사리 결론 내리기 어렵습니다. 현재는 이재명 대통령이 대선 공약으로 제시했고, 관련 법안들이 이미 충분히 발의된 상태입니다. 통과 가능성을 더 높이는 일은 현 정부의 국정기획위원회에서 '국정과제'로 채택하는 일이고, 대통령이 의지와 힘을 실어 추진하는 일입니다. 현재 국정기획위원회에서는 '국민이 하나되는 장치' 영역에 '통합과 참여의 정치실현'을 지향하여, 2030년까지 '완전한 민주주의'를 추진하는 내용이 포함된 상태입니다. 또한 국회는 법안심사소위원회에 올려 심사하고 교육위원회와 행정안전위원회를 거쳐 법제사법위원회와 본회의를 통과시키는 일입니다.

6. 이재명 정부의 공약 '근무 시간 외 정치활동 보장'으로 교육 현장에서 가장 시급하거나 중점적으로 다뤄야 할 부분은 뭘까요?

가장 먼저 '근무 시간'에 대한 정의를 정확히 하는 일입니다. 보통 근무 시간은 점심 식사 시간의 학생 지도를 포함해 9시부터 17시 혹은 8시 30분부터 16시 30분입니다. 일과 전후 시간과 주말에 어떤 정치활동을 할 수 있을지 고민하면 좋을 것 같습니다. '방학'에 대한 근무 시간 포함 여부는 쟁점이 될 것입니다. '근무 시간 외'라고 했을 때, 방학이 포함되는지 안 되는지는 논쟁이 될 수 있습니다. '제41조 연수'에 대해 교육부·교육청과 학교 현장의 논의가 필요하다고 봅니다.

또한 교사 개인이든 소집단이나 대규모 집단이든 함께 학습하고 행동하면서 우리 사회의 정치참여에 대해 견인하는 전문가이자 지식인 역할을 하면 좋을 것 같습니다. 이 지점에 '보이텔스바흐 협약'과 같은 '한국형 교육 협약'이 나올 수도 있습니다. 대학교수들의 정치참여 모델을 성찰해 보고, 더 나은 모델을 만들어 가는 운동도 좋은 방향이 될 수 있습니다.

7. 교사의 정치기본권 문제를 교원의 권리에만 국한시키지 않고, 시민의 교육권이나 교육의 질과 연결한다면 어떤 논리가 필요할까요?

앞서 말씀드린 대로, 정치기본권을 '권리'로도 보지만 '책임'으로도 봅니다. 권리 보장과 사회적 책임의 문제는 동반자입니다. 교사의 책임은 '교육'에 있기 때문에, 정치기본권의 문제를 '정치교육'이나 '민주시민교육'으로 확대시켜 나가면 더 좋을 것 같습니다. 교사 정치기본권이 보장되면 우리 아이들의 교육과 학교를 책임지는 교사들은 학교와 교육을 통한 사회책임의 영역을 확장해 가는 계기를 만들어 갈 수 있을 것으로 봅니다.

8. 정치기본권이 보장되면 교사가 교육정책 결정 과정에 더 많이 참여할 수 있나요?

맞습니다. 정치기본권이 보장되면, 선거를 앞두고 유·초·중·고·특수교육의 현장 목소리를 공식적으로 전달할 수 있게 됩니다. 정치기본권은 '국민이 국가 정치에 참여할 수 있는 권리'이고, 참정권은 '국가 의사결정 과정에 직접 또는 간접적으로 참여할 수 있는 권리'이기 때문입니다. 전문성을 갖춘 교사라면 직접 정책 형성에 참여할 수도 있습니다. 정당을 통해서든, 출마와 선출직을 통해서든, 표현의 자유를 통해서든 교사들은 교육정책에 참여할 가능성이 높아질 것으로 예상됩니다. 현재 정치에 적극 참여하는 대학 교수들을 생각하면 쉽게 이해가 될 것입니다. 참정권은 민주주의 국가에서 매우 중요하고, 국민주권주의의 핵심 요소입니다.

9. 정치기본권 보장과 교사노조 활동의 경계는 어디까지 허용되어야 한다고 보나요? 법령상 혼재된 부분에 대한 개선도 이뤄질까요?

교사 정치기본권 보장을 위한 법률 개정에 교원노조의 활동이 들어가기도 합니다. 특히, 「교원노조법」 제3조, 제6조 제1항이 언급됩니다. 제3조는 "교원의 노동조합은 어떠한 정치활동을 하여서는 아니 된다."고 되어 있어 삭제 필요성이 큽니다. 제6조 제1항에는 '단체교섭'을 경제적·사회적 지위 향상에 국한시켜 두어 '교육정책'을 포함시킬 필요가 있습니다. 현재 「교원노조법」상의 가장 큰 문제로는 단체행동권 제한, 교섭창구 단일화 제도 등을 들 수 있는데, 이런 문제들도 교사 정치기본권 보장 문제와 연동되어 있습니다.

10. 마지막으로 책을 집필하면서 독자들에게 꼭 하고 싶은 말이 있나요?

교사 정치기본권 문제는 교사들이 숨 쉬는 것과 같은 일입니다. 평상시 숨을 쉴 때는 공기의 소중함을 못 느끼지만, 숨이 막힐 때면 그 귀함을 금방 깨닫게 됩니다. 정치기본권도 마찬가지입니다. 교사가 숨을 제대로 쉬지 못하면 그 피해는 학생과 우리 교육에 돌아갑니다. 저는 이를 '가시덤불'의 상황으로 불렀습니다. 지금까지 수많은 사람들의 노력으로 여기까지 왔습니다. '숲'이 넓고 크기에 숨 쉬기 좋다는 것을 알았습니다. 마지막 법 개정까지도 쉽지 않은 난관들이 있을 수밖에 없습니다. 이 난관을 넘기 위해 바로 옆에 계신 교사들, 시민들과 손잡고 정치인들과 정부를 설득해 내는 일은 '나침반'을 통해 길을 열어 가는 여정이 될 것입니다

참고문헌

단행본

- 강경선(2013), "공무원과 교사의 정치적 기본권 획득", 한국방송통신대학교 KNOU 논총 제56호.
- 강경숙 국회의원·교사정치기본권찾기연대(2025), "학교 밖·근무 시간 외 교사 정치활동 보장을 촉구하는 국회 기자회견", 2025.5.29.일자.
- 강구섭·주현정(2023), "독일 교사의 정치적 중립성 논의 고찰: 독일대안당의 교사 정치적 중립성 요구에 대한 논쟁", 『교육문화연구』 29(4), pp.29-48.
- 강득구 국회의원 외·교사노조연맹(2023), "가르칠 수 있는 용기: 정당한 교육활동이 인정받는 교육 생태계 조성을 위하여" 국회토론회.
- 곽진영 외(2024), 『정당 없는 민주주의는 없다: 한국 정치 현실을 넘어 미래로』, 21세기북스.
- 권영성(2010), 『헌법학원론』, 법문사.
- 견진만(2024), 『복지국가와 한국사회』, 윤성사.
- 공무원노동조합·교사노동조합연맹·전국우정노동조합(2025), "공무원·교원의 정치기본권 보장" 국회토론회.
- 교사노동조합연맹(2025), "교사 정치기본권 촉구 5개 교원단체 공동 기자회견", 2025.5.13.일자.
- 교사노동조합연맹(2024), "공무원의 선거관여행위 금지 주요사례: 교사의 정치기본권 제한 관련 피해 방지를 위한 서면질의에 대한 중앙선거관리위원회의 답변".
- 교사정치기본권찾기연대(2025), "교사 정치기본권 보장 주요 국정과제 채

택 및 입법화 촉구 기자회견", 2025.7.3.일자.

- 교육부(2022a), 『초·중등학교 교육과정 총론』, 고시 제2022-33호(별책 1), 교육부.
- 교육부(2022b), 『사회과 교육과정, 교육부 고시 제2022-33호(별책 7)』, 교육부.
- 교육정책디자인연구소 시민모임(2020), 『학교, 민주시민교육을 실천하다』, 맘에드림.
- 국가인권위원회(2019a), "국가인권위원회 결정: 공무원·교원의 정치적 자유 보장에 대한 권고", 2019.2.25.일자.
- 국가인권위원회(2019b), "'공무원교원의 정치적 자유 전면적 제한 완화' 권고, 정부 '불수용'", 2019.10.1.일자.
- 국립국어연구원(2000), 『표준국어대사전』, 두산동아.
- 국민동의청원서(2020), "공무원교원 정치기본권 보장 관련 법률 개정에 관한 청원", 국민동의청원서.
- 국정기획위원회(2025), 「국민보고대회」, 이재명 정부.
- 국정기획자문위원회(2017), 『문재인 정부 국정운영 5개년 계획』, 문재인 정부.
- 김선욱(2001), 『정치와 진리』, 책세상.
- 김선화(2024), "공무원의 정치적 자유권과 선거중립의무", 국회입법조사처 이슈와 논점 제2222호.
- 김선화(2020), "교원의 정치적 자유 제한과 헌법재판소 결정: 쟁점과 입법 과제", 이슈와 논점 제1716호.
- 김성천(2023), "교원의 정치기본권 보장, 왜 중요한가?", 교육정책과 교육입법의 전문성을 강화하라: 교사 정치기본권 회복이 필요한 이유 국회토론회.
- 김영평 외(2025), 『그래도 민주주의: 다시 보는 23가지 기본원리』, 가갸날.

- 김정도(2011), "정치자금 소액기부의 제도 효과와 저해 요인들", 세계지역연구논총 29⑴, pp.133-157.
- 김정인(2025), 『모두의 민주주의: 한국 현대 민주주의의 계보를 탐구하다』, 책과함께.
- 김하열(2025), 『헌법강의(제7판)』, 박영사.
- 김학성(2019), "정치적 기본권과 정치제도의 구체적인 법 해석, 적용과 실제의 역사", 저스티스 170⑵, pp.97-129.
- 김혜정(2018), "보이텔스바흐 합의에 대한 이해와 공감", 이슈페이퍼 17, 경기도교육연구원.
- 더불어민주당(김영호·서영교·전현희·김문수·백승아·정을호)·조국혁신당(강경숙)·서울교육지키기공동대책위원회(2024), "교사의 정치기본권 확보" 국회토론회.
- 대한민국 정부(2020), 『100대 국정과제』, 대한민국 정부.
- 박경선(2018), "덴마크 행복의 조건: 평등의 가치, 사회적 신뢰 그리고 연대의 힘", IDI 도시연구 제14호, pp.285-301.
- 박균성(2021), "한국공무원법의 역사", 국가법연구 17⑵, pp.1-33.
- 박주민(2017), "축사"., 더불어민주당(박주민·이재정)·전국공무원노동조합·대한민국공무원노동조합총연맹·전국교직원노동조합(2017), "공무원·교원의 정치기본권 보장 입법토론회" 국회토론회.
- 박혁(2018), 『국민주권민주주의의 길: 국민주권시대 민주주의의 재구성을 위하여』, 민주연구원.
- 서용선(2025), "교육현장의 아픔, 법과 제도의 한계", 『모두가 아픈 학교, 공동체로 회복하기』, 살림터.
- 서용선(2024), "학생과 교사가 말하는 교육자치를 위한 교육정책", 『위기를 기회로 만드는 미래 교육 시나리오』, 교육과실천.
- 서용선(2014), "1. 민주 정치와 법", 손병로 외(2014), 『고등학교 법과 정치』,

금성출판사.

- 서용선(2011), 『혁신교육 존 듀이에게 묻다』, 살림터.
- 서현수(2019), "핀란드의 민주주의와 학교 시민교육", 심성보 외(2019), 『학교 민주시민교육의 세계적 동향과 과제』, 살림터.
- 손병로 외(2014), 『고등학교 법과 정치』, 금성출판사.
- 손형섭(2013), "일본에서 교원의 정치적 활동에 관한 연구", 공법학연구 14(2).
- 송수연(2025), "교사정치기본권: 개인의 기본권과 공공의 이익", 제3회 전북교육포럼.
- 신진욱(2008), 『시민』, 책세상.
- 심성보(2010), "이론과 실천이 결합된 교사교육", 한국교육연구네트워크 총서기획팀(2019), 『왜 핀란드 교육인가? 핀란드 교육혁명』, 살림터.
- 정필운 외(2019), 『고등학교 정치와 법』, 비상교육.
- 안상욱(2020), "투표 습관 기르는 덴마크 민주주의 교육 프로그램 '학교 선거'", 교육정책포럼 321, 한국교육개발원.
- 오늘의교육 편집위원회(2011), 『교육 불가능의 시대』, 교육공동체벗.
- 오연호(2014), 『우리도 행복할 수 있을까』, 오마이북.
- 유시민(2014), 『나의 한국현대사: 1959-2014, 55년의 기록』, 돌베개.
- 유시민(2011), 『국가란 무엇인가』, 돌베개.
- 윤효원(2025), "공무원과 교사의 정치기본권 확대 방안: 국제기준과 해외 사례를 중심으로", 공무원·교원의 정치기본권 보장 국회 토론회, 공무원노동조합·교사노동조합연맹·전국우정노동조합.
- 윤효원(2024), "교사의 권리에 관한 국제 기준과 교사의 정치적 권리 해외 사례", 2023 교사 대투쟁이 남긴 과제: 교육 정책 및 입법의 전문성 강화, 교사 정치기본권 회복 국회토론회.

- 윤효원(2023), "공무원 정치기본권 해외사례와 대한민국에 주는 함의", 교사 정치기본권 회복이 필요한 이유 관련 국회토론회.
- 위종욱(2017), "공무원의 정당가입 자유에 대한 헌법적 고찰: 정당법 제22조 당원의 자격 조항을 중심으로", 서강법률논총 n(1).
- 이기라(2019), "인민과 시민 사이에서: 프랑스 민중교육 전통과 학교 시민교육", 심성보 외(2019), 『학교 민주시민교육의 세계적 동향과 과제』, 살림터.
- 이종수(2017), 공무원, 교원의 정치적 기본권 보장을 위한 토론회 발제문, 공무원·교원의 정치기본권 보장 입법토론회.
- 이재명(2023), "축사"., 한국노총·한국노총중앙연구원·교사노동조합연맹·더불어민주당(2023), "교육정책과 교육 입법의 전문성을 강화하라: 교사 정치기본권 회복이 필요한 이유", 국회토론회.
- 임재홍(2006), "공무원의 정치적 중립의무 비판: 미국공무원법제와의 비교법적 검토", 민주법학 제32호.
- 전국교직원노동조합(2025), 『교사, 공교육을 멈춰 세우다』, 단비.
- 전국교직원노동조합(2025), "21대 대선 전교조 교육대개혁 요구안", 전국교직원노동조합.
- 전북교육정책연구소(2017), "교원의 정치적 기본권의 규범과 실제에 관한 연구", 전라북도교육연구정보원.
- 전진영·송진미·황선주(2024), "여성할당제 도입 20년: 여성의원 충원패턴의 변화와 지속", 국회입법조사처 현안분석 제319호.
- 정기섭(2021), 『독일의 학교교육』, 살림터.
- 정영태(2011), "공무원의 정치적 자유에 대한 국제협약과 외국사례", 교사 공무원의 정치적 표현의 자유 국회토론회.
- 정은균(2017), 『학교민주주의의 불한당들』, 살림터.

- 정재황(2023), 『신헌법입문』, 박영사.
- 정태욱(2002), 『정치와 법치』, 책세상.
- 중앙선거관리위원회(2025), 『2025.6.3. 제21대 대통령선거, 선거관여행위 금지 안내』, 중앙선거관리위원회.
- 중앙선거관리위원회 선거연수원(2019), 『2022년도 각국의 선거제도 비교연구』.
- 진냥(2023), "교원의 정치기본권은 어쩌다 사라졌을까", 『오늘의교육』 제59호.
- 최장집(2009), 『민중에서 시민으로: 한국 민주주의를 이해하는 하나의 방법』, 돌베개.
- 프랑스 국민의회(1789), "프랑스 인권선언(1987.8.26.)".
- 한국교육연구네트워크(2010), 『핀란드 교육혁명』, 살림터.
- 한국교원단체총연합회(2012), "박근혜-문재인 불합리한 교원평가제 개선", 2012.12.6.일자.
- 한국노총 중앙연구원(2023), "공무원의 정치적 기본권 보장 방안", 『연구총서』 2023-05,
- 한국노동조합총연맹·민주당노동존중실천국회의원단(2024), "2023 교사 대투쟁이 남긴 과제: 교육정책 및 입법의 전문성 강화", 교사 정치기본권 회복 국회토론회.
- 한국노총·한국노총중앙연구원·교사노동조합연맹·더불어민주당(2023), "교육정책과 교육 입법의 전문성을 강화하라: 교사 정치기본권 회복이 필요한 이유", 국회토론회.
- 한겨레21(2017), "16살 선거권을 이야기하는 나라", 1151호
- 한인섭(2019), 『100년의 헌법』, 푸른역사.
- Apple, M. & Bean, J. (2015). Democratic School: Lessons in Powerful

Education., 강희룡 역(2015), 『마이클 애플의 민주학교: 혁신 교육의 방향을 묻는다』, 살림터.

- Aristotle, 박문재 역(2024), 『아리스토텔레스 정치학』, 현대지성.
- Derrida, 진태원 역(2004), 『법의 힘』, 문학과지성사.
- Dewey, J.(1900). The School and Society. Middle Works9, pp.10.
- Dewey, J.(1916). Democracy and Education. Middle Works9, pp.1-370.
- Garrison, J., & Reich, K.(2012)., 김세희 외 역(2021), 『존 듀이와 교육: 듀이 철학 입문과 이 시대를 위한 현대적 재구성』, 살림터.
- Gurney, A., 강미경 역(2005), 『나침반, 항해와 탐험의 역사』, 세종서적.
- Heater, D., 김해성 역(2007), 『시민교육의 역사』, 한울아카데미.
- Hofmeiset, W., 안미라 역(2021), 『민주주의를 형성하는 정당: 국제적 시각에서 이론과 실천』, 푸블리우스.
- ILO.(2019). Application of Internationl Labour Standards 2019. Report of the Committee of Experts on the Application of Conventions and Recommendations.
- ILO.(1958). 고용 및 직업상의 차별에 관한 협약. ILO 협약 제111호.
- Inglehart, R., & Welzel, C,, 지은주 역(2011), 『민주주의는 어떻게 오는가』, 김영사.
- Kant, I., 백종현 역(2018), 『교육학』, 한국어 칸트 전집 제19권, 아카넷.
- Kean, J., 양현수 역(2017), 『민주주의의 삶과 죽음: 대의민주주의에서 파수꾼 민주주의로』, 교양인.
- Landmore, H., 남상백(2024), 『열린 민주주의: 21세기 민주주의의 재발명』, 다른백년.
- MaCall, F., & Shapiro, I., 노시내 역(2022), 『책임 정당: 민주주의로부터 민주주의 구하기』, 후마니타스.

- Mandella, N., 김대중 역(2020), 『자유를 향한 머나먼 길: 넬슨 만델라 자서전』, 두레.
- Meyer, T. D.(2018), "ILO 핵심협약 비준: 한국에 주는 시사점", ILO 핵심협약과 사회통합 토론회, 노사발전재단.
- Muir, J., 김원중·이영현 역(2008), 『나의 첫 여름』, 사이언스북스.
- Muir, J., 김수진 역(2023), 『야생의 땅』, 다음디자인.
- Mouffe, C.(2000),, 이행 역(2006), 『민주주의의 역설』, 인간사랑.
- Parker, P., 이종인·이은정 역(2005), 『가르칠 수 있는 용기』, 한문화.
- Przeworski, A., & Maravall M., 안규남·송호창 역(2008), 『민주주의와 법의 지배』, 후마니타스.
- Rorty, R.(1979). Philosophy and the Mirror of Nature. Princeton: Princeton University Press.
- Sand, G., "상처"., 이동연(2015), 『명작에게 사랑을 묻다: 명사들의 삶과 사랑 그리고 위대한 작품』, 평단.
- Schiele, S., & Schneider, H.(1996), Reicht der Beutelsbacher Konsens?., 전미혜 역(2009), 『보이텔스바흐 협약은 충분한가?』 민주화운동기념사업회.
- Swift, A., 김비환 역(2011), 『정치의 생각: 정의에서 민주주의까지』, 개마고원.
- UNESCO(2021), Reimagining our futures together: a new social contract for education,, 『우리의 미래: 교육을 위한 새로운 사회계약』, 국제미래교육위원회보고서.
- UNESCO/ILO(1966), Recommendation concerning the Status of Teachers, UNESCO/ILO

언론 및 SNS

- 경향신문, "교사 정치활동의 세계 표준은 '허용'", 2017.12.27.일자.
- 경향신문, "민노당에 후원금 1만원 낸 교사 기소", 2011.7.5.일자.
- 교육플러스, "트럼프와 대립각 세우는 NEA와 AFT…공교육과 모든 학생 권리 보호할 것", 2024.11.14.일자.
- 교육플러스, "국제교육연맹, 한국 교사들의 정치기본권 보장 촉구 결의문 만장일치로 채택", 2024.8.5.일자.
- 교육플러스, "이재명의 교사 정치활동 보장 발언에… 7개 교육단체, 교원 정치기본권 보장 입법 촉구, 2021.11.26.일자.
- 교육언론창, "민주주의는 문화다… 덴마크는 어떻게 민주시민을 기르는가", 2025.2.6.일자.
- 교육언론창, "덴마크 교육부장관, 학생들은 정치토론, 정당에 투표하라", 2024.1.31.일자.
- 교육희망, "정치를 멀리하는 것이 교사의 미덕?", 2001.10.17 일자
- 뉴스스페이스, "OECD 16개국 교사 능력직업만족도 순위… 한국 9~12위 중하위권 충격", 2025.5.9.일자.
- 대학신문(2004), "학문의 자유와 대학의 자유", 2004.7.24.일자.
- 동아일보, "교사 그만둘래, 명예퇴직 4년 만에 감소… 초등은 39% 줄어", 2025.3.5.일자.
- 동아일보, "한국교사 능력, OECD 16개국 중 9~12위… 공교육 질 저하 초래", 2025.5.9.일자.
- 동아일보, "교권보호법 통과에도… 교사 78% 근무여건 개선 안돼", 2024.5.9.일자.
- 동아일보, "세계 최고 공교육 핀란드의 비결", 2016.10.4.일자.
- 레디앙, "학교 민주시민교육 핀란드 사례에 대한 이해", 2023.11.23.일자.

- 매일노동뉴스, "교사·공무원 정치기본권, 22대 국회서 논의할까", 2024.3.27.일자.
- 매일노동뉴스, "교사 참정권 보장하는 ILO/UNESCO 기준", 2023.2.16.일자.
- 매일노동뉴스, "정당 후원금 낸 교사공무원, 벌금 20만~30만원 선고 받아", 2011.12.29.일자.
- 서울신문, "교사 84% 고소당할 걱정… 서이초 1년, 교권은 여전히 위기다", 2024.7.25.일자.
- 세계일보, "조국, 독일은 교사와 학생 모두 정치활동… 우린 교원의 '정치기본권' 빠져있다", 2024.1.21.일자.
- 송승훈 페이스북, 2019.4.26.일자.
- 연합뉴스, "임용 1년도 안 돼 교단 떠난 새내기 교사 5년간 433명", 2024.10.24.일자.
- 연합뉴스, "6년간 교사 100명 극단 선택… 초등 교사 절반 넘어", 2023.7.30.일자.
- 울산종합일보, "박성민 의원, 25일 '교육기본법 개정안' 대표 발의", 2023.4.26.일자.
- 이재명 페이스북, 2025.5.15.일자.
- 전학선(2013), "프랑스 교육제도와 교원의 정치활동의 자유", 세계헌법연구 19(3), pp.53-85.
- 조선에듀, "에사 야아꼴라 교장, 핀란드 교육의 핵심은 신뢰를 기반한 유연한 시스템", 2025.1.15.일자.
- 중앙일보, "교사 정치기본권 공약에 엇갈린 학교… 교사도 시민 vs 학생 편 가르기 우려", 2025.5.23.일자.
- 중앙일보, "고교생 당원도 나온다… 정당 가입 연령 18→16세 하향",

2022.1.5.일자.

- 한겨레신문, "노예가 자유인을 기를 수 없다", 2022.5.21.일자.
- 한겨레 온, "'프랑스' 학교 민주시민교육'에서 배울 점", 2024.1.4.일자.
- 한겨레 온, "노예가 자유인을 기를 수 없다", 2022.5.31.일자.
- 한겨레 온, "민주시민교육과 교사의 정치기본권", 2021.1.20.일자.
- 한국교육신문, "작년 교원 7467명 교단 떠났다… 6년 새 최다", 2025.3.5.일자.
- 한국교육신문, "교육이 무너진 소리가 강하게 들려오고 있다", 2024.10.27.일자.
- 한국교육신문, "외국 교원의 정치활동 3. 미국 선거때마다 정치자금 모금", 2001.6.25.일자.
- EBS, "교사 정치 참여 제한은' 위헌'..헌법소원 청구", 2018.2.28.일자.
- KBS스페셜, "행복의 나라 덴마크 정치를 만나다", 2016.6.9.일자.

법령

- 강경숙(2025), 지방교육자치에 관한 일부개정법률안, 강경숙 의원 대표발의, 국회.
- 고등교육법(법률)(2023), 제19430호, 2023.7.10. 일부개정.
- 공직선거법(법률)(2023), 제19696호, 2023.8.30. 일부개정.
- 교육기본법(법률)(2023), 제19697호, 2023.9.14. 일부개정.
- 국가공무원법(법률)(2023), 제19228호, 2023.6.5. 일부개정.
- 국가공무원법(법률)(1961), 제721호, 1961.9.18. 일부개정.
- 국가인권위원회 결정, 공무원·교원의 정치적 자유 보장에 대한 권고, 2019.2.25.
- 국가재건최고회의법(법률)(1961), 1961.6.10. 전부개정.

- 국적법(법률)(2022), 제18978호, 2022.10.1. 일부개정.
- 대법원(2018), 2014도3923 공직선거법위반, 2018.7.12. 판결선고
- 대한민국헌법(헌법)(1987), 헌법 제10호, 1987.10.29. 전부개정
- 법제처(2005), 국가공무원복무규정 제27조(공무원의 정치자금기부) 관련. 05-0090, 2005.11.7, 행정자치부.
- 서울고등법원(2019), 2017노617 공직선거법위반.
- 인사혁신처(2025), "공무원의 선거관여행위 금지 주요사례", 인사혁신처.
- 인사혁신처(2020), "국가공무원법 일부개정법률(안) 입법예고", 공고 제 2020-487호, 인사혁신처.
- 정당법(법률)(2022), 제18792호, 2022.1.21. 일부개정.
- 정치자금법(법률)(2023), 제19624호, 2023.8.8. 일부개정.
- 프랑스헌법(1958), 프랑스헌법.
- 헌법재판소(2020), 2018헌마 551, 정당법 제22조 제1항 단서 제1호 등 위헌확인.
- 헌법재판소(2014), 2011헌바 42, 정당법 제22조 제1항 제1호 등 위헌소원.
- 헌법재판소(2011), 2011헌바 32, 국가공무원법 제66조 제1항 등 위헌소원.
- 헌법재판소(2008), 2006헌마 547, 공직선거법 제53조 제1항 제1호 등 위헌확인.
- 헌법재판소(2004), 2001헌마 710, 정당법 제6조 제1호 등 위헌확인.
- 헌법재판소(1994), 93헌가 4,6(병합) 전원재판부

인터넷 사이트

- 교육통계서비스 https://kess.kedi.re.kr
- 의안정보시스템 https://likms.assembly.go.kr

- 법령정보센터 https://www.law.go.kr
- 법제처, https://www.easylaw.go.kr
- 중앙선거관리위원회 https://www.nec.go.kr/site/nec/main.do
- 중앙선거관리위원회 정치후원금센터 https://www.give.go.kr/portal/main/main.do
- 한국민족문화대백과사전, https://encykorea.aks.ac.kr
- 헌법재판소 https://isearch.ccourt.go.kr
- EIU (The Economist Intelligence Unit) https://www.eiu.com
- ILO (International Labour Organization) https://www.ilo.org
- NEA (The National Education Association) https://www.nea.org
- OECD (The Organisation for Economic Co-operation and Development) https://www.oecd.org
- UN Sustainable Development Solutions Network, World Happiness Report 2024.
- UNESCO (United Nations Educational, Scientific and Cultural Organization) https://www.unesco.org

• 학교문화 발전을 제언하는 책 •

민원지옥 SOS
한명숙 지음

민원 천국이 되어버린 학교, 사라진 교권… 이대로 계속 외면할 것인가? 현재 학교 현장에서 일어나고 있는 수많은 민원 사례를 살펴보고, 민원 예방부터 민원 대처법, 악성 민원 해결 노하우부터 교권을 보호하는 해외 사례까지 이 한 권에 담았다.

교사를 위한 회복적 생활
송주미 지음

저자는 '교사는 자신의 교육 철학을 세우고 이를 실천하는 존재로서 역할을 다할 때 회복한다'며 교사 상처의 근원을 살피고, 내면 치유로 회복하기, 공동체에서 함께 회복하기, 철학으로 회복하기의 방법들을 구체적인 사례를 통해 알려준다.

진짜 이기적인 교사
이지명, 이병희, 이진희, 최종철, 홍석노, 이대성 지음

교육의 참된 목적은 각자가 평생 자기의 교육을 계속 할 수 있게 하는 것이니만큼 협력과 상생의 관점에서 삶의 방향을 재정비하고, 다시 출발선에 서길 바라는 마음에서 이 책이 시작되었다. 각자도생하지 않고 함께 살아가는 행복한 학교를 위한 노력들을 담았다.

미래학교, 공간과 문화를 짓다
송순재, 김은미, 박성철, 송경훈 지음

학교라는 물리적 공간은 선생님이 일방적인 배움을 주는 공간처럼 느껴진 것이 우리의 전통적인 학교 공간이었다면, 학교가 지역사회의 중심이 되도록 학교 시설을 지역과 공유하며, 지역사회와 연계하여 상호교류가 가능한 열린공간으로 되는 것이 바로 미래학교이고, 미래교육이다.

다시, 교사를 생각하다
박종근 지음

대한민국 교사의 미래에 대해 이야기한다. 학교와 교육의 문제의 해결과 그 변화의 중심에는 교사가 있어야 하며, 교사가 학교 문제를 해결하는 열쇠라고 말한다.

배움혁신
사토 마나부 지음, 손우정 옮김

교실의 미래, 학교의 미래는 밖에 있는 것이 아니라 현재 교실과 학교 내부에서 만들어가는 것이다. 아이들의 배움의 존엄과 인권, 교사의 존엄과 전문성을 핵심으로 하는 배움의 혁신을 꾀하는 동시에 혁신과 학교 개혁의 비전을 수립하고 철학을 세워야 한다.